한국일본교육학회 편

뉴노멀 시대
일본교육의 변화와 실제

한국일본교육학회 편

뉴노멀 시대
일본교육의 변화와 실제

공병호, 박주언, 윤종혁, 이성한, 이은주
이정희, 장지은, 조규복, 최순자, 한용진 공저

발간사

　본 학회는 1985년에 '맑은 피리소리'란 뜻의 청뢰(淸籟) 한기언(1925~2010) 서울대학교 교육학과 교수(초대 회장)를 비롯한 한국 1세대 교육학자들께서 창립했다. 이후 한국과 일본의 교육적 이해를 통해 상생의 미래를 만들기 위해 노력하고 있다. 37년간 매년 일본의 교육 관련 주제를 정해 학술대회를 개최하고 있다. 지난 10월에 개최한 학술대회가 제142차였다.

　학회에서 지속해서 이루어지고 있는 의미 있는 연구가 학술지 게재와 발표로만 끝나는 게 아쉬웠다. 이에 본 학회에서는 일반인도 읽을 수 있는 대중서로 2017년 1월에 『일본의 지역교육력 이해와 실제』, 같은 해 3월에 『일본의 재난방지 안전·안심교육』을, 2021년 6월에 『일본의 세계시민교육: 실천과 방향』을 출간했다. 『뉴노멀 시대 일본교육의 변화와 실제』는 본 학회에서 출간하는 네 번째 도서다.

　본서는 '뉴노멀 시대 일본교육의 변화와 실제'를 주제로 '글을 시작하며'와 '글을 마치며' 및 '교육연구동향, 교육개혁정책, 교육실천사례의 3부'로 구성하였다. 1부에서는 교육연구동향으로 뉴노멀 시대와 한일사회의 교육개혁의 전환, 4차 산업혁명 시대와 뉴노멀 사회, 디지털 리터러시의 이해와 교육과제, 일본 대학생 대상 코로나19 관련 연구를 다뤘다. 2부에서는 교육개혁정책으로 3·11 동북대지진 이후 학교교육개혁 과제, 포스트 코로나 시대 일본의 학교교육 개혁 방향과 과제, 일본의 GiGA 스쿨의 전개, 학령기 인구 감소에 따른 일본의 초·중등교육 정책 현황과 시사점을 다뤘다. 3부에서는 교육실천사례로 일본 후생노동성 코로나19 지침과 영유아교육기관 대응 사례, 뉴노멀 시대 일본의 아동교육 분야 NPO 활동, 일본의 교원 업무 경감 추진 정책과 시사점을 다뤘다.

연구와 교육, 봉사로 바쁘신 가운데 옥고를 써 주신 한용진, 공병호 교수님 외 학회원 여러분과 출간을 위해 수고해 주신 박균섭 출간위원장과 출간위원들께 감사의 마음을 전한다. 또 어려운 상황에서 출판을 맡아주신 ㈜ 한국학술정보 채종진 대표님 외 좋은 책이 세상에 나올 수 있도록 가교 역할과 꼼꼼한 검토를 해주신 기획·편집팀에게도 감사드린다.

본서는 연구자와 교육자뿐만 아니라, 정책 입안자, 행정가, 관련 활동가 등 각 분야에서 관심을 두고 참고했으면 한다. 부디 출간 취지대로 지속 가능한 사회를 위한 사회학적 상상력을 창출하는 데 널리 활용되기를 바란다. 아울러 한국과 일본의 교육학 연구와 인적 교류를 통해 지평을 넓혀 갈 본 학회에 지속적인 관심을 기대한다.

2022년 12월 10일
한국일본교육학회장 최순자

목차

제2부 교육개혁정책

제3부 교육실천사례

글을 시작하며

뉴노멀 시대의 일본교육

한용진

　뉴노멀 시대 일본교육은 어떻게 변화되고 있는가? 즉 교육 분야에서 일본은 어떤 정책을 마련하여, 어떤 방향을 향해 나아가려 하는가? 사실 우리나라와 일본은 입시 위주의 교육과 성공지향의 '동아시아형 교육'이라는 공통적 토대를 가지고 있다. 특히 1990년대에 등장한 세계화 논리 속에서는 서로 앞서거니 뒤서거니 교육개혁을 진행하며, 유사한 성과와 위기를 맞고 있다고 할 수 있다. 예를 들어 일본 교육계는 1995년에 우리나라가 시행한 초등학교 3학년부터의 영어 교육 전면 도입을 매우 부정적 시각에서 보았지만, 결국 2020년도에는 초등학교 3학년부터 영어 교육을 도입하였고 5학년부터는 영어를 필수과목으로 규정하였다. 그리고 21세기가 시작되던 2001년 1월 6일 일본은 문부성(文部省)을 문부과학성(文部科學省)으로 전면 개편하였고, 우리나라는 2008년 2월 29일 '교육인적자원부'를 일본의 문부과학성처럼 '과학기술부'와 통합하여 그 명칭을 '교육과학기술부'로 바꾸었다.[1]

1　결국 교육과학기술부는 2013년 3월 23일 자로 다시 그 명칭이 2001년 이전의 교육부로 환원되었다 「교육부」 https://www.moe.go.kr/sub/infoRenewal.do?m=060102&page=060102&num=01&s=moe 에서 2022.8.28. 인출.

또한 산업화 이후 꾸준히 나타나던 학교폭력이나 왕따[일명 이지메] 문제, 부등교로 인한 학교 밖 청소년 혹은 집안에만 틀어박혀 사는 집콕[일명 히키코모리], 그리고 여유교육[일명 유도리 교육]으로 대표되는 교육 과정의 총량을 줄이려는 노력 등은 한일 간에 유사하게 나타나는 교육 현상이라고 할 수 있을 것이다. 이에 반해 아동관, 도서관, 공민관, 박물관, 스포츠클럽 등과 연계된 지역교육력의 활용이나 지진이나 태풍과 같이 일상적 자연재해가 많은 일본에서 학교에서의 안전교육을 강화하는 모습 등은 우리 교육에도 많은 시사점을 주고 있다. 이 밖에도 인구동태학적으로도 우리보다 먼저 출생률 감소와 고령사회(65세 인구가 전체 인구에서 차지하는 비율이 14% 이상)에서 초고령사회(65세 인구가 전체 인구에서 차지하는 비율이 20% 이상)를 맞고 있는 일본 사회가 대처하는 다양한 방식은 우리나라에도 참고가 될 것으로 보인다. 한국일본교육학회에서는 일본의 이러한 사회 현상과 교육적 대처 방식에 주목하여 그동안 연차학술대회를 통해 다양한 주제를 확인하였고, 그 지식을 대중적으로 확산시키기 위하여 몇 권의 책자를 간행하였는데,『일본의 지역교육력: 이해와 실제』(2017) 및 『일본의 재난방지 안전 안심 교육』(2017) 등이 그러한 결과물이라 할 수 있다.

최근 코로나19(COVID-19)로 학생들의 등교를 금지하면서 비대면 수업을 전면 도입하게 되었기에, 학교 현장에 많은 어려움을 가져왔지만, 동시에 새로운 수업방식을 서둘러 도입하게 함으로써 점진적인 도입이 예상되던 스마트사회의 기술혁명을 학교 현장에 급속히 도입하는 계기도 되었다. 이미 일본은 4차 산업혁명을 적극 반영한 첫 번째 국가로(최혜옥 외, 2017:2), 2017년 6월에 제4차 산업혁명이라는 기술혁명 시대를 통해 새롭게 기대되는 미래 사회를 '초(超)스마트사회'라 규정하고, 이를 '소사이어티 5.0(Society 5.0)'이라 부르기도 하였다(METI; KIEP). '소사이어티 5.0'은 인류사의 발전을 단계별로 구분하여 과거의 수렵사회, 농경사회, 공업사회, 정보사회에 이어지는 다섯 번째 단계의 '사회상(社會像)'을 지칭하는 것이다. 즉 4차 산업혁명의 결과로 구현되는 '산업상(産業像)'을 특별히 '연결 산업(Connected Industries)'이라 하였는데, 이렇게 산업발전을 통해 새롭게 등장하는 경제사회를 일본은 '소사이어티5.0'이라 명명한 것이다. 이는 3차 산업혁명이 이루어 낸 ICT에 사물인터넷(Internet of Thing, IoT), 빅데이터(Big Data Statistical Analysis), 인공지능(Artificial Intelligence, AI), 블록체인(Block chain) 등 4차 산업혁명의 기술들이 더해지면서 산업뿐만 아니라 사회 전 분야에 걸쳐 혁명적 변화를 불러일으켰던 것인데, 코로나19로 인한 수업 방식의 변화는 교육계에서 뉴노멀, 즉 새로운 표준이 필요함을 부각시켜 주었던 것이다.

사실 노멀(normal)과 애브노멀(abnormal)이란 상대적인 것이다. 탈근대의 포스트모던 시대에 '정상'과 '비정상', '표준'과 '표준이 아닌 것'은 사실상 정도의 차이일 뿐, 무엇이 옳고 그른 것은 아니다. 그저 다름의 문제일 뿐이다. 그런데 2020년 이래 코로나19로 인해 그동안 당연하고 정상적이라고 받아들여졌던 표준적인 것을 더 이상 그대로 적용할 수 없는 상황이 전개되었던 것이다. 즉 세계보건기구(WHO)가 팬데믹으로 규정한 코로나19는 국가 간 인구이동을 급속히 금지하고 때로는 도시나 건물을 통째로 봉쇄하면서, 코로나19의 확산을 막아보려 하였다. 결국 이러한 노력은 학교교육에도 영향을 끼쳐, 전 세계 대부분의 국가에서 2020년 봄부터 코로나19 감염 우려로 학생들을 학교에 나오지 못하도록 하였는데, 교사들 역시 제대로 준비를 갖추지도 못한 채 서둘러 비대면 수업을 시작하게 되었다. 이처럼 전통적인 대면수업이 비대면 원격수업으로 전환되는 과정에서, 사회 전반적으로 기존에 정상이라고 생각되었던 것을 새로운 정상, 즉 뉴노멀(New Normal)로 대치할 수밖에 없게 되었던 것이다.

사실 이러한 변화에 대한 분위기는 이미 '제4차 산업혁명'[2]이라는 용어가 국가 전략에 적극 수용되는 과정을 통해 교육 현장에서도 어느 정도 예상되었고 준비를 하고 있었다. 교육은 제4차 산업혁명 시대에 필연적으로 어떤 역할을 담당하여야 하지만, 교육을 보는 관점에 따라 그 역할이나 방향은 전혀 달라질 수 있다. 기본적으로 경제 논리에서 요구하는 교육이란 인적자원론의 관점에서 각 산업 분야에 요구되는 기술이나 능력을 갖춘 인재육성이라는 측면에 교육의 역할을 한정시키려는 경향이 있다. 따라서 더 나은 사회를 만들어갈 보편적 인간 양성보다 산업사회에 쓸모 있는 유용한 인재를 길러내려는 경제적 관점의 교육 패러다임은 어쩌면 산업화 이래 세계 각국에서 지속적으로 강조되어왔던 논리이기도 하다.

하지만 2017년 6월 한국교육학회 연차대회에서 일본교육학회 회장 자격으로 기조강연을 맡았던 히로타 데루유키(広田照幸)는 일본의 교육개혁이 경제산업성의 요구에 의해 이루어지고 있음을 우려한 적이 있다(広田照幸, 2017). 최근 우리나라에서 초등학교 만 5세 입학 논란이 있었던 것도 실은 교육 논리이기보다는 경제 논리가 우선되었기 때문이라 생각된다. 또한 2022년 7월 19일 윤석열 대통령은 국무회의 석상에서 "교육부는 과학기술 인재를 공급하는 역할을 할 때만 의미가 있다. 그런 혁신을 수행하지 않으면 교육부가

---

2 흔히 제4차 산업혁명은 클라우스 슈밥(Klaus Schwab)이 의장으로 있는 세계경제포럼(WEF: World Economic Forum)의 2016년 대회에서 주창된 용어라고 하지만, 이미 2010년 독일이 발표한 '하이테크 전략 2020(High-tech Strategy 2020 for Germany: HTS 2020)'의 10대 프로젝트의 하나인 '인더스트리(Industry) 4.0'에서 제조업과 정보통신의 융합을 뜻하는 의미로 시작되었다(広田照幸, 2017; 이용길, 2017).

개혁의 대상이 될 수 있다"(이봉렬, 2022)라는 발언도 하였다. 아마도 이는 현직 대통령의 교육에 대한 인식과 대한민국 정부의 교육정책 방향을 엿볼 수 있는 장면이었다고 할 수 있을 것이다. 실은 이와 비슷한 논리로 이미 일본은 2016년 9월에 내각부에 '미래투자회의'라는 이름의 심의회를 설치하였고, 기반기술의 일꾼 양성을 위한 교육개혁론을 제시하였던 것을 주목할 필요가 있다. 어쩌면 제4차 산업혁명이라는 말에 일본의 경제산업성이 가장 먼저 뛰어들었고, 이후 제시된 정책안에 학교교육이나 직업훈련 개혁안이 다수 포함되어 있었던 일본의 사례를 최근 우리 정부의 교육개혁 방향으로 그대로 따라 하려는 것이 아닌가 생각될 정도다.

그러나 산업 패러다임이라고 할 수 있는 경제 논리가 아니라 교육 논리의 관점에서 본다면, 향후 교육정책은 미래사회의 위기 상황을 미리 고려하며, 최근의 생태환경 악화와 급격한 지구온난화 문제를 해결하기 위한 지속 가능한 발전교육[ESD: Education for Sustainable Development]을 중요한 핵심 의제로 삼아야 할 것이다. 즉 방법론적으로는 단순히 기존의 학교를 중심으로 이루어지는 교육행위뿐만 아니라, 학교와 지역사회 자원을 적극 활용하는 교육 과정 설계를 통해 교육에 참여하는 사람들의 자율성을 확대하고, 교사보다는 학습자 중심이 강조되고 있다. 근대 공교육이 교사 중심으로 일정한 교육 과정을 보다 많은 사람에게 효율적으로 전달하는 수업을 위주로 운영되었다면, 21세기 학교에서 배우고 가르치는 활동은 매우 복합적인 과정으로 변화되었다. 페에 치쉬(2005: 60)는 "새로운 것을 경험하고 이해하는 것, 그것을 적용하고 연습하는 것, 실패를 극복하고 우정을 쌓는 것, 타인을 돕는 것, 갈등의 내용을 밝혀내는 것, 타인과의 싸움에서 화해를 도출해내는 것, 자기 의견을 밝히는 것 또는 포기하는 것 등이 교육의 과정에 속한 핵심 내용이 되는 시대로 변화"되었다고 하였다.

이 책에서 다루는 10편의 글 중에서 2장과 7장은 2021년 10월 16일 개최된 한국일본교육학회 추계학술대회에서 발표된 내용이고, 5장과 10장은 같은 해 12월 11일 한국일본교육학회 연차대회 겸 한국교육개발원 교육정책 포럼에서 발표된 내용을 토대로 수정·가필된 것이다. 나머지 6편은 최근 일본교육 현장에서 나타나는 변화와 실제 사례들을 정리하며 새롭게 작성된 것이다. 뉴노멀 시대의 교육개혁에 대한 논의는 활발하지만, 실은 어떤 방향으로 어떻게 변화되고 있는가를 한눈에 조망할 수 있는 개혁지도를 가지고 있지 않다면, 항상 조변석개(朝變夕改)의 임기응변식 개혁에 그치고 말 것이다. 그런 점에서 조직 혁신과 창조성 분야의 권위자인 찰스 리드비터(Charles Leadbeater)가 2010년 OECD 교육포럼에서 강연한 "극한에서 배우기(Learning from Extremes)"라는 내용은 교육혁신의 유형을 통해 개혁 방향을 확인할 수 있게 해 준다. 즉 그가 제시한 "교육혁신 지도(Mapping education innovation)"에 따르면 교육개혁은 '존속적 혁신(sustaining innovation)'과 '파괴적 혁신(disruptive innovation)'이라는 두 가지 혁신 종류, 그리고 교육 과정과 방법상 제도 내 학습에 제한하는 '공식적(formal) 범주'와 제도 밖 학습까지도 포괄하는 '비공식적(informal) 범주'라는 두 가지 교육 범주를 통해 네 가지 유형을 제시하고 있다. 존속적 혁신과 파괴적 혁신이라는 용어는 클레이튼 크리스텐슨(Clayton M. Christensen)이 동료들과 함께 저술한 『성장과 혁신』(원제: The innovator's Solution)이라는 책에 처음 등장한다. 특히 크리스텐슨은 '파괴적 혁신'이라는 용어를 처음 사용한 사람으로 알려져 있는데, 뉴노멀 시대에 교육 방향을 잃지 않기 위해서는 리드비터의 '교육혁신 지도'를 참고해도 좋을 것이다. 아래 〈표 1〉은 교육혁신의 네 가지 유형으로 '개선-보완-재설계-대안/대체'라는 교육개혁의 네 유형을 정리한 것이다.

<표 1> 교육혁신의 네 가지 유형(C. Leadbeater, 2010)

교육 범주(Location) / 혁신 종류(Innovation)	공식적 범주 (Formal)	비공식적 범주 (Informal)
존속적 혁신 (Sustaining)	① 개선(Improve)	② 보완(Supplement)
파괴적 혁신 (Disrupitve)	③ 재설계(Reinvent)	④ 대안/대체(Transform)

교육혁신의 첫 번째 유형은 공식적 교육과 존속적 혁신에 의한 '개선 (Improve)'이다. 대부분의 나라에서 시행되는 낮은 단계의 학교개혁은 현행 공식적 학교교육 형식을 어느 정도 그대로 유지하면서 부분적으로 혁신하려는 '개선' 수준에서 이루어지고 있다. 즉 기존의 교육을 개선함으로써 생산성과 효율성, 성취도(산출결과) 등을 향상시키려는 노력으로, 이를 위해 기존 학교의 공간이나 문화, 교사, 교수방법, 교육 과정, 평가 등의 개선 방안을 모색한다. 최근 코로나19 상황은 정보통신기술(ICT: Information & Communication Technology) 분야의 기술력을 급속히 교육 현장에 도입하게 되는 중요한 계기가 되었고, 이로 인해 지난 2년간 거의 모든 수업을 대면 수업에서 비대면 수업으로 전환할 수밖에 없었다. 하지만 이러한 변화에도 불구하고 기존 교육내용이나 시험 평가 방식 등에는 크게 달라진 것이 없다고 하겠다.

두 번째 유형은 비공식적 교육과 존속적 혁신에 의한 '보완(Supplement)'이다. 즉 학교체제 밖의 비공식적인 교육 범주로까지 학습의 장을 넓히면서도 학교교육은 어느 정도 존속적 수준에서 혁신하는 것이다. 즉 학교교육의 틀은 유지하되, 학습의 장을 학교 밖으로까지 확장하거나 학교 밖의 배움을 학교 안으로 끌어들이는 것이라 할 수 있다. 지역교육력의 활용 차원에서 학부모나 지역사회의 다양한 교육기관과도 프로그램을 개발하고 협력하는 학교혁신을 의미한다. 학교에서 자체적으로 해결할 수 없는 다양한 학습 체험을 학교 밖에 있는 여러 기관과 연계하여 진행하는 기관연계형 교육방식도 포함되며, 주로 기존 교육내용과는 구분되는 교과 외 활동에서 다양하게 활용될 수 있다.

세 번째 유형은 공식적 교육과 파괴적 혁신에 의한 '재설계(Reinvent)'이다. 여기서 말하는 재설계란 기존의 학교교육 내에서 이루어지는 다양한 요소를 파괴적으로 재창조하는 것으로, 어느 정도는 실험적으로 이루어지는 방식이기도 하다. 근본적으로 기존의 학교와는 다른 종류의 '새로운 학교' 만들기라 할 수 있다. 산업화 시대에 등장한 근대적 학교교육 체제와는 달리 정형화된 수업 방식에서 벗어나려는 시도이기도 하다. 예를 들어 특수목적학교나 대안학교처럼 정해진 수업 시간을 어느 정도 조정할 수 있고, 그리고 학습 속도와 커리큘럼 등을 개별화할 수 있다. ICT 분야의 발달은 이러닝(e-learning)이나 유러닝(u-learning), 브랜디드러닝(blended learning) 등 다양한 방식의 수업을 제공해 주고 있다(이 책 제2장 참고). 이러한 학교교육에 대한 재설계적 변화는 연령에 따른 학년제에서 벗어나, 이수 과목에 따른 학점제 운영이라든가, 교사에 의한 수업만이 아니라 학습자 간 상호 학습이 이루어지도록 하는 방식도 포함한다. 학습자들은 스스로 문제를 발견하고, 질문과 발문을 통해 배움을 시작하며, 현실적 삶과 유리되지 않은 실제에 기반(基盤)한 협동학습을 기본으로 한다. 학교에 따라서는 기존 표준화된 평가체제와는 다른 비표준화된 평가방식을 도입할 수도 있다.

네 번째 유형은 비공식적 교육과 파괴적 혁신에 의한 '대안/대체(Transform)'를 들 수 있다. 교육개혁이 학교 시스템의 재설계 수준을 넘어, 기존의 학교 형태나 수업 공간, 시험, 시간표 등을 아예 없애고, 교사 역할도 기존의 전달자에서 촉진적 학습자로서 그 역할을 달리하게 된다. 새로운 환경에서 새로운 방식으로 새로운 것을 배우며, 종종 교사, 학교, 교과서조차 없는 경우도 있다. 본원적 교육 양식의 관점에서 아동의 호기심을 자극하며, 개인의 성장에 초점을 맞추게 되면서, 학교라는 울타리에 관계 없이 배움을 실천하고자 하는 개개인의 외적 혹은 내적 동기부여가 그 핵심이다. 다양한 사람과 기술, 장소가 배움의 구성요소이며 무언가를 하고, 만들고, 얻는 활동으로서 학습을 지향한다. 학교를 대체하는 수업 공간이나 교사, 교재 등은 학습자들이 스스로 찾아내고 만들어내는 배움의 공간으로, 인터넷상의 유튜브 활용과 같이 다양한 시간과 공간에서도 손쉽게 이루어질 수 있다. 이제 학습은 더 이상 의무적인 것이 아니라 각자가 즐기고 향유(享有)하는 것이 될 수 있다. 따라서 학습자 스스로가 배움의 욕구를 느낄 수 있는 생산적이고 실용적인 것을 중심으로 학습 내용을 재구성하게 됨에 따라, 전통적인 방식의 학력이나 수학능력에 대한 평가도 그다지 의미가 없어지게 된다.

이 책은 뉴노멀 시대 일본교육의 변화와 실제를 살펴보는 10편의 연구물을 모아 놓은 것으로, 교육혁신의 네 가지 유형인 개선-보완-재설계-대안(대체)의 관점에서 이들을 살펴본다면, 일본의 교육 분야에서 뉴노멀이 어떤 것인지, 어떤 방향으로 나아가고 있는지를 확인해 볼 수 있을 것이라 생각된다. 개혁에 보수적인 일본의 교육은 어느 정도 '존속적 혁신' 수준의 '① 개선'과 '② 보완'에 불과한 것이라 할 수도 있지만, 의외로 '파괴적 혁신' 수준의 '③ 재설계'와 '④ 대안/대체' 사례도 엿볼 수 있다. 일본(Japan)과 갈라파고스(Galápagos)의 합성어인 잘라파고스(Jalápagos)라고 불릴 정도로 변화에 둔감하고 특히 IT 산업 쪽에서 갈라파고스화로 악명이 높은 일본이, 스스로 위기감을 느끼며 본격적으로 교육혁신에 적극 나서게 되었다는 점에서 본다면, 이러한 노력이 우리나라 교육에 어떤 시사점을 줄 것인가도 고민해 보아야 할 것이다. 이 책에서는 뉴노멀 시대 일본교육의 변화와 실제를 크게 세 영역으로 나누어 살펴보았다. 먼저 제I부 1장부터 3장까지는 일본의 교육혁신의 연구동향을, 제II부 4장부터 7장까지는 교육개혁정책에 관한 내용을, 그리고 제III부의 8장부터 10장까지는 교육실천 사례를 중심으로 구성해 보았다. 그리고 결장에 해당하는 '글을 마치며'에서는 '뉴노멀 시대 일본교육의 향후 전망'을 정리해 보았다. 각 장별로 그 내용과 의미를 간단히 소개해 보면 다음과 같다.

제1장 '뉴노멀 시대와 한일사회의 교육개혁의 전환'은 부제(副題)에서 말하고 있는 것처럼 '부등교 시대 학습권의 의의를 중심으로' 살펴보고 있다. 코로나19 팬데믹으로 학교가 문을 닫고 비대면 수업으로 전환된 상황에서 이미 학교에 등교하지 않던 부등교 아동들의 교육 권리에 주목한 연구이다. 한국에서는 '부등교'보다는 '학교 밖 청소년'이라는 용어를 사용하고 있는데, 두 나라 모두 국가 수준에서 의무적으로 이들을 교육시켜 주어야 함에도 불구하고 학교라는 공간에서 벗어나 있는 청소년들의 학습권이 제대로 인정받지 못한 상황에 주목하고 있다. 학습권의 개념 전환과 지역사회의 작은 교육기관 설치 확대와 질적 프로그램 향상, 입시 및 교육제도의 개선, 그리고 공립학교의 종합적 교육시스템화로의 전환 필요성 등을 제안하고 있다. 이를 〈표 1〉의 교육혁신의 네 가지 유형에 견주어 본다면 입시 및 교육제도의 '① 개선'을 비롯하여, 지역사회의 근거리 작은 학습 공간의 필요성이라는 점에서 비공식적 영역의 '② 보완'을 포함하고 있다. 또한 학습권 개념의 전환과 공립학교의 종합적 교육시스템화를 주장하고 있다는 점에서 보면 파괴적 혁신의 '③ 재설계'까지도 고려하는 연구 동향 소개라 할 수 있다.

〈표 2〉 교육혁신의 네 가지 유형(C. Leadbeater, 2010)

교육 범주(Location) 혁신 종류(Innovation)	공식적 범주 (Formal)	비공식적 범주 (Informal)
존속적 혁신 (Sustaining)	입시 및 교육제도의 개선 ① 개선(Improve)	근거리 작은 학습 공간 ② 보완(Supplement)
파괴적 혁신 (Disrupitve)	공립학교의 교육시스템화 학습권 개념의 전환 ③ 재설계(Reinvent)	④ 대안/대체(Transform)

　　제2장 '4차 산업혁명 시대와 뉴노멀 사회'는 ICT 교육을 중심으로 디지털 리터러시의 개념을 이해하고 이에 수반되는 교육과제를 다루고 있다. 일본에서 ICT 교육이란 곧 '교육의 디지털화'를 의미하며, '교육의 정보화(ICT)'이기도 하다. 일반적으로 리터러시는 '문해(文解)'로 번역하고 있지만, 여기서 다루는 '디지털 리터러시'는 아직 개념적으로 다양하게 사용되는 경향이 있다고 하였는데, 특히 일본에서는 디지털 리터러시라는 표현보다는 'ICT 리터러시'라는 용어를 사용하는 경우가 더 많다고 한다. 기본적으로 디지털 리터러시의 초기 개념은 단순한 컴퓨터 능력에 국한된 것이었지만, 이제는 디지털 기기의 이해와 조작능력뿐만 아니라 정보 접근 및 활용[응용] 능력, 그리고 소셜 미디어 혹은 SNS(Social Network Service) 등을 통한 다양한 사회적 소통능력까지도 포함하는 것으로 이해되고 있다. 이처럼 디지털 리터러시 개념의 확산을 〈표 1〉의 교육혁신의 네 유형에서 보면, 기존의 학교교육의 공식적 범주를 존속적으로 혁신할 뿐만 아니라, 비공식적 범주로 확대되며 '보완'하는 역할도 맡고 있다고 할 수 있다.

〈표 3〉 교육혁신의 네 가지 유형(C. Leadbeater, 2010)

교육 범주(Location) 혁신 종류(Innovation)	공식적 범주 (Formal)	비공식적 범주 (Informal)
존속적 혁신 (Sustaining)	디지털 기기의 이해와 조작 정보 접근 및 활용[응용] ① 개선(Improve)	소셜 미디어 혹은 SNS 등을 통한 사회적 소통능력 ② 보완(Supplement)
파괴적 혁신 (Disrupitve)	③ 재설계(Reinvent)	④ 대안/대체(Transform)

　　제3장 '일본 대학생 대상 코로나19 관련 연구'는 일본에서 간행된 코로나19 관련 연구논문 10편을 메타 분석을 통해 연구동향을 파악한 것이다. 코로나19로 인해 생겨난 다양한 현상으로, 장학금이나 아르바이트 감소로 인한 경제적 어려움, 수업방식의 변경에 따른 고립감이나 가족의 사별(死別), 대인관계 등에 따른 정신적 불안감, 온라인 수업에 대한 부담감, 운동 습관이나 식생활 및 수면시간 변화 등 다양한 신체적·심리적 상태 등을 변인으로 삼아 연구한 논문들을 분석하였다. 연구유형이나 자료 수집 방법 등은 대부분 온라인 웹에서 질문지 조사로 진행되었는데, 부분적으로는 우편의뢰 후 웹을 이용하거나, 웹 조사 이후 대면조사를 병행하기도 하였다. 전반적으로 코로나19가 일본 대학생들에게 미치는 심리적 영향은 정신적 건강 상태 악화, 고립감을 느낀다는 결과 이외에도 일상적인 학업이나 신체적 활동 제한이 불안감과 우울증의 증가로 이어지는 것으로 나타나고 있다. 다만 대부분의 대학생이 느끼는 심리적 스트레스는 사회적 관계 지원을 통해 그 스트레스 요인의 부정적 영향을 완화시킨다는 결과도 제시되고 있다. 결국 대학생들의 심리적 지원에 집중되는 이러한 연구는 〈표 1〉의 교육혁신의 네 유형에서 보면, 기존 학교교육의 공식적 범주에서 크게 벗어나지 않으면서, 학생들의 교육을 '개선'하려는 수준의 노력이라고 할 수 있다.

〈표 4〉 교육혁신의 네 가지 유형(C. Leadbeater, 2010)

교육 범주(Location) 혁신 종류(Innovation)	공식적 범주 (Formal)	비공식적 범주 (Informal)
존속적 혁신 (Sustaining)	대학생들의 심리적 지원 ① 개선(Improve)	② 보완(Supplement)
파괴적 혁신 (Disrupitve)	③ 재설계(Reinvent)	④ 대안/대체(Transform)

제2부는 교육개혁정책과 관련된 것으로 제4장 '3·11 동북대지진 이후 학교교육개혁 과제'는 부제가 말하고 있는 것처럼 '지역사회와 연계하는 체제 구축을 중심으로' 논의를 전개하고 있다. 2011년 3월 11일에 일어난 대지진은 후쿠시마 원전사고로 이어졌고, 이로 인해 학교교육 현장에서도 재난방지 안전교육과 국가 재난 상황에서 지역거점으로서 학교의 역할을 주목하게 되었다는 것이다. 특히 2018년에는 「교육재생실행회의」에 근거한 「제3기 교육진흥기본계획」을 확정하였고, 문부과학성은 'GIGA(Global and Innovative Gateway for All) 스쿨' 구상을 통해 ICT 기반 교육을 실천하려 하였다. 이러한 시기에 시작된 코로나19 사태는 '일본형 학교교육 체제' 구축을 더욱 앞당기게 되었다고 한다. 여기서 학교수업혁신이란 학생들이 주체적으로 소통하며 협력하는 학습체제를 권장하는 것이다. 2021년 12월 일본 정부는 기존의 내각자문기구 「교육재생실행회의」를 대체하며, 새롭게 「교육미래창조회의」를 발족하여 디지털 인공지능사회를 선도할 교육인재를 육성하기 위한 교육전략을 전개하게 되었다. 이러한 흐름을 〈표 1〉의 교육혁신의 네 유형에서 보면, 3·11 사태 이후의 학교교육개혁 방향은 국가재난상황에서 지역거점으로서 학교의 역할을 확대한다는 점에서 기존의 존속적 혁신에서 공식적 범주에 주목하는 '① 개선'이며, 지역사회와 연계하는 교육이라는 점에서 '②

보완'이었고, 2018년 이후 「제3기 교육진흥기본계획」은 어느 정도 파괴적 혁신의 '③ 재설계'에 주목하였다고 할 수 있다. 그리고 코로나19 이후 2021년에 새롭게 등장한 「교육미래창조회의」는 교육혁신의 대전환을 통해 평생학습사회로의 변혁을 시도하고 있다는 점에서 파괴적 혁신에서 비공식적 범주를 확대하는 '④ 대안/대체'의 방향으로 나아가고 있다고 할 수 있다. 〈표 5〉는 지난 10여 년의 교육개혁 방향이 존속적 혁신에서 파괴적 혁신으로 그 중심이 옮겨져 가는 것을 배경 색의 음영 강도로 그 흐름을 표현해 보았다.

〈표 5〉 교육혁신의 네 가지 유형(C. Leadbeater, 2010)

교육 범주(Location) 혁신 종류(Innovation)	공식적 범주 (Formal)	비공식적 범주 (Informal)
존속적 혁신 (Sustaining)	3·11 이후 지역 거점으로서 학교 역할 확대 ① 개선(Improve)	2011년 3·11이후 지역사회와 연계하는 교육 ② 보완(Supplement)
파괴적 혁신 (Disrupitve)	2018년 「교육진흥기본계획」 ③ 재설계(Reinvent)	2021년 「교육미래창조회의」 ④ 대안/대체(Transform)

제5장 '포스트 코로나 시대 일본의 학교교육 개혁 방향과 과제'는 'ICT 활용을 중심으로' 한다는 점에서 '디지털 리터러시의 이해와 ICT 교육을 중심으로' 살펴본 제2장과 중복되어 보일 수 있지만, 기본적으로 2017년 「학습지도요령」을 토대로 미래형 학교교육의 방향에서 ICT의 활용에 더욱 주목하고 있다. 교육에 있어서 '지도의 개별화'와 '학습의 개성화'는 ICT 활용을 통해 가능해질 수 있는데, 문제는 코로나19로 디지털 교육환경의 격차가 확인되었다는 점이다. 결국 문부과학성은 'GIGA 스쿨' 구상(2019)에서 핵심적인 '학생 1인당 1단말기 보급사업'이 2021년 7월 현재, 전국 지자체의 초등학교에서 96.1% 수준으로 보급되었다고 한다. 코로나19로 인한 비대면

온라인 수업 형식이 가능해진 것인데, 다만 사립 초등학교에서는 실시간 수업보다 녹화수업을 더 많이 이용하였고, 비대면 수업 초기에는 교재를 우편으로 보내주는 통신수업 형식도 활용되었다고 한다. 이는 우리나라 상황과는 차이가 있었던 것으로 보인다. 하지만 GIGA 스쿨이 점차 실현되면서 실시간으로 대면과 비대면 수업을 같이 운영하는 사례도 나타나고 있는데, 특히 다른 학교의 동급생들과 온라인으로 연결하여 지역 현황 및 문제를 지역 관계자 등과 함께 고민하고 해결해 나가는 협동적 배움의 형태는 기존의 학교교육에서는 볼 수 없었던 새로운 혁신 사례라 할 수 있다. 이 밖에도 NHK For School이나 각 기업들이 무료로 제공하는 다양한 학습 콘텐츠 등의 보급이 확대되는 것도 고무적인 현상이다. 하지만 '지도의 개별화'와 '학습의 개성화'에는 태블릿 PC라는 단말기의 보급뿐만 아니라, 교사 개개인의 역량을 강화하고 지속적으로 혁신을 촉진하고 권장하려는 학교 현장의 분위기도 중요하다. 이상의 내용을 〈표 1〉 교육혁신의 네 유형에 비추어 보면, 일본의 미래형 학교교육 개혁 방향과 과제는 기존의 학교교육의 공식적 범주를 파괴적으로 혁신하려는 새로운 시도로 GIGA 스쿨이 실현될 뿐만 아니라, 비공식적 범주에서의 파괴적 혁신이라 할 수 있는 무료 제공의 다양한 학습 콘텐츠의 보급으로도 이어지고 있다고 할 수 있다.

〈표 6〉 교육혁신의 네 가지 유형(C. Leadbeater, 2010)

교육 범주(Location) 혁신 종류(Innovation)	공식적 범주 (Formal)	비공식적 범주 (Informal)
존속적 혁신 (Sustaining)	① 개선(Improve)	② 보완(Supplement)
파괴적 혁신 (Disrupitve)	GIGA 스쿨의 실현 ③ 재설계(Reinvent)	무료 제공의 학습 콘텐츠 ④ 대안/대체(Transform)

제6장 '일본의 GIGA 스쿨의 전개'는 제5장에서 살펴본 교육혁신의 재설계 수준의 GIGA 스쿨 내용을 보다 구체적으로 설명하고 있다. 코로나19로 갑자기 교실이라는 물리적 공간 대신 사이버 공간에서의 온라인 수업을 하게 되면서 나타나는 현상은 양면성을 갖고 있다는 것이다. 즉 친구들과의 상호작용이 감소하고 교육내용의 실재감이 부재하게 되었지만, 다른 한편으로는 무한한 정보 수집과 다수와의 즉각적 정보 공유, 가상공간과 현실공간을 융합하는 Society 5.0을 경험하게 된 것이다. 특히 메타버스 같은 부캐[副캐릭터: sub-character]를 통한 가상공간에서의 새로운 경험은 앞으로 교실에서의 대면 수업이 다시 시작된다 해도 그 이전의 교육방식으로 완전히 돌아가기는 어려울 것으로 기대된다. 21세기 유비쿼터스 세상을 살아가는 창의적 인재상 확립과 육성 과제는 교사와 학생 모두에게 절실한 문제이다. 향후 교육은 협동과 상호작용을 기반으로 하는 다양한 디지털 툴의 활용을 통해, 자신의 생각을 논리적으로 정리하여 표현하는 프로그래밍적 사고력을 키우고 혁신적 능력을 확보할 수 있다는 것이 되어야 할 것이다. 결국 ICT 기반 교육환경의 변화 속에서 디지털 리터러시는 필수적인 것이 되었고, GIGA 스쿨 정책은 이를 뒷받침해 주기 위한 하드웨어적, 시스템적 조건을 정비하고 제공해 주었다고 할 수 있다. 이를 통해 교사들은 새로운 수업방식을 설계하게 되었고 새롭게 설계된 수업방식을 교사연수를 통해 보급하고, 학생들은 개인적 학습뿐만 아니라 특별활동의 공동작업에도 이를 활용하고 있는 것으로 보고되었다. 이상의 내용을 〈표 1〉 교육혁신의 네 유형에서 보면, GIGA 스쿨의 실현은 기존의 학교교육의 수업을 새롭게 설계하고 수업내용에 학생들의 의견이 보다 광범위하게 반영될 수 있다는 점에서 학교교육의 '③ 재설계'에 해당된다. 또한 파괴적 혁신의 비공식적 범주에서 본다면 다양한 디지털 툴을 활용할 수 있게 된 학생들은 혁신적 능력을 토대로 집단지성

의 관점에서 다른 사람들에게도 가치가 있는 공공적 지식을 만드는 데에도 참여하게 되며, 이는 '④ 대안/대체' 유형의 교육혁신이라 할 수 있을 것이다.

〈표 7〉 교육혁신의 네 가지 유형(C. Leadbeater, 2010)

교육 범주(Location) 혁신 종류(Innovation)	공식적 범주 (Formal)	비공식적 범주 (Informal)
존속적 혁신 (Sustaining)	① 개선(Improve)	② 보완(Supplement)
파괴적 혁신 (Disrupitve)	ICT 활용을 통한 수업설계 수업내용에 학생 의견 반영 ③ 재설계(Reinvent)	다양한 디지털 툴 활용 공공적 지식 구성에도 참여 ④ 대안/대체(Transform)

제7장 '학령기 인구 감소에 따른 일본의 초중등교육 정책 현황과 시사점'은 출산율 감소로 인해 인구절벽에 직면한 우리나라의 교원양성 정책 변화에도 시사하는 바가 큰 연구이다. 다만 일본의 경우, 학생 수 감소 추세 이상으로 교원 지원자 감소 추세가 이어지고 있다. 또한 학생맞춤형 학교급 간 교과융합적 교원 전문성 함양이라는 질적 목표 달성을 위하여 '의무교육특례'를 2022년부터 적용하기로 하였다. 여기서 '의무교육특례'란 초등과 중등의 서로 다른 학교급 교원을 동시에 양성하며, 소규모학교에서 여러 교과목을 연계하여 가르칠 수 있도록 교원양성 단계에서 유사한 과목들을 묶어주어 필수 단위 수를 줄여주려는 조치다. 특히 의무교육특례와 관련된 세 가지 교육정책으로 ① '일관교육'의 일환으로 2016년부터 초등학교와 중학교를 묶어 9년제로 운영되는 '의무교육학교', ② 국가교육과정의 교육내용이 적혀있는 「학습지도요령」을 준수하지 않아도 되는 '교육과정특례', 그리고 ③ 1976년부터 문부성이 학교교육과정 개선을 위해 운영하는 '연구개발학교'[새로운 교육과정과 교육방법을 개발하기 위하여 「학습지도요령」을 준수

하지 않아도 됨]가 있다. 다만 위의 세 가지 교육정책은 유초중등 교육기관
에 적용되는 데 반해, '의무교육특례'는 교원양성을 담당하는 고등교육기관
에 적용되는 정책이다. 초중등교사를 동시에 양성하고, 다양한 교과 수업을
융통성 있게 준비하기 위해서는 '교육과정의 재편성(curriculum management)'이
필수다. 일본은 국가교육과정 개정에서 중요한 키워드로 '사회에 열려있는
교육과정'이라는 목표를 내걸고, 이를 위해 편성 주체는 학교이지만 지역사
회의 인적·물적 자원도 포함하여 활용할 것을 강조하고 있다고 한다. 이 같
은 '의무교육특례' 정책을 〈표 1〉의 교육혁신의 네 유형에서 보면, 기존의 교
원양성 체제를 '③ 재설계'한다는 점에서 '공식적 학습 범주'에서의 '파괴적
혁신'이라 할 수 있을 것이다. 그리고 이러한 과정에는 지역사회의 인적·물
적 자원을 포함하여 지역학교 운영협의회를 구성하여 특색 있는 교육활동
과 지역 만들기를 시도한다는 점에서는 '비공식적 학습 범주'에서의 '존속적
혁신'인 '② 보완'도 중요한 역할을 맡고 있다고 할 수 있다. 결국 이 과정에서
교원양성대학에서 교직을 담당하는 전임교원의 전문성으로 학교 현장 경험
을 통한 교직 실천력이나 새로운 교육과제에 대응하는 FD(Faculty Development)
추진이 필수적이라 하겠다.

〈표 8〉 교육혁신의 네 가지 유형(C. Leadbeater, 2010)

교육 범주(Location) 혁신 종류(Innovation)	공식적 범주 (Formal)	비공식적 범주 (Informal)
존속적 혁신 (Sustaining)	① 개선(Improve)	사회에 열려있는 교육 과정 지역학교 운영협의회 구성 ② 보완(Supplement)
파괴적 혁신 (Disrupitve)	'의무교육특례' 정책: 교원 양성기관의 교육 과정 재편성 ③ 재설계(Reinvent)	④ 대안/대체(Transform)

제III부는 교육실천 사례에 해당하는 것으로, 제8장 '일본 후생노동성 코로나19 지침과 영유아교육기관 대응 사례'는 우리의 보건복지부와 고용노동부에 해당하는 일명 후생성[일본에서는 후로성(厚勞省)으로 칭함]이 코로나19 발생 초기인 2020년 1~2월에 내려보낸 대응 지침들의 분석과 몇몇 영유아기관들의 대응 사례를 정리한 것이다. 2020년 3월 2일 일본은 전체 학교의 휴교를 선언하였다. 이로 인해 사가미여자대학교 부속 유치부의 경우, 3월 3일부터 유치원은 휴원을 결정하였지만, 보육소 성격의 어린이집은 계속 운영하며 가급적 가정 보육을 요청하는 이원적 대처를 하였다. 그리고 5월부터 긴급사태선언이 해제되면서 유치원도 자유 등원을 실시하게 되었고, 9월부터는 전면 등원하며 3밀[밀폐, 밀집, 밀접] 피하기 보육을 실시하였다고 한다. 한편 와카쿠사 보육소는 코로나19 상황이라고 모든 활동을 중단하기보다는 방역수칙을 철저히 준수하면서도 다양한 방안을 마련하여 원생들이 체험할 기회를 제공하는 데 노력했음을 알 수 있다. 특히 휴원 시에는 각 가정에 동영상을 제공하여 영유아들이 이를 보면서 신체 활동 및 놀이를 하도록 배려한 점은 주목할 만하다. 이를 〈표 1〉 교육혁신의 네 유형에서 보면, 정부의 휴교 선언에도 불구하고 어린이집은 유치원과 달리 방역수칙을 준수하며 운영하였다는 점에서 공식적 범주에서의 존속적 혁신인 '① 개선' 유형

〈표 9〉 교육혁신의 네 가지 유형(C. Leadbeater, 2010)

교육 범주(Location) 혁신 종류(Innovation)	공식적 범주 (Formal)	비공식적 범주 (Informal)
존속적 혁신 (Sustaining)	방역수칙 준수하며 운영 ① 개선(Improve)	동영상 제공으로 집에서 ② 보완(Supplement)
파괴적 혁신 (Disrupitve)	③ 재설계(Reinvent)	④ 대안/대체(Transform)

과 함께, 동영상 제공에 의해 집에서 놀이와 활동을 실시하였다는 점에서는 비공식적 범주의 존속적 혁신인 '② 보완' 유형에 속한다고 할 수 있다.

제9장 '뉴노멀 시대 일본의 아동교육 분야 NPO 활동'은 일본에서 정부 인증을 받은 5만여 비영리단체(NPO: Non Profit Organization)의 활동 중에서 NPO 지원센터의 사례집(『교육관계NPO사례집』 전5권)과 문부과학성의 NPO 시책, 그리고 그중에서도 교육 분야 NPO들의 정책사례를 순차적으로 분석하고 있다. 학교에서의 근무방식 개선과 ICT 활용을 위한 '교사의 바톤 프로젝트'라든가, 중고등학교의 학습지원 콘텐츠를 개발하고, 코로나19 시대에 학교 밖에서 다양한 콘퍼런스를 개최하고 있다. 〈표 1〉 교육혁신의 네 유형에서 보면, NPO라는 조직 자체가 기존의 학교교육의 '비공식적 범주'에 속하지만 학교개혁에 있어서는 '존속적 혁신' 수준에서의 '① 개선'과 '② 보완'에 해당하는 다양한 활동을 하고 있음을 알 수 있다.

〈표 10〉 교육혁신의 네 가지 유형(C. Leadbeater, 2010)

교육 범주(Location) 혁신 종류(Innovation)	공식적 범주 (Formal)	비공식적 범주 (Informal)
존속적 혁신 (Sustaining)	교사의 바톤 프로젝트 중고 학생/학교 학습지원 ① 개선(Improve)	공생사회 지향 콘퍼런스 지역장애인 평생학습 ② 보완(Supplement)
파괴적 혁신 (Disrupitve)	③ 재설계(Reinvent)	④ 대안/대체(Transform)

제10장 '일본의 교원 업무 경감 추진 정책과 시사점'은 문부과학성의 교원 업무 경감 정책 마련을 위한 「학교교육법」의 일부 개정이라든가, 『우수사례집』 발간 등의 다양한 노력, 그리고 일본 교원들의 초과근무 현황과 원인을 밝히고, 우리나라 교원 업무 개선에 필요한 시사점 등을 제시하고 있

다. 뉴노멀 시대에 학교 내에서 교직원의 직책이 다양화되면서 새로운 유형이 등장하게 되는데, 예를 들어 교원과 직원을 연결시켜 주는 주간교사[주간교유(主幹敎諭)]라든가, 기존의 학생 상담을 맡는 '스쿨 카운슬러' 외에 학부모 및 관계 기관과 연계하며 학생의 환경 변화를 도모하는 '스쿨 소셜 워커'의 등장, 그리고 직원의 업무 분장 중에도 기존의 총무나 재무, 시설관리 이외에 '교무운영'으로 교육과정 재구성[curriculum management]에 필요한 인적 · 물적 자원의 조정 · 조달이 포함되는 등 다양한 학교교육개혁의 모습을 보여주고 이를 위한 전반적인 시도들이 다양하게 제시되고 있다. 특히 업무경감을 위하여 학교가 담당하지 않아도 되는 업무를 줄이기 위한 '학교 기능 축소'는 지역 연계와 학부모회[PTA: Parent and Teacher Association]의 역할을 중요하게 보고 있다. 또한 교원과 사무직원 그리고 관리직인 교장 · 교감이 긴밀하고 효율적으로 협력할 것을 제시하고 있다. 이상의 내용을 교육혁신의 네 유형에서 보면, 전반적으로 기존의 학교교육의 '공식적 범주'에서 '존속적 혁신'을 시도하는 '① 개선'에 집중하고 있지만, 부분적으로는 '존속적 혁신'이지만 학교기능 축소를 통해 지역연계를 시도한다는 점에서 '비공식적 범주'와 연계되는 '② 보완' 유형도 볼 수 있다.

〈표 11〉 교육혁신의 네 가지 유형(C. Leadbeater, 2010)

교육 범주(Location) 혁신 종류(Innovation)	공식적 범주 (Formal)	비공식적 범주 (Informal)
존속적 혁신 (Sustaining)	교직원의 업무 분장 다양화 ① 개선(Improve)	지역 연계와 학부모회 역할 ② 보완(Supplement)
파괴적 혁신 (Disrupitve)	③ 재설계(Reinvent)	④ 대안/대체(Transform)

종장에 해당하는 '글을 마치며: 뉴노멀 시대 교육의 전망과 방향'은 사회 전반의 교육 패러다임이 전환되고 있는 시대에 교육이 추구하는 '성장'과 '학습'의 개념을 재검토하면서, 뉴노멀 시대에 나타나고 있는 교육환경의 격차를 어떻게 줄일 것인지를 논하고 있다. 특히 급속히 진행되는 디지털 사회에서 정보 환경에 어떻게 대응해 나갈 것인지, 그리고 이렇게 변화된 교육환경 속에서 교육 평가의 문제라든가, 개별 상황에 따른 학습의 다양화, 교직원의 위상과 역할 변화에의 대응, 대학교육의 기본 방향에 대한 3가지 관점 등을 제시하고 있다. 결론적으로 필자가 제시한 'No Turning Back'은 코로나19로 어쩔 수 없이 갑작스럽게 시작된 교육개혁이었지만, 이러한 변화 자체는 학습자의 배움과 성장이라는 교육의 본질에 비추어 볼 때 뉴노멀이 예전의 노멀로 다시 돌아갈 수는 없을 것임을 분명하게 보여주고 있다.

〈 참고문헌 〉

사토 마나부 지음, 손우정 옮김(2012). 『학교의 도전 : 배움의 공동체를 만들다』, 우리
　　교육.

이용길(2017). 제4차 산업혁명시대의 인재양성과 창조교육, **창조교육과 4차 산업혁명**,
　　창조교육학회 · 한국교육학회 공동개최 학창 이종록 선생 서거 1주기 추모 학술
　　대회, 7월 1일. 군장대학교 본관 시청각실. 1-14.

최해옥 · 최병삼 · 김석관(2017). 일본의 제4차 산업혁명 대응 정책과 시사점, 『동향과
　　이슈』, 30, 1-20.

클레이튼 M. 크리스텐슨, 마이클 E. 레이너 지음. 딜로이트 컨설팅 코리아 역(2021, 초
　　판2005), 『성장과 혁신』. 서울: 세종서적.

페에 치쉬 지음, 이동용 옮김(2005). 『교실혁명』. 리좀.

한국일본교육학회 편(2017). 『일본의 지역교육력: 이해와 실제』. 서울: 학지사.

한국일본교육학회 · 고려대 글로벌일본연구원 편(2017). 『일본의 재난방지 안전 안심
　　교육』. 서울: 학지사.

한용진(2018). "제4차 산업혁명시대 일본의 교육패러다임 전환-액티브러닝의 학수(學
　　修) 개념을 중심으로-", 『한국일본교육학연구』, 22(3). 1-18.

히로타 데루유키(広田照幸: 2017). 第4次産業革命への対応と教育の課題―日本の例を
　　通して―, 한국교육학회 연차학술대회 기조강연, 1-11, 6월 23일. 충남대학교 정
　　심화국제문화회관 백마홀.

이봉렬(2022). "윤 대통령, 또 틀렸다… '반도체 15만 양병설'은 헛발질: [반도체 두 번
　　째 특별과외] 실정도 모르는 윤석열 정부, 강행하면 파국 올 수도", 「오마이
　　뉴스」, 2022.07.25. http://www.ohmynews.com/NWS_Web/Series/series_
　　premium_pg.aspx?CNTN_CD=A0002852232&PAGE_CD=N0002&CMPT_
　　CD=M0112 2022.09.04. 인출

KIEP(대외경제정책연구원) [KIEP와 함께하는 경제용어] 'Society 5.0' http://blog.
　　naver.com/PostView.nhn?blogId=kiepblog&logNo=221071934866 2018.01.05.

인출

META, Society 5.0 · Connected Industriesを実現する「新産業構造ビジョン」http://www.meti.go.jp/press/2017/05/20170530007/20170530007-1.pdf#search=%27Society5.0%27 2018.01.15. 인출

교육연구동향

제1부

제1장

뉴노멀 시대와 한일사회의 교육개혁의 전환:
부등교(不登校) 시대의 학습권의 의의를 중심으로

이은주

I. 팬데믹과 한일사회

　일본사회는 변화와 개혁보다는 전통과 정확성을 중시하는 사회다. 그 원동력은 일본 근현대사에 있어 세계 경제를 선도하는 유수 기업과 순수과학의 성과 등을 중심으로 세계적으로 높이 평가받아왔다. 그러나 예기치 못한 '코로나 바이러스(コロナウイルス)' 사태로 인해 세계적으로 가장 큰 위기에 처한 국가 또한 일본이라고 할 수 있다. 아날로그적 문화를 중심으로 한 관광산업과 장인정신을 고집해 왔던 일본사회는 뉴노멀 시대[1]에 빠른 적응을 하지 못하고 최대의 위기에 직면하게 된 것이다. 특히 교육환경에서도 체계 중

1　새롭게 보편화된 사회 · 문화 · 경제적 표준을 의미하는 시사용어. 2004년 처음 사용되기 시작했으며, 초기에는 경제 상황 변화에 따른 진단과 대응을 위해 제시된 경제 용어였으나 2020년 전 세계로 확산된 코로나바이러스감염증-19 사태 이후로는 전 시대와 달리 새롭게 변화된 사회적 · 문화적 변화를 포괄하는 개념으로 의미가 확장(출처: 다음백과).

심적 행정과 면대면의 수업 및 연구를 중시해 왔던 일본의 강점이 예기치 못한 팬데믹 창궐로 인해 그 근간이 흔들리고 있는 것이다.

또한 일본의 초소자화(超少子化)[2] 현상은 생산인구 감소와 청년층의 무기력감 등 다양한 사회문제를 동반해 왔고 이는 현 한국사회가 직면하고 있는 사회문제와 유사하다. 무한 경쟁적 주입식 교육제도의 부작용과 공교육 붕괴로 인해 다수의 10대 청년의 '중도탈락생'과 '부등교(不登校)'가 양산되어, 한일사회의 집밖으로 나가려하지 않는 히키코모리[引きこもり] 증가와 연계되고 있는 것이다. 2022년 현재 약 120만 명의 히키코모리가 존재하고 있는 일본사회는 10대부터 은둔 생활을 하던 그들이 50대가 되면서 '8050문제'[3]라는 신조어가 양산될 만큼 심각한 사회적 이슈가 되고 있다(朝日新聞, 2022).

한편 개혁과 개발을 중시하는 한국사회는 IT산업의 눈부신 성장 속에서 코로나19 사태에 빠른 적응을 보이며 세계적으로 높은 평가를 받았다. 그동안의 고도성장 속에서 개혁과 개발에 치중해 왔던 한국은 일본의 순수과학 및 장인정신, 시민의식을 참고하는 입장에 있었으나 예기치 못한 위기 속에서 한국은 뉴노멀 시대의 선두에 서게 된 것이다. 그러나 여전히 한국의 교육계는 주입식 과잉 경쟁을 강조하고 있고 사교육 시장과 교육평등이라는 양극에서 갈등하는 양상을 보여 왔다(이은주, 2019). 그런 가운데 교육 현장은 '공교육 붕괴' '학교폭력' '중도탈락생 증가' 등의 다양한 문제를 안고 있고, '은둔형 외톨이 청년' 또한 2020년 현재 약 37만 명으로 추정되고 있으며 이 중 70%가 20대라는 조사 결과가 나왔다(중앙일보, 2020). 무한경쟁을 겪어 온

---

2 少子化: 출생률이 人口置換水準(인구치환수준: 출생 및 사망률에 따른 '인구교체수준') 이하로 감소하는 현상을 가리키는 일본의 사회학적 용어(日本内閣部, 2022).

3 80대의 부모가 자립하지 못한 50대 자녀를 부양하면서 나타나는 다양한 가족 간의 갈등 상황을 상징하는 사회적 용어(朝日新聞, 2022).

청년들이 10대부터 무기력감과 자괴감에 빠져 사회적 외톨이를 자처하고 있는 것이다. 이러한 통계도 명확한 수치가 아니며 한국의 히키코모리 현상은 사회적으로 공론화 되지 못하여 그 실태 파악도 힘든 상황이라고 할 수 있다. 예를 들면 한국청소년정책연구원이 2021년 18-34세 청년 3,520명을 대상으로 실시한 '2020년 청년 사회 · 경제 실태 및 정책 방안 연구' 내용에서 응답자의 3.4%인 112명이 평소 외출 정도에 대한 질문에 '집에 있지만 인근 편의점 등에 외출한다' '집 밖으로 나가지 않는다'라고 답했다. 이를 바탕으로 국내 청년 인구 1,100만 명 가운데 3.4%인 37만 명이 은둔 생활을 하고 있을 것이라고 추정하는 정도의 수치라고 할 수 있다. 조사 대상에서 제외된 18세 미만 청소년까지 포함하면 그 숫자는 더 늘어날 것으로 예상된다(중앙일보, 2020).

또한 한국은 2021년 현재 합계 출산율이 0.81로 세계에서 가장 빨리 초저출생 사회로 진입하였다(연합뉴스, 2022). 조영태 서울대 교수팀의 보고서에 의하면 한국 인구는 2100년 1000만명 이하로 줄어들고 2305년에는 한국인이 지구상에서 사라진다는 계산이 나왔다. 한국보다 먼저 저출산 위기가 시작된 일본의 예상 인구소멸 연도인 2800년도를 압도하는 성적표였다. 이에 관련해 2006년 영국 옥스퍼드대 인구문제연구소의 데이비드 콜먼 교수가 '지구상의 최우선 소멸 국가 1호'로 한국을 꼽았으며, 2017년 한국을 방문한 크리스틴 라가르드 당시 국제통화기금(IMF) 총재는 한국사회에 '집단자살사회(collective suicide society)'라는 직격탄을 날리기도 했다(세계일보, 2022; 한국경제, 2022). 이러한 저출생 사회는 경제활동 및 생산인구 감소 측면에서는 물론 한일사회의 교육개혁의 필요성을 경고하고 있다. 더 이상 선발식 혹은 경쟁적인 입시중시적 교육은 빠르게 변화하는 시대 변화에 상당한 괴리를 두고 있기 때문이다.

이 글에서는 이와 같은 사회변화 및 미증유의 코로나19 사태를 '부등교 시대(不登校時代)'로 설정하여 필연적으로 학교를 가지 못하는 비대면 시대에서, 그동안 방치되어 왔던 중도 탈락생을 포함한 교육의 사각지대에 놓인 다양한 계층을 포용하는 교육 개혁안을 제시하고자 한다. 팬데믹에 따른 비대면 교육은 교육 현장에 상당한 혼란과 과제를 던지고 있으며 교육 양극화를 더욱 공고화 할 수 있다는 우려가 제기되어 왔다. 반면 이러한 위기를 기점으로 그동안 교육의 사각지대에 있던 청년들이 장소와 공간을 초월하여 학습할 수 있는 기회로의 전환이 필요한 시기라고 할 수 있다. 이를 위한 사례로 일본의 '지역교육력(한용진 외, 2017)'과 한국의 '그린스마트 스쿨' 등의 장점을 상호보완할 수 있는 '하이브리드식 교육방식'이 더욱 확대될 것으로 예상할 수 있다.

II. 부등교 시대(不登校時代)의 한일교육

일본에서 '부등교(不登校)'란 다양한 이유로 학교에 등교하지 않는 상태를 가리키는 의미에서, 한국에서 말하는 '등교 거부'와 일치한다고 볼 수 있다. 일본에서도 '부등교'가 갖는 함의를 학자에 따라 다양하게 정의하고 있으나 정신의학자 시미즈 마사유키(淸水將之, 1968)가 '일본아동청년정신의학회'에서 처음 사용한 용어로 알려졌다. 당초에는 질병, 빈곤, 비행 등을 원인으로 하는 '부등교'의 현상 이외의 '새로운 결석 현상'을 가리키는 의미였으나 현재는 사회 분야 및 학자에 따라 다양한 의미로 해석되고 있다(久德重和, 2002). 쉽게 해석하면 자발적으로 등교를 거부하는 '등교 거부'와 달리 '학교에 가고 싶어도 갈 수 없는 상태'라고 설명할 수 있겠다. 규토쿠 시게카즈(久德重和)는 부등교의 원인을 태아 시절부터 청년 시절까지 분석하여 그 원인과 치료방법을 제시하였는데, 가장 큰 원인을 부모와의 관계 및 가정환경으로 설명하고 있다. 즉 맞벌이 가정 및 외동아이들이 증가하면서 타인을 대면하고 갈등을 해결하는 데 취약해진 아이들이 사람과의 대면을 거부하는 경향이 강해진 것이라고 해석하였다(久德重和, 2002: 15-30).

한편 히키코모리란 미국정신의학회 편찬 [DSM-Ⅲ]의 진단기준에서, 'Social Withdrawal(사회적 철퇴)'라는 용어에서 번역된 용어로 원래는 은둔과 질병 요양을 가리키는 용어였으나 일본에서는 그 숫자가 증가하면서 '직장이나 학교에 다니지 않으면서 가족 이외의 사람과의 교류 없이 6개월 이상 집안에 틀어박혀 있는 상태'로 정의되고 있다(久德重和, 2008). 일본사회에서는 이들이 증가하고 중장년화 하면서 가정 내 문제만이 아닌 심각한 사회문제로 확대되고 있는 것이다. 예를 들면 일본 호세이 대학 야마구치 교수는 일본 내에서 증가하고 있는 묻지마 살인·상해 및 확대자살[4] 범죄자 중에서 23%가 히키코모리 경험이 있었으며, 이는 약물복용자(약 15%)들에 의한 범죄율보다 높아지고 있음을 지적하고 있다(한겨레, 2022). 일본사회에서 교육 및 청년의 연구 범주에서 가장 심각한 문제가 바로 '부등교'와 '히키코모리'의 증가라고 다시 한번 지적할 수 있을 것이다.

앞서 언급한 바와 같이 한일사회에서 급속하게 진행되는 초저출생률은 심각한 사회문제이며 이를 위한 대안으로도 중도탈락생과 비경제활동 청년을 위한 제도는 물론 교육개혁의 대안이 필요한 시기라고 할 수 있겠다. 이러한 사회문제 해결을 위해 일본에서는 평생교육 기관 및 프리스쿨을 중심

---

4 확대자살(擴大自殺, extended suicide)이란 아직 명확한 개념이 존재하진 않지만 고독과 절망감에 무관한 사람을 죽이고 자신도 죽는 행위(한겨레, 2022).

으로 '살아가는 힘(生きる力)'을 중시하는 교육에 수십 년간 주력해왔다. 예를 들면 한용진 외(2017)는 일본의 평생교육 관련 기관인 공민관을 중심으로 한 아동관, 박물관 등의 지역 교육기관에서의 교육활동의 실제를 연구하여 학교와 지역공동체에서의 '지역 교육력'의 중요성을 피력하였다. 또한 팬데믹을 계기로 면대면 학습을 통한 '살아가는 힘'을 강조했던 지역교육이 '온라인 공민관'으로 전환하고 있는 것이 현재의 유일한 변화 양상이라고 할 수 있다.

한편 한국은 '학교 밖 청소년'이라는 용어로 '학교'라는 공간에 포함된 자와 포함되지 않은 자로 교육 및 지원제도가 구분되어 개선되어 왔으며 '학습권'이라는 개념 또한 학교라는 범위 안에서만 인정받을 수 있는 현실이다. 그러나 팬데믹 시대에 따른 학습유형의 변화로 더 이상 학교라는 공간에서의 교육 과정 및 평가에 한계가 왔다는 것을 실감한 수준에 머물러 있는 것이 현실이다. 실제로 코로나19 사태 이후로 초중고 학생들의 중도탈락률이 증가하고 검정고시 응시율이 높아지고 있으며 검정고시로 대학을 입학하는 학생들이 증가하고 있는 것으로 나타났다(YTN뉴스, 2021).

또한 한승희(2020)는 온라인 수업으로 학력 중간층이 실종되어 학력 격차의 곡선이 'M자형'을 나타내고 있다고 지적하였다. 이러한 중간층 학생의 실종 현상에 대해 기존의 공교육에서의 '중위권 학력층'의 존재는 '공간 통제, 시간 통제, 행동 통제'의 결과물이었다고 지적하였다(경향신문, 2020). 또한 한용진(2018)은 4차 산업혁명에 대비한 새로운 교육 패러다임에 대해 '교수(敎授) 패러다임'에서 '학습(學習) 패러다임'을 거쳐 '학수(學修) 패러다임'으로의 변화가 필요함을 주장하였다(한용진, 2018: 10-12). 같은 맥락에서 이시이 테루마사(石井英真)는 예기치 못한 팬데믹 창궐로 비로소 학교 역할의 본질에 대한 담론이 절실해졌음을 지적하였다(石井英真, 2020: 1-3). 전 세계 모든 학생이 등교할 수 없는 이 이례적인 사태가 기존의 학교 역할과 역할 제한에 대해 성찰의 과제를 던지고 있는 것이다.

이러한 시대적 변화를 보면 생존의 위기에 처한 지금이야말로 어떻게 살아가야 하는지에 대한 새로운 교육적 패러다임이 제시되어야 할 시기일 것이다. 예를 들어 일본의 문부과학성은 공립 초중고에 '감염병 퇴치방법'을 교안에 넣는 등의 통지로서 본격적으로 교과 과정 자체에 대한 개정에 착수하고 있다(文部科學省, 2020). 또한 일본의 지역을 중심으로 한 학교와 지역과의 연계 교육은 양적 및 질적으로 꾸준히 확장되어 왔다. 코로나19 사태 이후로는 평생교육기관인 공민관을 중심으로 온라인 공민관을 통한 학습실천으로 빠르게 변화하고 있는 것이 현실이다(張智恩, 2021).

즉 오프라인에서 면대면 학습 및 연구를 중시해 왔던 일본의 지역중심적 학습공동체의 발전 및 변화 양상을 분석하고 상대적으로 물리적 환경에의 대처가 빠른 한국의 '그린스마트스쿨'과의 연계점을 도출할 필요가 있다.

이하의 장에서는 일본의 대학 및 초중고 공립학교에서의 '온라인화' 하는 학습 현상을 검토하고 그에 대한 보완점 및 한국사회의 교육개혁에의 시사점을 모색하고자 한다.

III. 일본의 비대면 교육의 현상[5]

1. 대학 및 공립학교의 비대면 교육의 실태

서두에서 언급한 바와 같이 일본사회는 아날로그적 대면을 매우 중시하는 사회이며 그것이 지금까지의 일본 경제성장의 원동력이었음은 물론, 사

---

5   와세다대학교 교육학부 小林敦子 교수와의 질문형 이메일 인터뷰(2020. 7. 19.) 내용을 토대로 정리함.

회문화적 유산이었다고 볼 수 있다. 그러나 코로나19 사태로 인해 겨우 대면 및 비대면을 통합한 혼용 방식 수업의 필요성에 대한 목소리가 대학 관계자들로부터 높아지고 있는 것이다. 또한 장기간 동안 부등교(不登校) 증가 및 학급붕괴(學級崩壞) 등 학교 현장의 다양한 문제에 고민하던 일본사회에서 전문가를 중심으로 비로소 그동안 외면해왔던 학교 역할의 본질을 제고할 기회가 되었다는 성찰이 나오고 있는 것이다. 예를 들어 마쓰시타 카요(松下佳代)와 이시이 테루마사(石井英真)는 온라인 교육화가 물리적 환경이 제한되는 사람들에게는 학력 격차를 가속화 할 수 있다는 우려와 동시에 부등교 및 장애인, 사회인, 내향적인 학생에게는 좋은 기회가 될 수 있다는 지적을 하고 있다. 따라서 지금 이 시기에 세밀한 개별적 교육인프라 형성과 대안이 필요함을 강조하였다(石井英真, 2020: 3-10: 松下佳代, 2020: 8-9).

우선 현 일본의 온라인 학습 현상의 사례로써 와세다대학과 공립학교를 중심으로 온라인 수업 사례를 〈표 1〉과 같이 인터뷰 내용을 바탕으로 정리할 수 있다. 이 내용을 보면 일찍이 '유토리 교육(ゆとり教育)'과 '커리어 교육(キャリア教育)'[6] 등을 추진해 왔던 일본 초중고 교육은 토론과 탐구, 그리고 공유를 중시하는 의무교육이 실천되어 왔다(이은주, 2019: 49-54). 이는 현 한국의 혁신교육에서 추진하는 수행평가 확대와 유사한데, 코로나19 사태로 인해 이러한 수행평가 및 토론, 봉사활동 등의 비교과 활동에 한계를 초래하고 있는 것이다.

일본 대학의 비대면 수업은 한국 수업과 마찬가지로 이론 강의는 가상 강좌를 통하여, 세미나 수업은 Zoom 화상회의 프로그램을 통해서 진행되고 있다. 현재 와세다 대학원의 해외유학생은 대부분이 중국인인데, 석사 이상

---

6   일본에서 진로(Career)를 중시하는 교육제도로써 한국에서의 '자유학년제' 등에 해당된다고 볼 수 있음.

은 대부분 귀국하여 고향에서 실시간 수업에 참여하고 있는 것으로 확인된다. 또한 moodle의 쌍방향 및 LMS을 도입하여 출결 및 성적평가를 실시하고 있다. 또한 한국에서 개발된 에버렉(EverLec)을 통해 강의를 제작 후 대학 홈페이지에 업로드하는 형식이다. 또한 국가적으로 저작권을 완화하여 동영상을 올리는 등의 강의 형식을 혼용하고 있는 현실로, 한국과 유사하다고 볼 수 있다. 단 일본은 학부생부터 세미나 수업을 중심으로 토론 및 발표 수업을 중시하고 있고 여전히 조사지 활용 및 결재 문화 중심이므로 이에 대한 행정 전반적 개혁의 필요성이 요구되고 있는 현실이다. 또한 내향적이며 출석을 기피하는 학생들이 선호한다고는 하지만 코로나 우울증과 오히려 히키코모리가 더욱 증가할 수 있다는 우려가 제기되고 있는 것도 사실이다.[7]

일본 초중고 공립학교는 2021년 6월부터 등교가 시작되었으나 온라인 시스템이 상당히 늦은 국가로서 여전히 교재 및 공지사항을 용지로 배포하여 등교 시에 제출하는 형식을 취하고 있다. 또한 가정에 따라서 와이파이가 설치되지 않은 가정이 대부분으로 상당한 물리적 어려움을 겪고 있는 현실이다.[8] 고등학교조차도 구글 검색이 불가능할 정도의 환경으로 아라카와구(荒川區)에서는 초중학생들에게 태블릿 PC를 대여하는 방식을 취하고 있다. 그러나 이 또한 동경도(東京都)에 한하고 있어 지방에서는 프린트물 배포에 의존하고 있는 것이다. 이에 문부과학성은 '학습권의 방향성 대책에 관하여(「學び의 保障」の方向性等について-2020年5月15日)'라는 통지를 통해 초중고 공립학교의 코로나바이러스에 관한 대책을 학교 교과내용 및 가정방문 상담내용 등으로 권고하고 있다.

---

7   일본의 경우, 대학생의 중도탈락생 증가도 오랫동안 문제되어 왔다.

8   다문화가정이 많은 일본의 공립학교의 경우 외국계 엄마들에 대한 전화 및 면대면 상담이 보편적이었다.

〈표 1〉 일본 대학 및 공립학교의 비대면 교육 현황

구 분	대학교	공립학교
수업방식	① 학부: 전자학습 플랫폼 Moodle의 쌍방수업 성적 및 출결상황: LMS 및 ZOOM 실시간 한국개발 에버렉(EverLec) 녹화 후 업로드 ② 대학원: ZOOM 화상 회의 프로그램 다수의 중국 유학생은 중국 본국에서 참여	① 학교수업: 토론 탐구 중심, 감염병 퇴치, 학교 환경 정비 ② 가정학습: 자기 주도적 학습 유도, 가정방문 및 전화상담을 통한 개인지도
학생들 반응	① 내향적이며 발표를 꺼리는 학생 및 장거리 등교 학생들은 상당히 선호 ② 러시아워에 전철을 타지 않아서 좋다는 여학생들이 선호 ③ 코로나 우울증 증가 ④ 휴학 및 히키코모리 증가 우려	① 맞벌이 가정 및 돌봄 위기 ② 가정폭력 및 아동학대 우려

자료: 인터뷰 내용을 토대로 표로 작성.

〈표 2〉 일본의 비대면 수업 변화 전망

구 분	내 용
초중고 학습권 보장을 위한 준비	① 학교수업: 교사 확충, ICT 환경 정비, 교재 및 콘텐츠 제공 등 ② 가정학습: 학습격차 해소를 위한 복수담임제 도입 및 확충 등
입시제도를 위한 준비	① 시험내용 조정: 출제범위 조정 및 선택문제화로 불공평 억제 ② 시험기간 조정: 특례적으로 시험일정을 늦춰 수험기회 증진 ③ 선발방식 조정: 종합형 선발·학교 추천형 선발의 일시적 확대 등

자료: 문부과학성 자료 및 일본교육학회 자료 내용을 참고로 표로 작성.

2. 비대면 학습의 전망

일본의 공립학교는 문부과학성의 통지를 계기로 물리적 환경 정비에 주력하고 있는 현실이다. 또한 일본 역시 한국보다는 완화되었지만 여전히 학력을 중시하는 사회이므로 평가 방법 및 입시제도에 대한 개선 방향이 학계의 학자를 중심으로 본격적으로 논의되기 시작한 것이다. 그 내용을 〈표 2〉

와 같이 정리할 수 있다. 다양한 입시전형이 존재하지만 일본대학 관계자들은 향후 돌발적으로 발생할 팬데믹에 대비한 입시제도 정비의 필요성을 강조하고 있는 것을 알 수 있다. 즉 초중고 학생들에게는 '학습권' 보장에 주력하여 물리적 정비에 주력하고 있는 내용을 알 수 있고 '복수담임제' 등을 통한 소인수 수업이 본격적으로 시작된 것이다. 입시제도 개혁을 위한 구체적인 내용을 살펴보면 선발방식 개선뿐 아니라 시험 내용 및 시간의 선택 폭을 넓히는 등의 구체적인 대안이 제시되어 있는 것을 알 수 있다.

〈표 3〉 비대면 교육에 따른 평가 척도 사례

구 분	학력(學力)별 내용	각 과목별 과제 설정	교재 및 미디어 사용법
알고 있는·알 수 있는 수준 (앎·가능 레벨)	단편적 지식·기능의 획득과 정착의 레벨	교재 내용을 읽고 답하는 수준	교재 및 문제집 수집 수준
이해하는 수준 (이해레벨)	지식과 경험을 연계하여 개념의 의미를 이해하는 레벨	작자의 의도를 상상 교재 내용을 사회에 적용하여 제 문제가 상상 가능한 수준	교과서, 보드, 노트 활용 및 워크시트 작성 수준
활용 가능 수준 (활용레벨)	현실 세계에의 적용 문맥으로 지식·기능을 종합적으로 활용하는 레벨	교재와 반대의 내용의 글을 읽고 조별 토론 실시 문제해결을 위한 조별 기획안을 작성하는 수준	실제 교재 속의 사물과 인물에 대한 정보 수집 수준

자료: 石井英眞(2020)「今「授業」というテクノロジーの活用と授業のオンライン化未来の「当たり前」につなぐ一」 내용을 요약하여 필자가 표로 작성.

또한 공립학교의 교과과정 커리큘럼을 세분화하여 내용과 평가에도 자기주도성을 강화하는 방향으로의 제안을 〈표 3〉과 같이 정리할 수 있다. 문제해결의 수준을 3단계로 설정하여 「앎」 수준과 「이해」 레벨까지는 학교의 대면 및 비대면 수업에서 제시될 수 있고, 마지막 「활용」 레벨에서는 각자가 과제를 설정하여 해결한 후 온라인 공간에서 공유할 수 있는 수준으로 해석할 수 있다. 한국에서 실천되고 있는 플립드러닝과 유사한 방식이며 그 내용을 이해의 수준으로 분류한 내용이라고 분석할 수 있다. 즉 알고 이해하는 수준에서 시험으로 평가받는 방식이 아닌, 그 수준을 넘어서 어떻게 '응용'할 수 있는지는 자기 주도적으로 해결해야 하는 수준이며 이 과정이 평가에 들어가야 한다는 내용으로 해석할 수 있다. 특히 〈표 3〉의 내용을 보면 일본의 경우 공립학교에서 도서관을 중심으로 다양한 교재 활용이 실천되어 왔는데 현 코로나19 사태에서는 혼자서 교재를 활용할 수 있는 능력을 배양하는 레벨까지를 목표로 하고 있는 것으로 분석할 수 있다.

3. 한일사회의 교육개혁의 지향점

1) 포스트 코로나 시대의 학교 교육의 지향점

일본사회는 한국사회보다 일찍이 초소자화(超少子化) 및 생산인구 감소로 인한 새로운 교육개혁이 꾸준히 요구되어 왔다. 즉 학급붕괴 및 학교폭력으로 인해 학교를 이탈하는 학생 수가 꾸준히 증가해왔으며 한국사회보다 일찍이 니트족 및 히키코모리 증가로 인해 다양한 사회문제가 양산되어 왔다. 그러나 예기치 못한 코로나 바이러스 사태로 인해 학교폭력 및 극도의 내향성을 가진 학생들이 사람을 대면하지 않고 교육을 받을 수 있음과 동시에 학교붕괴 현실에서 그동안 잊어왔던 학교의 본래 역할에 대해서 다시 논의되기 시작하였다고 할 수 있다. 일본의 경우 중도탈락생 및 부등교 학생들을 부적응자로 보기보다는 누구나 경험할 수 있는 상황으로 수용하게 된 지 오래되었다. 그 요인은 한국과는 달리 가정 해체 및 빈곤 가정에서의 문제라는 인식이 아닌, 중산층 이상의 가정에서도 흔히 나타나는 문제이기 때문이다.[9] 즉 대학진학률과 더불어 생산인구가 감소하는 일본의 경우 가능한 많은 학생들이 학습권을 부여받기를 바라는 방향으로 교육개혁이 진행되어 왔다고 볼 수 있다. 이러한 맥락에서 '작은 학교'의 긍정적인 역할에 대해서 다시 검토하고 온라인과 대면 수업을 혼용함으로 인해 학교에서 배제되었던 청소년 및 다양한 계층이 학교에 소속되어 동등한 교육을 받을 수 있는 기회로의 전환이 요구되는 것이다. 또한 세미나 수업에 대해 부담을 가진 학생들을 중심으로 온라인 강좌를 선호하고 있으며 '러시아워 시간에 전철을 타지 않아도 된다'는 의견이 여학생을 중심으로 높게 나타난 점 또한 흥미롭다. 장거리 등교가 많은 일본사회에서 공간을 초월하여 수업을 들을 수 있는 장점이 부각된 것이다. 이와 같은 다양한 요인을 포함하여 지속적으로 대학 진학률이 낮아지는 일본사회에서 다양한 계층에의 학습 기회의 확장 면에서도 비대면 수업의 환경 정비는 시대적 과업이라고 할 수 있다. 우선 공교육에 있어서의 '학습권' 전환의 필요성을 이하와 같이 제시할 수 있다.

2) 학습권 개념의 전환

팬데믹이 초래한 뉴노멀 시대에 예기치 못한 순기능 또한 존재한다. 예를 들면 코로나19 사태로 인한 사회적 거리두기가 모든 학생이 학교는 물론 학원 등원이 금지되어 사교육에 의존하지 않고 자유롭게 공부할 수 있는 기회를 초래했다는 긍정적인 평가가 존재한다. 또한 한 초등학교 교사는 경도의 함구증으로 의심되었던 학생이 분반 수업으로 손을 들고 발표하는 모습 등 새로운 모습을 발견했다고 증언하고 있다. 물론 적극적인 발표를 즐기고 리

---

9 한국에서도 최근 은둔 청년들 중에서 중산층 이상의 가정이 증가하고 있다는 연구 결과도 나오고 있다.

더십이 있던 학생들에게는 아쉬움이 있을 수 있지만 상대적으로 학업성취도
가 낮았던 학생들이 온라인 수업과 과제에도 적극적으로 임하고 발표를 주
저하지 않는 모습을 보였다고 할 수 있다(경향신문, 2020).

한국보다는 완화되었지만 일본사회 또한 여전히 학력(學歷) 중시 사회이
며 평생교육 차원에서의 교육이 형식교육을 마친 성인 및 고령자를 중심으
로 확대되어 온 것도 사실이다. 그러나 NPO 단체 등을 중심으로 한 프리스
쿨(free school)을 통해 학교에 적응하지 못한 학령기 학생들을 상대로 한 진정
한 학력(學力)을 위한 교육이 실천되어 왔고 그 중심에는 지역적 소규모 도서
관을 비롯하여 아동관, 공민관, 박물관 등이 있다. 학교가 학력(學歷)의 보증
을 위한 역할에서 더 나아가 학생 주체적으로 '학습하는 권리(石井英眞, 2020; 이
정희, 2020; 한용진, 2020)'로의 전환이 필요할 것이다.

학교가 지역의 중심에 서서 시민 및 지역 주민으로서 성장을 촉진할 수
있는 플랫폼 역할로서의 전환이 더욱 요구되는 시기인 것이다. 즉 학습권이
란 의무교육을 보장하고 진학을 하는 데만 목적을 두는 것이 아닌 일본교육
에서 강조해 왔던 '살아가는 힘'이 되는 교육으로의 전환, 즉 학습 주체로서
의 기회의 전환으로 변화해야 할 것이다.

3) 한일사회의 지역 교육력 비교 분석

본론에서도 언급했듯이 일본사회는 지역사회에서의 교육활동이 활발히
진행되어 왔다. 학력(學歷)에 치중되지 않는 살아가는 힘, 즉 자기주도적 학습
을 실천하는 교육이 다양한 기관을 통해 개인적으로 선택·실천되어 왔다.
또한 초중고 학생들은 본인이 성장해 온 지역에서 가족 단위로 '마쓰리(祭
り)'를 기획하고 참여하는 것이 관습화 되어 있다. 입시중시적 교육이 강력한

한국사회는 자녀의 학군이 거주지에 가장 큰 선택기준이 되며 자신이 소속된 지역에 대한 정체감이 희박한 것에 비하면 일본의 지역교육 중심에 지역축제가 주축이 되어 왔다고 해도 과언이 아닐 것이다. 또한 일본의 공립학교는 자신의 지역에 대한 역사·문화·사회적 지식을 배우는 과정이 학교 평가에 적극 반영되고 있으며 이를 통해 자연스럽게 지역 교육력을 성장시켜 온 것이다. 〈표 4〉는 일본의 사회교육 관련 시설의 수치를 나타낸 것인데 평생교육 기관을 포함한 유사 기관만 전국적으로 16,500개 소 이상인 것을 알 수 있다. 반면 〈표 5〉는 한국의 평생교육 관련 기관의 개괄적인 상황을 나타내고 있다. 한국의 경우 원격형태가 850개로 가장 많으며 국공립 형태의 평생학습관은 전국에 390여 개에 불과하다. 물론 여기에 도서관 등은 포함되어 있지 않고 한국에서도 '작은 도서관' 등이 꾸준히 확대되고 있는 것도 사실이다. 그러나 여전히 한국은 지역사회에서의 평생교육 실천이 '학력보완' 및 '자격증 취득'에 치중되어 있어 원격형태의 사설 교육기관이 가장 많다. 해당 보도자료에 의하면 한국의 평생교육 업계에서 원격형태의 프로그램 이용률이 가장 높은 것을 알 수 있었다. 향후 일본의 지역 교육력이 비대면 교육 현실에 어떻게 활용될 수 있을지가 가장 큰 과제이며 한국사회는 원격 평생교육 산업이 매우 성장 되어 있는 장점을 살려서 이것이 공적 영역으로의 발전과 연계되어야 할 것이다.

〈표 4〉 일본 사회교육시설

기관유형	개 수	기관유형	개 수
공민관(생애학습센터 등 유사기관)	16,566	부인교육시설	380
도서관	3,165	사회체육시설	47,925
박물관	1,248	민간체육시설	17,323
박물관 유사시설	4,527	문화회관	1,893

기관유형	개 수	기관유형	개 수
청소년교육시설	1,129	컬처센터	384
		합계	94,540

자료: 岡田純一, 『評価の探求』, 樹村房, 2012, p. 88를 참고로 표로 작성.

〈표 5〉 한국의 평생교육 관련 기관 개황

기관유형	개수	기관유형	개수
학교부설	408	언론기관부설	376
원격형태	853	지식 · 인력개발 형태	774
사업장 부설	328	평생학습관	391
시민사회단체부설	461	총계	3,591

자료: 교육부 보도자료(2011). 2011년 국가평생교육 보도자료를 편집하여 표로 작성.

Ⅳ. 교육개혁의 전환 제언

한국사회는 예기치 못한 코로나19 사태로 국가적 위상을 달리하고 있는 현실이다. 급속한 경제성장 속에서 IT 산업 발전에 대한 기대와 우려가 교차하는 시기에 창궐한 팬데믹이 한국사회의 발 빠른 적응으로 세계가 주목하고 있는 것이다. 반면 한국사회의 교육제도는 여전히 궁극적 목표가 대학입시에 초점이 맞춰져 있는 사회다. 수십 년간 한국의 교육개혁의 방향은 교육평등을 중심으로 한 사교육열 해소 및 교육격차 해소라고 할 수 있다. 그 일련의 과정으로 정부 및 관련 기관을 주축으로 한 교육개혁의 노력에도 불구하고 2020년 현재 한국의 사교육비는 22조를 넘어서 또다시 최고치를 경신하고 있다. 특히 코로나19 사태는 자기 주도적 학습이 가능한 학생에게 기회가 될 수 있다는 긍정적인 전망과 함께 교육의 양극화가 가속화 할 수 있다는 우려가 공존하고 있다. 부등교 시대로 인해 고액과외 및 소인수 학원 수

강을 할 수 있는 여유 있는 가정의 학생과 가정에서 방치되고 있는 학생 간 격차가 실제로 발생한 것도 사실이다. 따라서 사교육 의존에서 벗어나 내가 사는 지역에서 다양한 교육기관을 활용한 교육 실천이 교육 과정 및 평가에 적극 포함되어야 할 것이다. 이에 관련하여 권두승은 1960년대부터 2000년까지 한국사회의 지역사회교육 운동의 역사를 연구하여 지역사회의 교육은 학교교육의 내외재적인 모순을 해결하기 위해 필수적인 교육임을 강조하였다(권두승, 2002: 239-240).

이에 본고에서 강조하였던 '학습권' 개념의 전환을 〈그림 1〉과 같이 제시할 수 있다. 공교육의 범주에서 머물러 '학습받는 권리'로 규정되어 왔던 '학습권'의 범주가 학습자의 지역적 활동까지 포함하는 내용을 나타내고 있다. 그러한 지역교육 활동에는 학교 및 교육기관과의 연계성으로의 지역 교육력과 가상공간을 포함한 학교 이외의 공간인 '제3의 공간(한국교육학술정보원, 2020)'이 포함되어 있다.

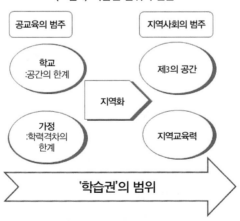

〈그림 1〉 학습권 범위의 전환

또한 최근 한국 정부는 '한국판 뉴딜 정책'의 학교정책으로써 '그린 스마트 스쿨' 정책을 발표하였는데 그 내용을 〈표 6〉과 같이 정리할 수 있다. 그 중 ④ 지역사회를 연결하는 생활 SOC(사회간접자본) 학교시설 복합화를 위한 학교 및 공교육의 변화가 교육 평등과 다양성을 추구할 수 있는 교육에의 대안이 될 수 있을지 기대가 크다.

〈표 6〉 한국판 뉴딜정책-그린 스마트 스쿨

구 분	내 용
그린 스마트 스쿨: 그린, 스마트, 미래학교	① 저탄소 제로에너지를 지향하는 그린학교 ② 미래형 교수학습이 가능한 첨단 ICT 기반 스마트교실 ③ 학생 중심의 사용자 참여 설계를 통한 공간혁신 ④ 지역사회를 연결하는 생활SOC 학교시설 복합화

자료: 교육부 보도자료(2020)를 참고로 필자가 표로 작성.

일본이 한국의 IT산업에 대해 관심을 가지고 물리적 환경 정비에 주력하고 있는 한편 한국은 일본에서 꾸준히 추진해 왔던 학교와 지역 연계 교육에 좀 더 주력할 필요가 있을 것이다. 일본이 장기간 골머리를 앓았던 청년의 무력감 및 히키코모리의 증가, 가족해체 및 가정불화, 분노조절 범죄 등 다양한 사회문제가 한국에서도 더욱 증가할 것으로 예상된다. 서두에서도 언급했듯이 일본의 히키코모리 120만 명 중, 80% 이상이 40대 이상인 데 비해 한국의 은둔형 외톨이 약 37만 명 중 70%가 20대로 추정된다(중앙일보, 2020). 이들은 중년 이후까지도 사회와 격리될 가능성을 일본 사례를 통해 충분히 예측할 수 있다. 세계적으로 저출생률이 가장 높은 한국사회에서 아동 및 청소년의 교육 개혁 문제는 가장 시급한 과제로써 접근해야 할 것이다. 입시제도에 의해 주거형태 및 지역구성원이 매우 용이하게 좌우되어 왔던 한국사회에서, 내가 속한 지역에서 내가 원하는 교육 내용을 들을 수 있고 언제든지 지역 내 교육 관련 기관에서 열람할 수 있는 교육인프라가 더욱 확장되어야 할 것이다. 또한 생존의 문제에 처한 전 세계적 위기에서 학력에 과잉 의존되었던 교육이 진정한 삶의 주체가 될 수 있는 교육으로의 변화가 절실히 필요한 시기라고 할 수 있다.

V. 나가며

지금까지 코로나19 사태에서 비롯된 일본 교육의 변화를 검증하고 그 내용을 한국사회와 비교·분석하였다. 예기치 못한 팬데믹 시대에 당면한 한일사회의 교육 현장은 혼란이 지속되고 있는 가운데 특히 일본에 있어 교육 패러다임의 전환은 피할 수 없는 시대적 과업이다. 빠른 사회변혁 및 기후변화에 따라 사회변화의 주기가 빨라지고 있으므로 더 이상 정확성만을 고집할 수 없는 시기임을 인정해야 할 것이다. 한일사회의 팬데믹에 따른 교육의 변화에 대한 대안을 이하와 같이 다시 한번 정리할 수 있다.

첫째, 지역사회의 작은 교육기관 설치의 확장과 질적 프로그램 향상이다. 한국사회는 대도시를 중심으로 대규모 도서관 및 교육기관이 확장되고 있지만 맞벌이의 자녀들이 혼자서도 활용가능한 근거리의 '학습 공간'이 필요하다. 온라인상에서 주어진 과제를 스스로 찾아서 기획하고 해결한 결과물을 다시 온라인상에서 공유하는 식의 새로운 교육 이수 방식으로의 전환이 필요하다.

둘째, 학습권의 개념 전환이다. 지금까지의 학습권의 의의는 학교에서 '학력(學歷)'을 보장받는 범주의 권리였다면 향후 더욱 다양한 계층을 포용할 수 있는 '학습 주체로서의 기회의 권리'로 전환되어야 할 것이다. 특히 다양한 문화 및 계층, 예를 들어 신체장애인의 경험, 다문화 청소년의 문화 등이 교육 평가에 적극 반영되어야 할 것이다.

셋째, 입시 및 교육제도의 개선이다. 수시제도 확장을 통해 다양한 평가방식의 확대로 입시전형이 꾸준히 개선되어 왔지만 여전히 서열 중심의 입시제도 및 교육제도는 초저출생 문제를 안고 있는 한국사회에서 가장 개선되어야 할 부분이다. 고교학점제 및 학교평준화 등으로 비대면상에서 모든 학생이 질 높은 교육을 받아 성적만이 아닌 자신의 적성으로 진로를 선택할 수 있는 기회를 주고 '학교 밖'의 청소년들에게도 공립학교의 학습 기회가 부여되어야 할 것이다.

넷째, 공립학교의 종합적 교육시스템화로의 전환이 필요할 것이다. 혁신학교를 중심으로 학급인원을 25명 이하로 규정하고 있지만 팬데믹 이후 분반 수업의 효과는 교사들도 인정하고 있다. 일본에서 복수담임제를 제시하듯이 교사 중심의 주입식 교육이 아닌 교육컨설팅으로서의 교사의 역할 전환이 필요할 것이다.

코로나19 사태에 따른 일본의 위기는 학교 환경의 혁신적 변화의 필요성을 요구하고 있고 동시에 일본에서 가장 중시해 왔던 '삶의 힘'을 키우는 교육이 더욱 필요해지는 시기임을 확인하였다. 예기치 못한 팬데믹 시대에 따른 '탈세계화(경향신문, 2020)' 경향이 나타나고 있고 이를 계기로 일본의 지역 교육력과 소외계층에의 세밀한 교육 지원은 한국사회에 시사점을 준다. 즉 '세계화(Globalization)'로부터 지역을 중심으로 한 '글로컬리제이션(glocalization)'에로의 변화가 시작된 지금이야말로 '작은 교육 공동체' 및 '지역화'를 더욱 확장시켜 가야 할 것이다. 그 중심에서 학교가 더 이상 폐쇄적인 교육기관이 아닌 진정한 교육 플랫폼으로써의 역할을 수행해 가야 할 것이다. 또한 일본 전국의 평생교육 관련 기관의 총수는 9만여 개를 넘어서고 있으며, 평생교육 관련자 약 50만 명이 배치되어 지역교육공동체 업무에 참여하고 있다. 이는 한일사회가 직면하고 있는 초저출생 및 지방소멸 문제에의 해결점에도 일조할 것이다(文部科學省, 2022).

결론적으로 한국 교육의 혁신적 변화와 일본의 질적 교육력의 보완이 비로소 현 한일사회가 안고 있는 다양한 사회문제를 해결할 수 있는 교육개혁의 기조가 될 것이다.

〈 참고문헌 〉

권두승(2002). 한국 지역사회교육 운동의 발전과정과 그 영향분석, **한국교육학연구**, 8(2), 239-254.

이은주(2019). 「학력저하 예방을 위한 공교육 개선방안 연구: 혁신교육과 유토리 교육의 비교연구, **한국일본교육학연구**, 24(1), 37-60.

이정희(2020). 일본의 SDGs를 활용한 세계시민교육: 오이즈미소학교 실천 사례를 통하여, 한국일본교육학회 하계학술대회, 16-28, 8월 22일.

한용진(2018). 제4차 산업혁명시대 일본의 교육패러다임 전환: 액티브 러닝의 학수(學修) 개념을 중심으로, **한국일본교육학연구**, 22(3), 1-18.

張智恩(2021). コミュニティメディアによる地域コミュニティの変化- 日本のオンライン公民館, **韓國日本教育學研究**, 26(1), 109.

한용진 외(2017). 『**일본의 지역 교육력: 이해와 실제**』. 학지사.

한국교육 과정평가원. 국외 COVID-19 대응 학교 교육 대처 방안 사례, 2020. 3. 30.

한국교육학술정보원. Post-코로나19 시대, 한국형 원격교육 중장기 정책방향 토론회, 2020. 6. 9.

石井英眞(2020). 「未來の學校」を構想するか一'大きな學校'と'小さな學校'の狹間で一 『**教育展望**』717号.

石井英眞(2020). 「學ぶ權利を保障するとはどういうことか―with コロナの履修樣式―」 京都大學.

石井英眞(2020). 「今 「授業」 とう―テクノロジーの活用と授業のオンライン化未來の「当たり前」 につなぐ―」 京都大學.

石井英眞・小國喜弘(2020). 「オンライン授業と學校のICT活用―リアルオンラインそれぞれの価値と課題」 早稻田大學.

岡田純一(2012). 『評価の探求』 東京: 樹村房.

加藤進(2017). 「いじめ對策・不登校支援等推進事業」 −學校以外の場における教育機會の確保に關する調査研究−民間団体の自主的な取組の促進に關する調査研究、東京學芸大學.

久德重和(2002). ここまで治せる不登校・ひきこもり. 東京: マキノ出版.

松下佳代(2020). 「パンデミックと教育−カリキュラム研究・教育方法學の觀点から」 日本教育學研究連續座談會、第一回, 6月 29日.

樋口万太郎(2020). 「小學校のオンライン授業: こどもが集中する4つの型『新型コロナ對策』 「みんなの教育技術」 東京: 小學館.

경향신문(2020. 7. 28). 코로나 시대 초등교 ‘작은 학급’ 방역・배움 일석이조−분반으로 한생 수 줄어드니 한 명 한 명 맞춤 지도 가능, 6면.

경향신문(2020. 8. 27). 하이브리드 학기가 주는 교훈, 31면.

경향신문(2020. 8. 6). 늘어나는 은둔형 외톨이 연령 낮아지고 정책 소외, 9면.

경향신문(2020. 6. 10). 발달장애인 가족의 죽음을 막아주세요. http://news.khan.co.kr/kh_news/khan_art_view.html?artid=202006101608001&code=940100에서 2020. 8. 10 인출.

교육개발원. 포스트 코로나 시대의 교육개혁 정책토론회, 2020. 6. 26.

교육부 보도자료(2020). 그린 스마트 미래학교 사업추진 계획. https://www.moe.go.kr/boardCnts/view.do?boardID=294&lev=0&statusYN=W&s=moe&m=0204&opType=N&boardSeq=81269에서 2020. 7. 27 인출.

교육부 보도자료(2011). 2011년 국가평생교육 보도자료 https://www.moe.go.kr/

boardCnts/view.do?boardID=294&lev=0&statusYN=C&s=moe&m=0204&opT
ype=N&boardSeq=35098에서 2020. 8. 21. 인출.

다음백과https://100.daum.net/encyclopedia/view/47XXXXXb1340에서 2022. 2. 20 인출.

서울경제(2022. 2. 19). 2024년엔 출산율 0.7명…한국사회, 저출산 '골든타임' 지났나.
https://www.sedaily.com/NewsView/2627ADX7Q0https://www.sedaily.com/
NewsView/2627ADX7Q0에서 2022. 2. 20 인출.

세계일보(2020. 3. 27). 한국이 훨씬 더 안전해 보인다, 때아닌 3월 귀국러시.
http://www.segye.com/newsView/20200326521443?OutUrl=daum에서
2020. 7. 30 인출.

연합뉴스(2022. 2. 23). 작년 합계출산율 0.81명, OECD 꼴찌… 적게, 늦게 낳는다.
https://www.yna.co.kr/view/AKR20220223079051002?input=1179m에서
2022. 2. 23 인출.

중앙일보(2020. 2. 7). 방에서 15년째, 한국 히키코모리는 나가고 싶다. https://news.
joins.com/article/23700098에서 2020. 8. 7 인출.

통계청 보도자료(2020. 6. 18). 2019 한국의 사회지표. http://kostat.go.kr/portal/korea/
kor_nw/1/1/index.board?bmode=read&aSeq=383171에서 2020. 8. 25 인출.

한국경제(2022. 1. 15). '집단자살'로 가는 한국. https://www.hankyung.com/opinion/
article/2022010455751에서 2022. 1. 16 인출.

YTN뉴스(2021. 12. 25). "원격 수업 듣느니 검정고시"…자퇴 고교생 증가. https://www.
ytn.co.kr/_ln/0103_202112250532133836에서 2022. 2. 28 인출

每日新聞(2019. 3. 20). ひきこもり100万人, 61万人は中高年.内閣府調査. https://mainichi.
jp/articles/20190330/ddm/001/040/127000c에서 2020. 8. 7 인출.

文部科學省(2020. 7. 31). 新型コロナウイルス感染症對策に伴う兒童生徒の學習保障
に向けたカリキュラム・マネジメントの取組事例について. https://www.mext.
go.jp/content/20200731-mxt_kouhou01-000008530_3에서 2020. 8. 5 인출.

文部科學省(2004). ひきこもり施策について. https://www.mhlw.go.jp/seisaku/2010/
02/02.html에서 2020. 10. 10 인출.

제2장

4차 산업혁명 시대와 뉴노멀 사회:
디지털 리터러시의 이해와 일본의 ICT 교육

박주언

Ⅰ. 머리말

2019년 12월 세계를 급습한 코로나19 팬데믹은 비대면(Untact)이라는 새로운 뉴노멀 시대를 열었고 일상생활의 디지털화를 가속화시켰다. 3차 산업혁명이 이루어 낸 ICT에 사물인터넷(Internet of Thing, Iot), 빅데이터(Big Data Statistical Analysis), 인공지능(Artificial Intelligence, AI), 블록체인(Block chain) 등, 4차 산업의 기술들이 더해지면서 산업뿐만 아니라 사회 전 분야에 걸쳐 혁명적 변화를 불러일으켰으며 강제적 온라인화가 진행되면서 교육계에서도 디지털의 중요성이 더욱 강조되고 있다. 이에 본고에서는 이러한 급격한 시대적 변화에 대응력이 될 '디지털 리터러시'에 대한 이해를 위해 디지털 리터러시의 변화와 개념들을 살펴보고 나아가 새로운 뉴노멀 시대를 대비하는 일본의 교육정책과 방향성을 살펴보고자 한다. 디지털 리터러시에 대한 이해를 제고하기 위해 Ⅱ장에서는 다소 혼돈 양상에 있는 디지털 리터러시의 개념을 정리하고 Ⅲ장에서는 시대적 흐름에 따른 디지털 리터러시의 변화된 양상을 정리한 후, 마지막으로 Ⅳ장에서는 일본의 ICT 교육 현황들을 살펴봄으로써 이러한 정책들을 토대로 변화하는 시대에 부응하는 교육의 방향성을 고찰하는 계기를 마련하고자 한다.

Ⅱ. 디지털 리터러시(digital literacy)의 개념 정리

'리터러시'라는 말은 기본적으로 문자의 보급과 더불어 형성된 개념으로 문자화된 기록물을 통해 지식과 정보를 획득하고 이해할 수 있는 문해력을 의미한다. 초기에는 '문학에 익숙한', '잘 교육받은'이라는 의미로 사용되다가 19세기 후반에 '텍스트를 읽고 쓸 줄 아는 능력'을 의미하는 말로 변화하였다(박주현, 2018). 최근에는 문자해독 중심의 의미를 벗어나 '특정 분야에서의 역량과 지식'이라는 의미가 더해지면서 그 개념이 확장되었다(OECD, 2016). 하지만 사실상 디지털 리터러시(Digital Literacy)는 개념과 정의가 명확하게 확립되지 않은 채로 쓰이고 있다. '디지털'이 지칭하는 영역이 지나치게 넓은 데다 다양한 분야와 융합되어 사용되는 특성이 있기 때문이다. 나아가 그 의미가 지식, 정보 등을 종합해 텍스트를 만들어내며, 복잡한 텍스트를 효과적으로 분석하여 새로운 의미를 창출해 낼 수 있는 능력으로까지 확장되고 변화되어 모호성이 더해졌다. 사회문화적 맥락에 따라 다양한 용어로 번역되어 사용되기도 하였고(송경진 · 차미경, 2014), 사회 구성원들의 필요에 따라 자의적으로 해석되어 다양한 표현으로 사용되기도 하였다. 예를 들면, 디지털 리터러시는 ICT 리터러시, 디지털 정보 리터러시, 컴퓨터 리터러시, 전자 리터러시 등과 거의 동일한 개념으로 사용되기도 했으며(성욱준, 2014), 미디어 리터러시와 개념이 중첩되면서도 구별되어 사용되기도 했다. 매체와 도구를 다루는 기술을 대상으로 한다는 점에서 디지털 리터러시와 미디어 리터러시는 영역이 중첩되고(이유미, 2020), 개념도 유사하지만 다양한 차원의 개인적 사회적 역량과 태도까지 포함한다는 점에서 미디어 리터러시와 디지털 리터러시는 구별된다. 또한, 두 리터러시에 대한 상반된 견해를 보이는 시각도 있다. 미국의 비영리 교육단체인 커먼센스 미디어에서는 미디어 리터러시를 디지털 리터러시의 상위 개념으로 보고 있는 반면, 미국 교육 관련 전문가 그룹인 21세기 학습을 위한 파트너십 단체에서는 21세기 학습자에게 필요한 핵심 역량을 디지털 리터러시 역량으로 삼고 그 역량을 구성하는 하위개념에 정보 리터러시, 미디어 리터러시, ICT 리터러시를 포함시키고 있다(노들·옥현진, 2020).

이처럼 리터러시가 시대와 사회문화적 맥락에 따라, 그리고 디지털 매체의 다양화에 따라 개념과 용어의 의미가 확장되고 변화를 거듭해 온 만큼 디지털 리터러시의 개념에 대한 정의 또한 다양하고 혼돈된 양상을 보인다. 시대별로 디지털 리터러시의 개념에 대한 학자들의 견해를 살펴보면 Gilster(1997)는 디지털 리터러시를 '컴퓨터를 통해 다양한 종류의 자원에 접근하여 이들을 이해하고 활용하는 능력'으로 정의하면서, 기술 자체가 목적이 아니라, 기술사용을 포함한 비판적 사고의 중요성을 강조하였다. 김민하와 안미리(2003)는 디지털 리터러시를 컴퓨터 리터러시, 정보 리터러시, 지식 리터러시로 조작적 정의를 내렸는데, 먼저 컴퓨터 리터러시는 컴퓨터를 비롯한 정보기술 조작, 사용 등의 기초적인 능력이며, 정보 리터러시는 정보의 생성, 처리, 분석, 검색, 활용 등의 정보 활용능력이며, 지식 리터러시는 확보된 정보를 기반으로 새로운 정보, 즉 지식을 창출하고 지식을 전달하는 정보 생산 능력이라 하였다. OEED(2010)는 '학생들이 주요 영역에서 지식과 기술

(skill)을 적용하고 의사소통할 수 있는 능력'이라 정의하였다.

일본 교육계에서는 디지털 리터러시라는 용어 대신에 ICT 리터러시가 사용되는 경우가 많아 디지털 리터러시에 관한 연구도 극히 드물다(Sakamoto, 2020). 일본에서 발표된 디지털 리터러시에 관한 연구논문으로는 Oyanagi(2010)와 Miwa 외(2014)가 있는데 Oyanagi(2010)는 '휴대전화와 컴퓨터를 능숙하게 사용하는 능력'을, Miwa 외(2014)는 '컴퓨터를 이용한 웹검색 및 문서작성, 표 계산, 프레젠테이션 등 애플리케이션 사용능력'을 각각 디지털 리터러시로 간주하였다.

미국 도서관 협회 ALA(2013)는 ICT를 사용하여 디지털 정보를 발견하고, 이해하고, 평가하는 것, 즉, '이해(understand)'와 '디지털 정보(digital information)'를 바탕으로 디지털 정보를 발견(find), 이해(understand), 평가(evaluate), 창조(create), 그리고 소통(communicate)하는 능력으로 디지털 리터러시를 정의하면서 '인지능력'과 '기술적 습득'이 모두 필요하다고 강조하고 있다(ALA Digital Literacy Taskforce 2013:2). 이러한 ALA(미국도서관협회)의 디지털 리터러시의 정의는 단순히 기술적 기능뿐만 아니라, 정보의 접근, 선택, 평가 등의 인지적 기능도 포함한 개념이다. 기본적으로 다른 연구자들의 디지털 리터러시 개념과 큰 차이는 없지만 디지털 정보 검색, 생성, 소통의 범주로 구분되었던 전통적 디지털 리터러시의 개념에 디지털 시민의식을 추가하여 디지털 리터러시의 개념을 확대한 것이라 볼 수 있다.

또한, Ribble(2015)는 디지털 리터러시를 '테크놀러지와 테크놀러지를 활용한 교육학습 과정'으로 정의하고 있다. 이는 단순히 툴을 이용한 테크놀러지 활용 능력을 가리키는 것이 아니라, 그 능력을 이용한 교육활동 전체를 포함한 것이라 볼 수 있다. 이러한 Ribble(2015)의디지털 리터러시에 대한 개념은 일본에서 사용되는 '정보 활용능력'과 일맥상통한다. 문부과학성의 학습지도요령에 비추어 언급하자면, 정보 활용능력 중에서 정보 활용의 실천력이라 할 수 있으며 정보 수단의 적절한 활용에 해당한다고 볼 수 있다 (Sakamoto, 2020).

　지금까지 살펴본 연구자들의 디지털 리터러시에 대한 다양한 개념과 정의를 정리해 보면 크게, '이해(지식)와 활용(응용)' 측면으로 구성되어 있다고 할 수 있다. 디지털 리터러시는 디지털 기기의 조작 방법과 애플리케이션 사용 방법을 알고 이해하는 수준을 넘어, 기기를 통해 획득한 디지털 정보를 평가하고 판단하여 선택한 정보를 적절하게 활용하고 전달하는 능력까지 아우른다. 즉 디지털 리터러시의 개념은 단순 조작법 및 사용법을 이해하고 익히는 단계인 기초능력에서 획득한 정보를 편집하고 가공하여 새로운 지식으로 창출해 낼 수 있는 고도의 능력까지 통합된 요소들로 이루어졌다고 할 수 있다. 거기에 커뮤니케이션 능력이 추가되고 사회적 참여와 공동체에 대한 공헌 등의 사회적 기능까지 반영하는 거대 개념의 끝판왕이라 할 수 있겠다. 디지털 리터러시 개념을 형성하는 각각의 요소들도 다양하다. '기능적 기술, 창의성, 비판적 사고, 사회문화적 이해, 협력, 효율적 소통, 정보검색 및 선택 능력, 디지털 안전 등이 그것이다. 본고에서는 지금까지 살펴본 연구자들의 디지털 리터러시에 대한 정의 및 개념을 토대로 '디지털 기기의 조작 및 사용법을 알고 디지털 기기를 통해 획득한 정보를 편집하고 가공하여 새로운 지식을 창출해 내며 새롭게 창출해 낸 정보를 타인과 나누고 공유하는 능력'으로 정의하고자 한다. 디지털 리터러시 개념의 핵심 내용과 그에 해당하는 능력 요소들을 〈표 1〉에 정리하였다.

〈표 1〉 연구자별 디지털 리터러시의 개념과 정의 및 디지털 리터러시의 능력 요소

	디지털 리터러시의 개념의 핵심 내용	디지털 리터러시 능력 요소	
		이해(지식)	활용(응용)
Gilster(1997)	네트워크로 연결된 컴퓨터 자원에 접근하여 이를 하는 능력	정보검색 선택 능력	활용 능력
김민하 · 안미리 (2003)	컴퓨터 리터러시(조작, 사용 등의 기초 능력) 정보 리터러시(생성, 처리, 분석, 검색, 활용 능력) 지식 리터러시(지식 창출, 전달, 생산 능력)	기능적 기술	창의성 효율적 소통
OEED(2010)	지식과 기술 적용, 의사소통 능력	기능적 기술	효율적 소통
Oyabagi(2010)	휴대전화와 컴퓨터를 능숙하게 사용하는 능력	기능적 기술	
ALA(2013)	'인지능력'과 '기술적 습득' 모두 필요. ICT를 사용하여 디지털 정보를 발견, 이해, 평가, 창조, 소통하는 능력, 협동, 공동체 공헌	기능적 기술 정보검색 선택 능력 비판적 사고	창의성 사회문화적 이해 협력 효율적 소통
Miwa 외(2014)	컴퓨터를 이용한 웹검색 및 문서 작성, 표 계산, PPT 등 애플리케이션 사용 능력	기능적 기술	
Ribble(2015)	테크놀러지와 테크놀러지 활용의 교육학습 과정. 툴을 이용한 테크놀러지 활용 능력이 아닌 교육활동 전체를 포함	기능적 기술	

III. 디지털 리터러시(digital literacy)의 변화

1. 디지털 리터러시 속성의 변화

디지털 리터러시의 개념은 Gilster(1997)의 저서 'Digital Literacy'에서 처음 언급되었다. 초기의 디지털 리터러시는 컴퓨터를 통해 인터넷에서 정보를

검색 또는 수집하거나, 기본적인 문서작성 등의 활동에 그치는 등 단순한 컴퓨터 능력에만 국한되었다. 그런데 최근에는 컴퓨터 조작 능력, 정보 접근 및 활용 능력은 물론 다양한 사회적 가치를 올바르게 수용하고 활용하는 능력으로까지 확대되었다(성욱준, 2014). 리터러시를 구성하는 핵심 속성은 매체 환경이나 사회문화적 흐름의 변화에 따라 변화해 왔으며, 이러한 변화는 분야별 리터러시에서도 나타난다. 컴퓨터 리터러시가 등장한 초기에는 컴퓨터의 작동이나 키보드 같은 주변 기기 및 응용 프로그램 사용과 관련된 지식이나 기술을 중요하게 생각한 개념이었지만 이후에는 컴퓨터 작동에 대한 이해보다는 컴퓨터를 활용한 아이디어를 제공받고 활용할 수 있는 능력 개발의 의미로 그 의미가 변화되었다(한정선 외, 2006). 2010년대에 들어서면서 이러한 기능과 능력 개발 관점은 태도를 포함하는 '역량'의 관점으로 변화하기 시작하였고, 기술적 측면과 더불어 디지털 기술과 관련된 문화적·사회적 문제를 이해하면서, 책임감 있게 사용하고 협업하고 시민의식을 갖고 공동체에 공헌하는 역량으로까지 그 속성이 변화하고 진화하였다. 디지털 매체환경과

〈그림 1〉 매체환경과 사회구조에 따른 디지털 리터러시 속성의 변화

사회구조에 따른 디지털 리터러시 속성의 변화를 그림으로 정리하면 〈그림 1〉과 같다.

2. 주제 분야별 표현의 변화

리터러시는 여러 가지 상황과 맥락, 텍스트의 유형, 문화적 배경 등의 요인과 주제 분야에 따라 다양한 표현으로 사용된다. 인간의 생애주기에 따른 역량을 표현하기 위해서는 유아, 아동, 청소년, 성인, 노인 리터러시 등으로 사용되고, 학문 분야에서 요구하는 역량 수준을 표현하기 위해서는 과학, 건강, 금융, 생태, 문화, 사회, 정보 리터러시로도 사용되며, 특정한 매체나 도구를 사용할 수 있는 역량을 나타내기 위해서는 컴퓨터, ICT, 미디어, 디지털 리터러시 등과 같이 사용된다(박주현, 2018). 따라서 리터러시라는 용어는 어느 특정 분야에 고착된 하나의 의미라기보다는 상황과 맥락에 따라 변화할 수 있는 다의적 개념이라 할 수 있다.

Bhola(2010)는 리터러시가 다양하게 정의될 수 있는 개념임을 그의 저서 '*Encyclopedia of Lobrary and Information Sciences*'에서 보여주었다. 그는 리터러시 개념을 필요로 하는 '수요자(Clientele)', '기능상의 목적(Functional objective)', 리터러시가 사용되는 '맥락(Contexts)', 그리고 '방법론과 이데올로기(Methodological and idelolgical stances)'에 따라 다양한 유형의 리터러시를 제시하였다.[1] 수요자로는 어린이, 성인, 여성, 농부, 노동자, 이주민과 이주자, 노숙자, 전과자, 학대받는 여성, 환자 등을 들었고, 기능상의 목적으로는 리터러시 그 자체의 획득, 성경을 읽기 위한 목적, 생계의 목적, 모국어 습득, 다국어 습득,

---

1 송경진, 차미경(2014)에서 2차 인용

주류문화로의 통합, 아동의 숙제 해결 등을 들었으며, 맥락에 따라서는 학교, 학교 밖, 가정, 직장, 교회, 감옥 등으로 구분하였다. 마지막으로 방법과 이데 올로기에 따른 분류로는 권한의 이양, 급진화, 해방, 지배적 리터러시 대 자율적 리터러시, 비판적 리터러시, 억압받는 사람들에 대한 교육으로서의 의식화 운동을 위한 리터러시 등이 있다. 주제 분야별로 파생된 리터러시 종류를 분류하여 정리하면 〈표 2〉와 같다.

〈표 2〉 주제 분야별 리터러시 구분

분야별 구분	파생 리터러시
생애 주기	유아 리터러시, 아동 리터러시, 청소년 리터러시, 노인 리터러시
매체·도구	컴퓨터 리터러시, ICT 리터러시, 미디어 리터러시, 디지털 리터러시
학문 분야	과학(과학 리터러시), 의학(건강 리터러시), 경제학(금융 리터러시), 환경공학(생태 리터러시), 문화인류학(문화 리터러시), 사회학(사회 리터러시), 문헌정보학(정보 리터러시), 종교학(성서 리터러시)

3. 일본에서의 디지털 리터러시의 변화

디지털 리터러시는 세계적으로 널리 쓰이고 있는 용어지만, 일본 교육계에서는 사실상 거의 사용되고 있지 않다(Sakamoto, 2020). **Google Scholar**에서 '디지털 리터러시'를 키워드로 검색되는 일본에서의 디지털 리터러시에 관한 연구논문으로는 Oyanagi(2010)와 Miwa 외(2014)가 전부였다(2020년 10월 현재). Oyanagi(2010)는 휴대전화와 컴퓨터를 사용하는 능력을, Miwa 외(2014)는 컴퓨터를 이용한 웹 검색이나 문서작성, 표계산, 프레젠테이션 등의 애플리케이션 사용 능력을 디지털 리터러시로 간주하였는데, 이마저도 디지털 리터러시 개념을 엄밀하게 검토한 것이라고는 볼 수 없었다. 일본에서는 디지털 리터러시를 컴퓨터 리터러시 또는 ICT 리터러시 등과 같은 개념으로 사용하는 경우가 많은데 문부과학성에서는 이러한 능력을 포함한 상위 개념으로 '정보 활용능력'이라는 용어를 사용하고 있다. 이러한 맥락 때문인지 일본에서는 2020년부터 실시되는 신학습지도요령에 21세기 학습자에게 요구되는 자질과 능력의 하나로 ICT 리터러시를 자리매김하고 있으며 교육계에서는 ICT 리터러시에 관한 연구가 주류를 이루고 있다.

일본의 국립교육정책연구소에서는 2017년(平成28) 프로젝트 연구 보고서에 ICT 리터러시에 관한 사회변화와 능력목표의 변천, 그리고 국내외의 ICT 리터러시 교육의 동향 등에 관한 실천적 연구를 상세하게 정리해 놓았다. 이 보고서에 따르면 일본의 컴퓨터 보급률(2000-2001)과 인터넷 이용률(2001-2006)은 2000년대 초반에 50%를 돌파하였으며, 인터넷을 통해 사용하는 애플리케이션 보급의 구체적인 예로 mixi(2004년), youtube(2005년), twitter(2006년), facebook(2008년), line(2011년) 등을 들고 있다. 2000년대의 급속한 정보화로 스마트폰이나 태블릿 컴퓨터 등과 같은 기기의 소형화가 이루어지고 믹시, 페이스북, 트위터, 유튜브, 니코니코 동영상 등의 소셜 미디어가 보급됨에 따라 ICT 리터러시의 관심 영역 또한 커뮤니케이션으로까지 확대되었다. 이에 따라 주요 정보 관련 자질 및 능력목표 또한 정보사회의 진전에 대응하면서 변천되어, 2000년 이전에는 '컴퓨터', '미디어' 등의 리터러시가 주류를 이루었던 것이 2000년 이후에는 '커뮤니케이션'과 '디지털'이 리터러시의 핵심 대상으로 바뀌었다. 나아가 이러한 리터러시를 통합하고 융합시킨 '트랜스/멀티리터러시(리터라시즈)'가 등장한 것도 특징적이었다.

TV, 라디오, 신문 등과 같은 대중매체가 압도적인 정보 발신력을 발휘했던 1990년대까지는 '정보의 인출과 이용', 미디어에 대한 '분석'과 '읽고 쓰기' 등에 리터러시의 초점이 맞추어졌다면, 2000년대에 들어오면서, '분석'과 '읽고 쓰기'에 '발신'이 더해졌다. 즉, '커뮤니케이션'이 새롭게 추가된 것이다. 그 한 예로, 총무성이 발간하고 있는 '정보통신백서'의 2005년도 판부터 'IT'와 함께 'ICT'라는 용어가 쓰이고 있는 것을 들 수 있다. 일본의 교육 과정에서의 '정보 활용능력'의 변천을 살펴보면, 임시교육심의회에서 정보 활용능력이라는 용어를 처음 사용하였는데, 그 내용이 정리된 것은 1986년에서 1987년까지다. 이 시기는 세계적으로 정보의 '수신'에 무게를 두었던 시대였지만, 일본에서는 정보의 '발신' 및 '커뮤니케이션' 등, 정보화 사회와 정보에 관련된 태도까지 아우르고 있었다. 나아가, 세계는 특정 기술이나 리터러시 교육에 주목하고 있었지만, 일본은 정보 활용과 과학적 이해 및 태도 등을 통합적, 융합적으로 '능력' 목표에 포함시키고 있었다. 적어도 이 두 가지 측면에서는 일본이 선두적으로 활약했음을 알 수 있다(Fukumoto, 2017).

Ⅳ. 일본의 ICT 교육 현황

1. 일본의 ICT 교육의 전개

ICT 교육이란 한마디로 '교육의 디지털화'다. 컴퓨터, 전자칠판, 인터넷 등의 정보통신기술을 활용하여 교육의 질을 향상시키는 것을 목적으로 한다. 기존의 학교 교육을 보강하는 형태로 기본적인 지식 기술을 습득함은 물론 사고력, 판단력, 표현력 등을 육성하여, 주체적이면서 협동적인 문제 해결 능력을 기르는 것을 말한다. 또한, 디지털 기기에서 얻은 다양한 정보를 활용하여 교육의 질을 높이고 한층 진보된 교육의 실현을 목표로 한다. 이러한 목표 달성을 위해 문부과학성은 2017년도에 개정되어 2020년부터 전면 실시되는 신학습 지도요령에 처음으로 '정보 활용능력(ICT)'을 도입하여 '학습의 기반이 되는 자질 · 능력'으로 정의하고 ICT 교육을 전개하기 위한 정보 발신 및 지침서를 내놓았다(문부과학성, 2019a; 2020a). 신학습 지도요령에 따라 교육의 정보화가 한층 더 진보될 수 있도록 현행 지침서 내용을 전면적으로 개정하고 보충하여 ICT를 활용한 실제적 지도방법 요령을 제시한 것이다.

교육의 정보화(ICT)란 시공간을 초월한 정보통신기술을 활용하여 교육의 질을 높이려는 목적으로 시행되는 교육을 말하며 ① 정보교육(학생들의 정보 활용능력 육성), ② ICT 활용 교육(각 교과목의 목표를 달성하기 위한 효과적인 정보기기의 활용), ③ 교무의 정보화(교원의 사무 부담을 덜어 주고 학생들과의 상호작용 확보)의 3가지 측면으로 구성되어 있다. 정보 활용능력을 육성하기 위해, 교육에 필요한 환경을 정비하고, 각종 통계자료, 신문, 시청각교재, 교육기기 등의 교재 · 교구의 적절한 활용을 도모한다는 총칙하에 학교급별 기준을 설정하고 있다. 정보화 교육을 추진하기 위해, 2020년도에 초등학교에 프로그래밍 교육을 필수화, 21년도에는 중학교 기술 · 가정과목에 프로그래밍 교육을 확충, 22년에는 고등학교에 프로그래밍을 배우는 '정보 1'을 필수과목으로 결정하였다. 정보 활용능력의 핵심 요소를 프로그래밍적 사고로 보고 초등학교에서 고등학교에 이르기까지 프로그래밍적 사고를 육성하기 위한 교육이 단계적으로 충실히 계획되어 있다. 프로그램적 사고 육성 교육과 더불어 정보의 수집 · 정리 · 비교 · 발신 · 전달 등의 기본적인 조작 기능과 정보 모럴 등도 포함한 종합적인 정보 활용능력을 육성하기 위한 절차가 중학교 단계, 고등학교 단계로 이어지는 가운데 학교급에 따른 단계별 교육목표가 명확하게 제시되어 있다. 일본의 정보 교육정책을 학교급별로 상세히 살펴보면 다음과 같다.

1) 초등학교

초등학교에서는 아동이 컴퓨터 또는 정보통신 네트워크 등의 정보 수단에 익숙하고 친숙해지도록 각종 통계자료, 신문, 시청각교재, 교육기기 등의 교재 교구 등을 적절하게 활용하게 하고 문자 입력, 파일 저장 등의 기본적 조작을 습득하여 정보 수단을 적절하게 활용할 수 있도록 하는 학습 활동에 초점이 맞춰져 있다. 또한, 논리적 사고 형성을 위해 산수, 이과, 종합적인 학습 시간을 통해 프로그래밍 수업을 체험하게 하고 있다. 초등학교 단계에서의 프로그래밍 학습은 프로그래밍 언어나 기능을 습득한다기보다 정보사회에서의 정보기술의 필요성을 깨닫고 주체적인 문제 해결 능력의 중요성을 인식시키는 것에 있다. 2020년도부터 새롭게 필수과목으로 추가된 초등학교 프로그래밍 교육의 목적은 ① 프로그래밍적 사고 육성, ② 프로그래밍의 필요성과 좋은 점에 대한 깨달음 및 사회에 공헌하고자 하는 태도, ③ 확실한 교과 학습 등의 3가지이다. ①②③의 목적 달성을 위해서는 성취감을 경험시키는 것이 중요하다. 컴퓨터 작업에 대한 성취감은 프로그래밍에 대한 긍정적 깨달음을 촉진하고 흥미 관심을 유발해 의욕적으로 학습 활동에 임하게 할 것이며, 이러한 학습 활동이 '프로그래밍적 사고'를 육성하고 각 교과 등의 배움에도 충실하게 임할 것으로 보고 있다. 예를 들어 산수에서 정다각형에 대해 학습할 때, 프로그래밍을 사용하여 정다각형을 제작하는 학습 활동을 함으로써 정다각형의 성질을 보다 확실하게 이해하는 것 등이다. 프로그래밍적 사고란, '자신이 의도하는 일련의 활동을 완수하기 위해서, 기호의 편성, 조합, 개선 등, 순서와 절차에 따라 실행해 가는 논리적 사고력을 말한다. 이러한 사고의 메커니즘을 그림으로 표현하면 〈그림 2〉와 같다.

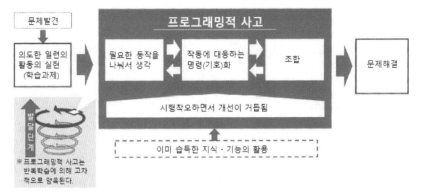

〈그림 2〉 프로그래밍적 사고를 활성화하는 이미지

출처: 문부과학성(2020) 학습지도요령에 따른 교육의 정보화, p. 66

2) 중학교

중학교에서는 초등학교에서 배운 기본적 정보 활용을 토대로, 보다 주체적이면서 적극적인 활동능력의 향상을 목포로 하고 있다. 초등학교에서 필수화된 프로그래밍 교육에 콘텐츠 프로그래밍이 추가되어 학습 내용의 충실을 도모하고 복수의 웹페이지에서 목적에 부응한 정보의 선택, 정리, 해석, 정보 발신 등의 능력 향상을 도모하고 있다. 중학교 단계에서의 프로그래밍 교육의 목표는 프로그래밍적 사고를 포함한 정보 활용능력을 육성하는 데 있다. 21년도에는 각 교과목의 특성을 살려 교육 과정을 편성하여 기술 · 가정 과목에 프로그래밍 교육을 확충하여 지도하고 있는데, 예를 들면 기술 · 가정 과목의 과학기술 분야에서 프로그래밍에 대해 배울 때, '네트워크의 이용' 또는 '계측 · 제어 시스템을 구상'하는 과제를 주면 초등학교에서 육성된 자질 · 능력을 토대로 프로그램과 관련된 문제를 찾아내어 과제를 설정하고, 해결책을 마련하는 등, 프로그래밍적 사고를 발휘해 해결해 갈 수 있도록 하고 있다. 신학습요령 제2장 8절에 기술되어 있는 정보기술의 학습 목표와 내용은 다음과 같다(문부과학성 2020a, 3장 p. 58).

- 정보통신 네트워크의 구성과 정보를 이용하기 위한 기본적인 구조를 이해하고, 안전·적절한 프로그램의 제작, 동작의 확인 및 디버깅 등을 할 수 있을 것.
- 문제를 찾아내고 과제를 설정해, 사용하는 미디어를 복합하는 방법과 그 효과적인 이용 방법 등을 구상해 정보처리의 순서를 구체화하는 동시에 제작 과정이나 결과의 평가, 개선 및 수정에 대해 생각할 것.
- 계측·제어 시스템의 구조를 이해하고, 안전·적절한 프로그램의 제작, 동작의 확인 및 디버깅 등을 할 수 있을 것.
- 문제를 찾아내고 과제를 설정하여 입출력되는 데이터의 흐름을 바탕으로 계측·제어 시스템을 구상하여 정보처리의 순서를 구체화하는 동시에 제작 과정이나 결과의 평가, 개선 및 수정에 대해 생각할 것.

3) 고등학교

고등학교에서는 지식기반사회가 필요로 하는 정보기술을 보유한 인재 양성에 주력하기 위한 정보교육이 강조되고 있다. 중학교 기술·가정과 기술 분야의 프로그래밍에 관한 내용을 충분히 숙지하고 있다는 것을 전제로, 정보 활용능력을 보다 구체적으로 파악하여 정보 수단을 적절히 이용해 정보를 얻고 정리 비교하여 발신하고 전달하고 공유할 수 있는 능력을 키우고 나아가 이러한 능력을 발휘하여 각 교과 등을 주체적, 대화적으로 학습하여 한층 심화된 배움으로 이어질 것을 기대하고 있다. 컴퓨터뿐만 아니라 모바일 기기의 조작방법과 목적에 부응한 프로그램의 선택, 확장기능 등의 응용력을 시작으로, 자료수집, 가공 및 경향 분석 등, 기초적인 통계 능력, 음성 및 동영상 파일의 가공, 표와 그래프를 활용하여 자기 생각을 표현하여 과제물을 제출하는 등, 더욱 폭넓은 능력 향상을 언급하고 있다. 고등학교 단계에서의 프로그래밍 교육은 필수이수 과목인 '정보Ⅰ'과 선택과목인 '정보Ⅱ'를 통해 지도한다.

필수과목인 '정보Ⅰ'에서는 기상 데이터를 이용한 합계, 평균, 최대치, 최소치를 계산하는 알고리즘을 프로그래밍 언어를 사용하여 기술하는 법, 라이브러리에서 적절한 프로그래밍 언어를 선택하고 호출해서 사용하는 법, API(Application Programming Interface)의 기능, 프로그램의 수정, 함수를 이용해 분할된 프로그램 간의 관계를 구조화하는 것 등을 실습한다. 나아가 문제 해결을 위한 프로그래밍을 채택해 프로그래밍으로 워드프로세서나 표 계산과 같은 소프트웨어의 치환 및 정렬 등의 기능 일부를 실현하거나 도구, 애플리케이션의 개발, 카메라나 센서, 화상 인식, 음성 인식, 인공지능 등을 이용해 편집하고 가공하여 사용하기 쉽고 효율적인 프로그램을 디자인한다.

선택과목 '정보Ⅱ'에서는 실제로 정보시스템을 제작하는 활동을 한다. 정보시스템의 구조, 정보보안을 확보하는 방법, 정보시스템을 설계하고 프로그래밍하는 방법을 이해하고 필요한 기능을 설계하고 발휘하는 방법 등을 배운다. 이러한 활동을 통해 자신만의 독창적 문제 해결, 자신의 문제점을 돌아보고 개선, 수정하려는 태도, 정보사회에 주체적으로 참여하고 발전에 이바지하려는 태도 등이 향상될 것으로 기대하고 있다.

2. ICT를 활용한 지도 방법의 개발

2017, 2018, 2019년 개정 학습지도요령에서는 학교의 실태에 따라, 개별

학습, 그룹별 학습, 반복 학습, 학습 내용의 숙달 정도에 따른 맞춤형 학습, 아동의 흥미·관심 등에 따른 과제학습, 학습의 실태에 따른 개별학습, 보충학습 및 발전적 학습 등, ICT를 활용한 개별 지도의 충실을 도모하고 있다. 특히 이번에 새로 개정된 2020년 신학습요령에 새롭게 추가된 'ICT를 활용한 지도방법'에는 ICT 활용의 실례를 일러스트로 제시하여 보다 직관적인 파악을 가능하게 하였다(그림 3).

〈그림 3〉 학교에서의 ICT 활용 학습 장면

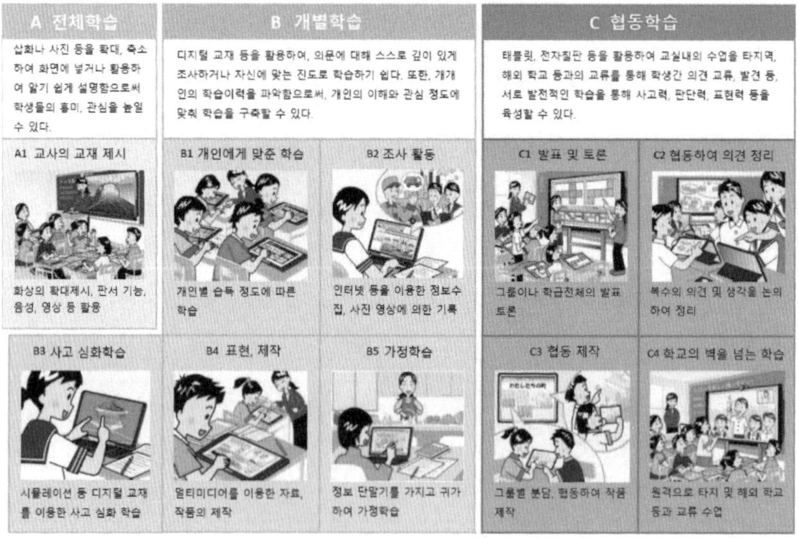

출처: 문부과학성(2020) 교육의 정보화에 관한 지침서(추보판), 제4장, p. 82(저자 번역).

이는 학교별 실증 보고를 토대로 학습 장면을 10가지 종류로 정형화한 것으로 전체학습, 개별학습, 협동학습 장면을 각각 분류하여 이미지화한 것이다. 45분 수업 중에 어떻게 사용하고 있는지, 또한 어떠한 목적으로 사용하고 있는지를 중요 포인트로 하여 정형화된 학습 장면을 구체적으로 수업에

도입한 21개의 실천 사례를 게재하고 있다.

Ⅵ. 맺음말

지금까지 시대적 변화에 대응하기 위한 일본의 교육정책들을 알아보고 일본의 ICT 교육 현황을 살펴보았다. 2017, 2018, 2019년의 학습지도요령의 개정으로, '기본적 조작능력', '프로그래밍적 사고', '정보 모럴' 등이 정보 활용능력의 기반요소로 간주되는 가운데, 교과 지도에서의 ICT 활용의 의의와 필요성이 강조되고 있다. 초등학교에서는 생활 속에서의 배움을 촉진하고, 각 교과에서 습득한 사고력을 프로그래밍적 사고로 확충해 가는 단계'로, 중고등학교에서는 구조화된 내용을 체계적으로 학습해 가는 단계로 설정하여 각 교과 수업에서 정보 활용능력을 적절히 활용한 학습 활동을 도모하고 있음을 확인하였다. 초등학교에서는 산수, 이과, 종합적 학습 시간에, 중학교에서는 기술·가정과의 기술 분야를 통해, 고등학교에서는 정보Ⅰ 과목을 통해 프로그래밍 관련 학습이 진행 중임도 알 수 있었다. 또한, ICT 교육이 원활하게 진행되도록 집중적 예산을 통해 ICT 환경을 정비하였고, 효과적인 운영을 위해 활용방법과 지침서 등을 내놓기도 하였다(文部科学省, 2013; 2014; 2015; 2016; 2017a; 2017b; 2017c; 2018a; 2018b; 2019a; 2019b; 2020a; 2020b; 2021). 언어능력과 함께 '정보 활용능력(정보 모럴 포함)'을 학습의 기반 자질 능력의 하나로 자리매김한 2017, 2018년도 신학습요령의 기술에 대응하기 위한 시책으로 GIGA 스쿨[2]을 구상하고 실현하기 위한 예산 투입도 아끼지 않고 있다(APET

---

2   GIGA 스쿨에 대한 구체적 사항은 이 책 제6장 참조.

& CEC, 2021). 신학습요령에서 이토록 크게 정보 활용능력이 거론되는 이유는 현대사회의 극적인 변화와 정보기술의 비약적인 발전과 무관하지 않다. 급변하는 사회변화에 대응하는 인재를 육성하기 위해서는 ICT 활용능력이 필수이기 때문이다.

이러한 일본의 교육정책을 통해 앞으로 어떠한 방향으로 교육이 이루어져야 할지 생각해 볼 수 있다. 4차 산업혁명 시대가 도래한 현재, 사실상 비대면 원격수업이라는 수업 형태는 코로나로 인해 그 시기가 앞당겨졌을 뿐 이미 예고된 교육방식이었을지도 모른다. 디지털 혁명이라 불리는 3차 산업시대를 주도한 ICT는 이미 교육 현장에 다채로운 변화를 안겨주었고, 이러닝(e-learning),[3] 유 러닝(u-learning),[4] 브랜디드 러닝(Blended learning)[5] 등, 구체적이고 다양한 방법으로 수업에 활용되어 왔기 때문이다(윤영민, 2017). 또한, 대학에서는 LMS(Learning Management system, 학습관리시스템)를 도입하여 온라인으로 학습자의 학습 과정을 전반적으로 지원하고 통합적으로 관리할 수 있는 시스템을 구축하고 있으며, 전 세계적으로 MOOC(Massive Open Online Courses, 대규모 온라인 공개수업)라는 더욱 진화된 상호참여적 원격교육 플랫폼을 제공하고 있는 등, ICT는 이미 생활의 편리성을 더해주는 보조 도구가 아닌 우리 일상의 중심이 되어 있기 때문이다. 3차 산업혁명이 '디지털 혁명'이었다면 4차 산업혁명은 '융합 혁명'이라 한다. 이제는 한 우물만 파서 성공할 수 있는 시대는 지나갔다. 학교 교육 또한 ICT 소양 능력과 활용능력을 기본으로 갖춘 종합적 사고와 융합적 사고를 육성할 수 있는 방향으로 가야 할 것이다.

---

3 언제, 어디서든, 누구나 원하는 수준별 맞춤형 학습 체제
4 시간과 공간의 제약에서 벗어나 자신의 레벨에 맞는 수업을 자율적으로 선택하여 수강할 수 있는 학습 형태
5 온 · 오프라인을 융합한 수업 형태

〈 참고문헌 〉

김민하 · 안미리(2003). 디지털 리터러시 능력 확인을 위한 문항개발 및 능력 평가, **교육정보방송연구, 제9권 1호**, 159-192.

김진하(2016). 제4차 산업혁명 시대, 미래사회 변화에 대한 전략적 대응 방안 모색, **KISTEP InI, 15**, 45-58.

노들 · 옥현진(2020). 텍스트 마이닝 기법을 통한 미디어 리터러시와 디지털 리터러시 개념의 비교 분석-신문 기사를 중심으로, **리터러시연구, 11**(5), 103-129.

박영숙(2017). **세계미래보고서**, 2030-2050, Kyobo Publisher.

박주현(2018). 독서정보 ICT 디지털 리터러시 개념화 모델 개발 연구, **한국도서관정보학회지 49**(2), 267-300.

성욱준(2014). 스마트시대의 정보리터러시와 정보격차에 관한 연구, **한국사회와 행정연구, 25**(2), 53-75.

송경진, & 차미경(2014). 문헌정보학과 공공도서관 서비스에 있어서 리터러시 개념에 대한 연구, **한국문헌정보학회지, 48**(4), 215-240.

윤영민(2017) 웹기반 일본어 교육용 학습프로그램 JLE Tool에 대하여-어휘 용례 수집과 문장 번역 연습 활용을 중심으로, **일본어교육연구, 40**, 161-178.

이유미(2020) 기술발전에 따른 리터러시 변화 연구, **용봉인문논총, 57**, 185-213.

이재완(2020). 코로나 뉴노멀(New Normal) 시대 지역사회복지의 변화와 방향, **한국지역사회복지학, 74**, 29-55.

이현숙 · 김수환 · 김한성 · 이운지 · 임선아 · 박세진(2019). 2018년 국가수준 초 · 중학생 디지털 리터러시 수준 측정 연구, **한국교육학술정보원**.

한국교육학술정보원(KERIS)(2001) **정보통신기술(ICT) 활용 교육 장학 안내서**.

한정선, 오정숙(2006). **21세기 지식정보 역량 활성화를 위한 디지털 리터러시 지수개발연구**, 서울: 한국교육학술정보원.

FUKUMOTO Toru
福本　徹(2017). ICT リテラシーと資質 · 能力, **国立教育政策研究所紀要, 第146集**, 79-93.

JAPET & CEC(2021) 先生と教育行政のためのICT教育環境整備ハンドブック2021.

MIWA Makiko
三輪真木子, 高橋 秀明, 柳沼 良知, 仁科 エミ, 広瀬 洋子, 川淵 明美, 秋光 淳生(2014).
　　　放送大におけるデジタルリテラシ− 教育の展開と成果, **放送大学研究年報, 第31
　　　巻**, 65-74.

OYANAGI Wakio
小柳和喜雄(2010). 教員と子どものデジタルリテラシ−に関する実態調査, **教育実践総
　　　合センタ−研究紀要, 第19巻**, 229-237.

SAKAMOTO Jun
坂本　旬(2020). デジタル・リテラシ−とは何か：批判的デジタル・リテラシ−からデ
　　　ジタル・メディア・リテラシ−へ, **生涯学習とキャリアデザイン**, 18(1), 35-50.

UMEZAWA Atushi
梅沢　敦(2017). ICT リテラシーと資質・能力─資質・能力を育成する教育課程の在
　　　り方に関する研究報告書4, **平成28年度プロジェクト研究調査研究報告書**, 国立教
　　　育政策研究所.

文部科学省(2013). 第2期教育振興基本計画. https://www.mext.go.jp/a_menu/keikaku/
　　　detail/ 1336379.htm에서 2022.1.31. 인출.

文部科学省(2014). より効果的な授業を行うために学校のICT環境を整備しましょ
　　　う！(教育のIT化に向けた環境整備4か年計画).

文部科学省(2015). 教育情報化の推進に対応した教育環境の整備充実のための地方
　　　財政措置について(通知), https://www.mext.go.jp/a_menu/shotou/zyouhou/
　　　detail/1369635.htm에서 2022.1.31. 인출.

文部科学省(2016). 教育の情報化加速化プラン～ICT を活用した「次世代の学校・
　　　地域」の創生, https://www.mext.go.jp/b_menu/houdou/28/07/__icsFiles/
　　　afieldfile/2016/07/29/1375100 _02_1.pdf

文部科学省(2017a). 地方自治体のための学校のICT環境整備推進の手引き.

文部科学省(2017b). 学校におけるICT環境整備の在り方に関する有識者会議(最終ま
　　　とめ). https: //www.mext.go.jp/b_menu/shingi/chousa/shougai/037/toushin/
　　　1388879.htm에서 2022.1.31. 인출.

文部科学省(2017c). (別紙)平成30年度以降の学校におけるICT環境の整備方針につい

て. https://www.mext.go.jp/a_menu/shotou/zyouhou/detail/1399902.htm에서 2022.1.31. 인출.

文部科学省(2018a). 教育のICT化に向けた環境整備5か年計画(2018~2022年度), https:// www.mext.go.jp/a_menu/shotou/zyouhou/detail/1402835.htm에서 2022.1.31. 인출.

文部科学省(2018b). 第3期教育振興基本計画(2018~2022年度), https://www.mext. go.jp/a_menu/keikaku/detail/1406127.htm에서 2022.1.31. 인출.

文部科学省(2019a). 「教育の情報化に関する手引」について. https://www.mext.go.jp/a_ menu/ shotou/zyouhou/detail/mext_00117.html에서 2022.1.31. 인출.

文部科学省(2019b). 「新時代の学びを支える先端技術活用推進方策(最終まとめ)」につ いて. https://www.mext.go.jp/a_menu/other/1411332.htm에서 2022.1.31. 인출.

文部科学省(2020a). 教育の情報化の手引き-追補版(令和2年6月), 第2章. https://www. mext.go.jp/a_menu/shotou/zyouhou/detail/mext_00117.html에서 2022.1.31. 인출.

文部科学省(2020b). 令和2年度第3次補正予算案への対応について. https://www.mext. go. jp/a_menu/shotou/zyouhou/detail/mext_00117.html에서 2022.1.31. 인출.

文部科学省(2021). 令和2年度学校における教育の情報化の実態等に関する調査結果 (概要)(令和3年3月1日現在), https://www.mext.go.jp/a_menu/shotou/zyouhou/ detail/mext_ 01635.html에서 2022.1.31. 인출.

ALA(2013). Digital Literacy, Libraries, and Public Policy: Report of the Office for Information Technology Policy's Digital Literacy Task Force. (Search on October 12, 2021.) https://www.atalm.org/sites/default/files/Digital%20Literacy,%20 Libraries,%20and%20Public%20Policy.pdf

Bhola, H. S. (2010). Literacy. In Bates, Marcia J. & Maack, M. N. (Eds.), Encyclopedia of Library and Information Sciences 3rd ed. Vol. 5. Boca Raton, FL: CRC Press. 3479-3491.

Gilster, P. (1997). Digital literacy, New York: Wiley Computer Publications.

OECD(2010). PISA 2009 Results: What Students Know and Can Do-Student Performance in Reading, Mathematics and Science(Volume I), Paris:OECD.

OECD. (2016). PISA 2018 Draft analytical frameworks. Measuring student knowledge and skills. Retrieved from https://www.oecd.org/pisa/data/PISA-2018-draft-frameworks.pdf.

Ribble, M.(2015). Digital Citizenship in Schools-Nine Elements All Students Should Know(Third Edition). ISTE.

제3장

일본 대학생 대상 코로나19 관련 연구[*]

최순자

I. 일본 대학 코로나19 초기 대응 관심사

인류는 새롭게 위험 요소로 등장한 코로나19 팬데믹 상황에서 2020년, 2021년을 보냈고 2022년도 현재도 진행형이다. 세계 각 대학은 교과 성격에 따라 대면, 비대면 수업을 진행했고, 진행하고 있다. 고등교육 기관인 대학에서 온라인 교육을 어떻게 준비하고 대응하고 있는지에 대한 연구는 코로나19로 인한 교육환경 변화가 우리에게 어떤 영향을 미칠 것인가를 성찰하게하는 과정이 될 것이다(공병호, 2021).

일본은 2020년 2월 14일에 첫 확진자가 나왔다. 일본의 초기 대응은 소극적이었다. 같은 해 7월 24일에 개최 예정이었던 도쿄 올림픽을 의식해서였는지, 코로나19 검사도 적극적이지 않았었다(최순자, 2021). 본 연구에서는 팬

---

[*] 본 논문은 한국일본교육학연구(26권 2호) 논문(대학생 대상 코로나19 관련 연구 한 · 일 비교: 김진영 · 최순자)에서 일본 관련 내용을 수정 · 보완하였음을 밝힘.

데믹 초기에 일본 대학생 대상 코로나19 관련 연구를 분석함으로써 일본 대학의 초기 대응 관심사가 무엇인지 확인하고, 한국에 주는 시사점을 제시하고자 한다. 이를 위한 연구 문제는 다음과 같다.

첫째, 일본 대학생 대상 코로나19 관련 연구의 연구 대상은 무엇인가?

둘째, 일본 대학생 대상 코로나19 관련 연구의 유형 및 자료수집 방법은 무엇인가?

셋째, 일본 대학생 대상 코로나19 관련 연구의 연구내용은 무엇인가?

II. 학회지 논문 메타분석

대학생 대상 코로나19 관련 연구 방법은 코로나19 팬데믹이 선언된 이후 약 1년 동안 개인 연구자(들)가 발표한 학회지 논문을 메타분석 방법을 적용하였다. 본 연구에서 분석한 일본 논문은 문헌 검색 데이터 베이스는 CiNii Ariticles(https://ci.nii.ac.jp/)를 이용했다. 키워드 검색어로 '코로나19(Covid-19, 신형 바이러스 감염증, 코로나 재난)' '대학생' '영향'으로 검색하였다. 위 검색 방법으로 추출된 논문 중, 논문 제목을 보고, 코로나19가 대학생에게 미치는 영향을 다룬 연구를 분석 논문으로 선정했다. 선정한 논문 중에서 논문 본문이 제공되지 않을 경우는 분석 대상에서 제외했다. 이런 과정을 통해 10편의 논문을 분석 대상으로 했다. 일본 연구의 분석 대상 논문제목과 저자는 〈표 1〉에 제시하였다.

<표 1> 일본 분석 대상 논문 제목 및 저자

연번	논문 제목	저자(연도)
1	신형 코로나 바이러스 감염증이 대학생에게 미치는 영향에 관한 연구	飯田昭人 외(2021)
2	코로나 재난에 놓인 대학생의 주관적 행복도	北條睦実子 외(2020)
3	코로나 재난 초기에 놓인 대학생의 심리 사회적 스트레스에 관한 탐색적 검토 - 사회규범으로서 지원요청 스타일의 효과를 포함하여	橋本剛(2021)
4	신형 코로나 바이러스 감염 확대에 있어서 대학생 행동변화 - 긴급사태 선언에서 앙케이트 조사	中西晶(2020)
5	신형 코로나 바이러스 감염증에 의한 활동 제한이 이학요법학과학부생의 대학생활 불안감에 미치는 영향	広瀬環 외(2020)
6	대학생 주생활과 주거 환경성 평가에 관한 연구 - 신형 코로나 감염증의 영향	近藤祐里荼 외(2020)
7	일반 남녀대학생 기초체력에 영향을 미치는 신형 코로나 바이러스 감염 확대 시 활동 자숙의 영향 - 원격 수업에 의한 자택에서 운동과 체력 측정치의 타당성	藤瀬武彦 외(2021)
8	신형 코로나 바이러스 감염증은 사별 후 한부모 세대에 어떤 영향을 주었나?	富井久義(2021)
9	코로나19 속 대학의 온라인 수업에 대한 신입생 인식에 관한 탐색적 연구	平林信隆(2021)
10	신형 코로나 바이러스 감염증 장기화에 따른 대학생 여행 의욕과 관광행동에 관한 조사 연구	河内良彰(2021)

Ⅲ. 대학생 대상 코로나19 관련 연구

1. 연구 대상

대학생 대상 코로나19 관련 연구의 연구 대상은 다음 〈표 2〉와 같다. 대학생과 대학원생을 포함한 경우도 있지만, 대부분 대학생을 대상으로 이루어졌다. 연구 대상 인원은 41명, 66명, 138명, 144명, 188명, 377명, 460명, 657명, 909명, 1,690명으로 41명에서 많게는 1,690명을 대상으로 연구가 이루어졌다.

<표 2> 연구 대상

연번	연구 대상(인원)	연번	연구 대상(인원)
1	대학생(909명)	6	대학생(66명)
2	대학생(144명)	7	대학생(남학생 120명, 여학생 41명)
3	심리학 수강 대학생(138명)	8	보호자, 대학생, 고교생 (2,877명, 1,690명, 1,674명)
4	대학생(657명)	9	대학생(188명)
5	대학생(377명)	10	대학생(460명)

2. 연구유형 및 자료수집 방법

대학생 대상 코로나19 관련 연구의 연구유형 및 자료수집은 〈표 3〉과 같이 대부분 질문지 조사 방법의 양적연구이다. 또 온라인 웹상에서 조사하는 형식을 취하고 있다. 그중 우편으로 의뢰한 후 웹에서 응답하게 하는 연구(富井久義, 2021)도 있다. 필수과목을 수강하는 신입생을 대상으로 한 연구(平林信隆, 2021)에서는 과제와 함께 온라인으로 제출하게 했다. 한편 온라인과 대면 수업 시 조사한 연구(河内良彰, 2021)도 있다.

<표 3> 연구유형 및 자료수집 방법

연번	연구유형 및 자료수집 방법	연번	연구유형 및 자료수집 방법
1	질문지 조사, 웹	6	질문지 조사, 웹
2	질문지 조사, 웹	7	질문지 조사
3	질문지 조사, 웹	8	우편의뢰 후 웹
4	질문지 조사, 웹	9	질문지 조사, 웹
5	질문지 조사, 웹	10	질문지 조사, 웹, 대면

3. 연구내용

대학생 대상 코로나19 관련 연구내용은 다음 〈표 4〉와 같다. 〈표 4〉에서 제시한 바와 같이 신형 코로나 바이러스 감염병 확대가 대학생에 어떤 영향을 끼치는가?- 경제적 어려움, 온라인 수업에 대한 부담감, 정신건강과 불안감, 고립감 등의 지표 검토하기 위한 연구(飯田昭人·水野君平·入江智也·西村貴之·川崎直樹·齊藤美香, 2021)에서는 경제적 어려움은 증가, 온라인 수업 부담감은 양극화, 정신적 건강 상태 악화, 고립감 느낀다는 결과가 나타났다.

〈표 4〉 연구내용

연번	연구내용
1	주거형태, 아르바이트, 장학금, 경제상황, 강의형태, 주별 이수학점, 심리상태를 변인으로 살펴본 결과, 경제적 어려움 증가, 온라인 수업 부담감은 양극화, 정신적 건강 상태 악화, 고립감 느낀다는 결과 나타남
2	SNS 이용 상황, 취미, 학습 효율성, 사람 접촉 기회, 수입, 수면 시간, 식생활을 변인으로 살펴본 결과, 취미, 학습 효율성, 사람 접촉 기회 감소는 주관적 행복도에 크게 영향을 미치지 않았음
3	학업, 대인관계, 경제, 진로, 생활, 건강을 변인으로 살펴본 결과, 코로나 재난과 관련된 모든 사건과 제약이 스트레스 요인이 되고 있지만 활동 중단 같은 일보다 일상적인 학업이나 일상생활이 우울증과 관련이 있었고, 스트레스 대처와 지원이 스트레스 요인의 부정적인 영향을 완화시킨 결과를 나타냄
4	긴급사태 발신 전후의 대학생 행동 변화 연구에서, 아르바이트, 일상생활, 온라인, 수업, 정보입수 경로를 변인으로 살펴본 결과, 3밀을 피하기 위해, 오프라인 활동 자제를 하고 있었고, 정보입수 경로는 TV가 많았음
5	취업활동, 실습, 실기수업, 실기수업 없음, 학습을 변인으로 살펴본 결과, 신형 코로나 바이러스 감염증에 의한 활동제한이 이학요법학과학부생에게 불안감을 갖게 하는 요인이었음
6	동거인 수, 주거형태, 냉난방을 변인으로 살펴본 결과, 신형 코로나 상황에서 주거형태는 대학생에게 영향을 끼치지 않았고, 단 냉난방 환경은 큰 영향을 미쳤음
7	운동 습관, 체력 진단을 변인으로 살펴본 결과, 원격 수업에 의한 체력 측정은 적절한 지도와 측정 조건이 갖춰지면 실시가 가능하고, 코로나19로 인한 활동 자숙에 의해 운동 빈도가 줄더라도 기초체력은 떨어지지 않음

연번	연구내용
8	코로나19는 사별로 남은 한부모 가족 구성원 가계에 미치는 영향은 취업, 수입, 지출, 지출 억제를 변인으로 살펴본 결과, 수입이 줄고 지출은 늘어났고, 진로 변경을 요하는 일은 없었음
9	온라인 수업에 대한 신입생 인식은 자택 학습과 온라인 수업의 계속적 희망을 변인으로 살펴본 결과, 자택 학습이 효율적으로 학습에 집중된다는 입장과 그렇지 않은 경우로 나타남
10	감염대책과 관광사업 부흥을 목적으로 한 연구에서는 여행 의욕과 관광 행동을 변인으로 살펴본 결과, 절반 이상은 여행할 의욕이 없었음. 그 이유는 감염의 가능성이 있기 때문이라 했음. 여행 의욕이 높게 나타난 경우는 백신 개발 이유를 들고 있음

신형 코로나 감염증 확대에 의한 대면 수업에서 온라인 수업으로의 변경, 아르바이트 감소 등과 같은 대학생 생활의 변화와 행복도 관계에 대한 1학년의 주관적 상황을 주제로 한 연구(北條睦實子·戶城美佑·遠山美樹·中里英史·古川眞守·城越望·下村昂平·森脇眞人·石原慶一, 2020)에서는 취미, 학습 효율성, 사람 접촉 기회 감소는 주관적 행복도에 크게 영향을 미치지 않은 결과가 나타났다.

라이프 이벤트나 일상 속 특별한 경험을 하고 있는지, 그런 것들이 스트레스로서 대학생들의 심리적 건강에 어떤 영향을 미칠 수 있는지 대처나 지원이 그 악영향을 완화할 수 있는가?라는 주제로 한 연구(橋本剛, 2021)에서는 코로나 재난과 관련된 모든 사건과 제약이 스트레스 요인이 되고 있지만, 활동 중단 같은 일보다 일상적인 학업이나 일상생활이 우울증과 관련이 있었고, 스트레스 대처와 지원이 스트레스 요인의 부정적인 영향을 완화시킨 결과를 나타냈다.

긴급사태 발신 전후의 대학생 행동 변화를 살펴본 연구(中西品, 2020)에서는 3밀을 피하기 위해, 오프라인 활동 자제를 하고 있었고, 정보입수 경로는 TV가 많았음을 알 수 있었다. 신형 바이러스로 인한 활동 제한이 이과요법학과

학부생의 대학 생활에 미치는 불안감 정도를 살펴본 연구(廣瀬環·屋嘉比章紘·小野田公·久保晃, 2020)에서는 신형 코로나 바이러스 감염증에 의한 활동제한이 이학요법학과학부생에게 불안감을 갖게 하는 요인이었음을 보여줬다.

신형 코로나 영향으로 온라인 수업을 받은 대학생을 대상으로 신형 코로나 확산 전후, 각 주거환경성 측정 평가와 건강 관계의 변화, 과제의 실태를 살펴본 연구(近藤祐里菜·張晴原·田中稻子, 2020)에서는 신형 코로나 상황에서 주거형태는 대학생에게 영향을 끼치지 않았고, 단 냉난방 환경은 큰 영향을 미치고 있음을 알 수 있었다.

후기의 대면 수업에서도 전기와 같은 체력 측정을 실시함으로써 기초 체력에 미치는 활동 자숙의 영향을 살펴본 연구(藤瀨武彦·龜岡雅紀·藤田美幸, 2021)에서는 원격 수업에 의한 체력 측정은 적절한 지도와 측정 조건이 갖춰지면 실시가 가능하고, 코로나19로 인한 활동 자숙에 의해 운동 빈도가 줄더라도 기초체력은 떨어지지 않았다.

코로나19는 사별로 남은 한부모 가족 구성원 가계에 어떤 영향을 미치는가를 살펴본 연구(富井久義, 2021)에서는 수입이 줄고 지출은 늘어났고, 진로 변경을 필요로 하는 일은 없는 것으로 나타났다.

온라인 수업에 대한 신입생 인식 연구(平林信隆, 2021)에서는 자택 학습이 효율적으로 학습에 집중이 된다는 입장과 그렇지 않은 경우로 나타났다. 또 감염대책과 관광사업 부흥을 목적으로 여행 의욕과 관광 행동을 살펴본 연구(河內良彰, 2021)에서는 절반 이상은 감염 위험이 있기 때문에 여행할 의욕이 없었다. 여행 의욕이 높게 나타난 경우는 백신 개발 이유를 들었다.

Ⅳ. 대학생의 심리적 지원

일본 대학생 대상 코로나19 관련 연구에서 대학생에게 미치는 영향 중심으로 분석해 보았다. 연구대상은 전문대학생이나 대학원생을 포함한 연구(飯田昭人 외, 2021)와 고등학생, 보호자를 대상으로 한 연구(富井久義, 2021)도 있었지만, 그 외는 모두 대학생을 대상으로 한 연구(北條睦實子 외, 2020; 橋本剛, 2021; 中西晶, 2020; 廣瀬環 외, 2020; 近藤祐里茱 외, 2020; 藤瀬武彦 외, 2021)였다. 연구유형과 자료수집 방법은 전체적으로 질문지 연구(飯田昭人 외, 2021; 北條睦實子 외, 2020; 橋本剛, 2021; 中西晶, 2020; 廣瀬環 외, 2020; 近藤祐里茱 외, 2020)였고, 한 연구(藤瀬武彦 외, 2021)만 서면을 통한 질문지 회수 방법으로 이루어졌다. 다른 한 연구(富井久義, 2021)는 우편으로 의뢰 후 질문지 조사를 웹에서 실시했다. 신입생을 대상으로 한 연구(平林信隆, 2021)에서는 과제와 함께 온라인으로 제출하게 했고, 온라인과 대면 수업 시 조사한 연구(河内良彰, 2021)도 있었다.

코로나19 팬데믹이 대학생 정신 건강에 미치는 영향을 주제로 한 연구(梶谷康介 · 土本利架子 · 佐藤武, 2021)에서는 중국, 미국, 그리스, 프랑스, 알바니아, 인도, 이스라엘, 이탈리아, 이란, 캐나다, 스위스, 스페인, 베트남 등 세계 14개국에서 대학생의 우울증, 불안장애, 기타 정신적 심리적 문제, 생활환경, 정신건강 악화 메커니즘 등을 관찰 연구로 살핀 37편의 논문을 분석했다. 연구결과 1편을 제외하고는 대학 폐쇄가 대학생의 정신건강을 악화시켰다는 결론을 얻었다. 특히 코로나19로 인해 대학생들이 우울증이나 우울 상태를 나타낸다는 비율이 높았다. 그다음이 불안 관련 장애였다.

본 연구에서 코로나19가 일본 대학생에게 미치는 심리적 영향은 정신적 건강 상태 악화, 고립감을 느낀다는 결과(飯田昭人 · 水野君平 · 入江智也 · 西村貴之 · 川崎直樹 · 齊藤美香, 2021)가 나타났고, 일상적인 학업이나 일상생활이 우울증과 관련이 있는 것으로 나타났다(橋本剛, 2021). 또 신체활동 제한이 불안감을 갖게 하는 요인이었음을 보여줬다(廣瀨環·屋嘉比章紘·小野田公·久保晃, 2020). 반면에 스트레스 대처와 사회적 관계 지원이 스트레스 요인의 부정적인 영향을 완화시킨 결과를 나타냈다(橋本剛, 2021). 이를 통해 코로나19 상황에서 대부분의 대학생이 심리적 스트레스를 경험한다고 볼 수 있다. 그러므로 스트레스 대처와 지원이 적극적 검토가 필요하다는 것을 시사받을 수 있다.

일본에서의 코로나 팬데믹이 선언된 2020년 3월 이후 약 1년 동안 진행된 대학생을 대상으로 코로나19 관련 연구는 코로나19가 대학생에게 미치는 영향 중심의 논문을 분석한 때문이기도 하겠으나, 심리적 지원에 집중하는 경향을 보였다.

〈 참고문헌 〉

공병호(2021). 코로나19와 한일 대학생 관련 연구 검토에 대한 토론, **제135차 한국일본 교육학회 춘계학술대회 발표자료집**. 22-23.

최순자(2021). 일본 후생노동성 코로나19 지침과 영유아교육기관 대응 사례, **한국일본 교육학연구, 26**(1). 27-42.

河内良彰(2021). 新型コロナウイルス感染症の蔓延下における大学生の旅行意欲と観光行動に関する調査研究, **佛教大学社会学部, 社会学部論集**(72), 21-40.

梶谷康介·土本利架子·佐藤武(2021). 新型コロナウイルス感染症(COVID-19)パンデミックが大学生のメンタルヘルスに及ぼす影響：文献および臨床経験からの考察. **九州大学健康科学編集委員会, 健康科学**(43), 1-13.

中西晶(2020). 新型コロナウイルス感染拡大時における大学生の行動変容- 緊急事態宣言下におけるアンケート調査から. **横断型基幹科学技術研究団体連合, 第11回**

横幹連合コンファレンス, 統計数理研究所. 8-9.

富井久義(2021). 新型コロナウイルス感染症は遺児世帯の生活にどのような影響を及ぼしたか(1)ー遺児世帯の家計と教育・進路選択への影響ー. **学校法人先端教育機構, 社会情報研究**, 2(2), 1-10.

近藤祐里菜・張晴原・田中稲子(2020). 大学生の住生活と住居環境性能評価に関する研究ー新型コロナウイルス感染症の影響ー. **横浜国立大学地域実践教育研究センター地域課題実習・地域研究報**, 2020年度. 68-69.

藤瀬武彦・亀岡雅紀・藤田美幸(2021). 一般男女大学生の基礎体力に及ぼす新型コロナウイルス感染拡大時の活動自粛の影響ー遠隔授業による自宅での運動と体力測定値の妥当性ー. **新潟国際情報大学, 経営情報学部紀要**, 89-107.

橋本剛(2021). コロナ禍初期における大学生の心理社会的ストレスに関する探索的検討：社会規範としての援助要請スタイルの効果も含めて. **静岡大学人文社会科学部, 人文論集**71(2), 15-34.

平林信隆(2021). コロナ禍における大学のオンライン授業に対する新入生の認識についての探索的研究. **共栄大学研究論集**19, 55-66.

広瀬環・屋嘉比章紘・小野田公・久保晃(2020). 新型コロナウイルス感染症による活動制限が理学療法学科学部生における大学生活の不安感に及ぼす影響. ―授業, 臨床実習, 就職活動に着目した報告―. **理学療法学科学**, 35巻6号. 911-915.

飯田昭人・水野君平・入江智也・西村貴之・川崎直樹・斉藤美香(2021). 新型コロナウイルス感染拡大が大学生に及ぼす影響(第1報)〜北海道内の大学への調査結果から〜. **北翔大学生涯スポーツ学部研究紀要**(12), 147-158.

北條睦実子・戸城 美佑・遠山美樹・中里英史・古川真守・城越望・下村昴平・森脇真人・石原慶一(2020). コロナ禍下における大学生の主観的幸福度. **京都大学高等教育研究**(26), 41-50.

교육개혁정책

제 2 부

제4장

3·11 동북대지진 이후 학교교육개혁 과제:
지역사회와 연계하는 체제 구축을 중심으로

윤종혁

I. 3·11사태와 코로나19 위기 앞에 선 10년의 교육

2011년 3월 11일에 발생한 3·11 동일본대지진 사태는 2만 명 가까운 희생자를 냈고, 대지진 여파로 당시 후쿠시마원전사고는 최고 위기의 국가적 재난으로 확대되었다. 이후 일본은 3·11 대지진을 복구하고 부흥하기 위한 인재 육성책으로서 교육개혁에 주력하였다. 즉, 자연재난을 극복하고 교육활동을 재개하기 위한 복구정책, 재난에 따른 교훈적 성과로서 축적한 긴급대응조치, 그리고 지역공동체의 거점으로서 학교를 핵심으로 하는 마을 만들기, 대학의 전문지식을 활용하여 지역을 재생하고자 하는 부흥전략 등이 총체적으로 결합되었다. 이러한 배경 속에서 2013년에 출발한 제2기 교육진흥기본계획은 3·11사태에서 얻은 교훈을 바탕으로 자연과 공생할 수 있으며, 지속 가능할 수 있는 새로운 일본교육체제를 실천하고자 하였다.

그리고 10년이 지난 후 이번에는 전 세계적 코로나19 대유행(Pandemic)으로 인해 교육체제에도 새로운 위기가 들이닥쳤다. 전국적으로 학교임시휴업이 장기화되고 2020 도쿄올림픽 등의 큰 행사가 연기되며, 긴급사태에 따른 온-오프라인병행수업(하이브리드 교육체제)혁신이 새로운 과제로 부각되었다. 제4차 산업혁명이 초래한 미래 인공지능(AI; Artificial Intelligence)사회를 앞당기는 계기로서 디지털교육망을 정비하고, 자연환경과 공생하는 탄소중립사회를 선도하는 등 감염질환 재난에 따른 교육격차와 위기를 해소하는 미래교육전략이 필요한 것이다. 이제는 안심하고 안전할 수 있는 학교교육환경을 구축하고, '배움'을 보장하는 레이와(令和)시대의 일본형 학교교육 체제를 완성하는 것이 3·11 이후 10년, 포스트 코로나 시대의 새로운 과제가 된 것이다. 이는 학교교육 현장이 자연재해 및 감염질환 등의 대위기 상황에서 학생과 지역주민을 안전하고 안심할 수 있는 교육과 지역재생의 거점으로 부활할 수 있는 구체적인 지침과 로드맵을 직접 실천해야 함을 의미하기도 한다.

II. 3·11 이후 학교교육 현장의 위기관리와 학교안전망 구축

1. 재난방지 안전교육과 지역거점으로서의 학교 역할

지난 2011년 3 · 11 동일본대지진에서 학생과 교직원 등의 사망 · 실종자는 700명을 넘는 막대한 피해가 있었다. 이를 교훈 삼아서 문부과학성은 각 학교 급별로 지진 · 쓰나미(津波)를 포함한 각종 자연재해에서 학생을 안전하게 지키기 위한 재난방지매뉴얼을 작성할 때 참조할 수 있는 지침서를 활용하도록 권장하였다. 대표적으로 〈학교재난방지 매뉴얼(지진 · 쓰나미) 작성 입문〉(2012년 3월), 〈학교 위기관리 매뉴얼 작성을 위한 지침서〉(2018년 2월), 〈제2차 학교안전추진에 관한 계획〉 등을 출간 · 배포하고, 학습지도요령 개정을 계기로 하여 본격적으로 학교현장에 적용하였다. 또한 문부과학성은 아동·학생이 안심하고 안전할 수 있는 교육 현장을 만들기 위해 "재해대책기본법"에 기초하여 "문부과학성재난방지업무계획"을 작성·실천하였다. 그런 한편으로 2011년 동일본대지진사태와 후쿠시마원전사고 등을 계기로 하여 문부과학성이 추진하는 교육진흥 기본계획의 중요 성과지표로서 안전교육을 확대·적용하고 있다(文部科學省, 2016). 더구나 문부과학성은 3·11사태 10주년을 맞이하여 지역실정에 따라서 재난방지교육을 비롯한 안전교육을 실천할 때 학교현장에서 참고할 수 있도록 학교안전자료 〈'미래를 살아가는 힘'을 기르기 위한 학교의 안전교육〉을 대폭 개정(2019년 3월)하였다.

이미 문부과학성은 '재해대책기본법' 혹은 내각총리가 주재한 '재난방지기본계획'에 연계하여 '문부과학성재난방지업무계획'을 실천한다. 문부과학성이 추진하는 재난방지대책은 다음과 같은 다섯 가지 원칙에 따르고 있다(文部科學省, 2016). 첫째, 학생이 학교생활에서 신체·생명을 안전하게 보장되어야 한다. 둘째, 재난으로 인한 교육연구시설의 장해요인을 제거함으로써 교육연구 활동을 보장한다. 셋째, 학교의 시설·설비가 재난 피해를 입었을 때 복구 작업을 완벽하게 수행한다. 넷째, 재난방지를 위한 연구 활동을 지속적이며 효율적으로 추진한다. 다섯째, 피해자의 구호활동을 위해 재난 상황에 적합한 연계·협력 사업을 실시한다.

2. 차세대 학교·지역 창생플랜과 교육안전망

일본은 저출산 고령화 대책을 마련하는 전략으로서 2015년 12월 중앙교육심의회 답신으로 '차세대 학교·지역' 창생플랜을 책정하였다(文部科學省, 2016). 이는 1억인 총활약 대책의 교육부문 협력전략으로서 국가적인 수준에서 인구 감소를 극복하고, 지역창생을 이루기 위하여 국민 개개인이 자발적 · 주도적으로 교육개혁을 실천하는 것이다(一億人總活躍國民會議, 2016: 20). 지역창생은 지역사회가 처한 열악한 경쟁 구조와 인프라를 혁신적으로 개조하고, 지역사회의 교육력을 회복시키는 재생 전략으로 부흥하는 것으로부터 출발한다. 지역사회에서 안전하고 안심할 수 있는 학교환경을 조성하면서 학교를 핵심으로 하는 1억인 총활약 대책과 연계된 지역 · 학교안전교육망 발전전략은 다음과 같은 네 가지 방식으로 실천하고 있다(教育再生實行會議, 2016; 一億人總活躍國民會議, 2016; 文部科學省, 2016). 첫째, 커뮤니티 스쿨(Community School)을 종합적으로 개편하는 실천전략을 강조한다. 둘째, 지역학교협동본부를 정비하여 안심하고 안전한 학교교육 네트워크를 구축한다. 셋째, 학교교육을 질적으로 개선하고 안전한 학교교육 시스템을 지원하기 위해 팀학교 운영을 활성화한다. 넷째, 지역사회와 협력하는 방식으로 안전하고 질 높은 학교시설을 정비해야 한다.

구체적으로는 방과후 학습지원이나 돌봄활동, 가정교육에 대한 지원, 지역사회 중심으로 학교를 지원하는 활동 등을 중심으로 실천한다. 즉, 재난 이후 임시주택 지역에 대한 학습 환경을 조성하는 사업에 지역주민이 조직적으로 참여함으로써 3·11 이후 단절되고 열어진 지역공동체를 재구축하고자 한다. 특히 학교시설은 기본적인 교육 조건이기 때문에, 교육 수준을 유지 · 향상시키는 관점에서 안전성과 쾌적성을 확보해야 한다. 나아가서는 교육시설을 안전하고 안심할 수 있는 여건으로 구축함으로써 다양한 학습활동을 제공하며, 아동 · 학생의 발달단계에 따라 안전하고 안심할 수 있는 시설로 정비해야 한다. 학교시설 자체에 대한 내진 시설 및 재난방지 기능을 강화함으로써 유사시 재해 발생 시 지역사회의 피난처 역할을 해야 하는 것도 중요한 과제이다.

3. '1억인 총활약'과 학교안전교육망: 제3기 교육진흥기본계획의 추진[1]

일본은 2015년 새로운 정부 조직으로 저출산 고령사회의 위기 극복과 국가 진흥전략을 담당하기 위해 '1억인 총활약 국민회의' 담당 장관을 임명하였다. 이 조직은 1990년대 중반 이후 세계적으로 유례가 없는 저출산·고령사회가 이루어지면서 생산연령인구도 급속하게 줄어드는 일본 사회의 위기 타개책으로 출현한 것이다(一億總活躍國民會議, 2016: 1-2). 즉, 저출산 고령사회의 한계를 인식하고 새로운 교육개혁을 통해 모든 국민을 인적자원으로 재구성하는 전략 속에서, 학생의 역량을 최대한 생산 조직과 연계·제휴하는 전략을 실천하는 것이다(敎育再生實行會議, 2016). 그래서 정부는 1억인 총활약 대책 차원에서 교육개혁, 교육재생을 실천하기 위한 정책을 추진하고 있다. 이의 기본 전략으로서 학생의 학력 제고 전략(No-Study Kids), 재난방지전략과 연계한 학교안전교육 등 두 가지 과제를 강조하였다(文部科學省, 2013). 학생의 학력 제고전략은 특히 경쟁원리와 수월성을 강조하면서도 학교교육에 대한 평등한 접근을 균형 있게 강조한 것이라고 할 수 있다. 미래사회를 주도할 인재역량으로서 모든 학생을 뒤처지지 않고 적정 수준과 양질의 교육을 받을 수 있는 교육환경을 조성함으로써 국가 교육력을 총괄 계획 속에 강력하게 추동함을 의미한다. 그러므로 학생이 학교교육을 통해 기본 핵심역량을 계발하고 진로를 개척하기 위해서는 안심하고 안전한 학교교육환경을 조성하는 것이 절대적이라고 할 수 있다.

---

1 윤종혁(2017). 일본의 '1억인 총활약 대책'에 따른 학교안전교육망의 현황과 과제. 한국일본교육학회 편. **한국일본교육학연구**, 21(2), 73-91.의 내용을 이 보고서 취지에 맞게 수정·보완하여 재구성하였음을 밝힘.

2013년 1월 아베(安倍晉三)정부는 본격적인 교육개혁을 추진하기 위하여 사회각계 명망가로 구성한 '교육재생실행회의'를 출범시키고, 그 이전의 5년간 실행하였던 교육진흥정책을 평가하였다. 이에 따라 향후 추진해야 할 교육재생을 위한 4대 정책방향으로서 '사회 전체적으로 교육을 향상'시키고, '개성을 존중하는 교육'을 통해 '교양과 전문성을 겸비한 인간을 양성'하며, '아동이 안전하고 안심할 수 있는 교육환경을 정비'하는 것을 제안하였다(教育再生實行會議, 2013a). 이른바 '제2기 교육진흥기본계획(2013~2017)'은 주로 3·11 이후 교육재생사업에 주력하였고, 이런 개혁 노력은 주로 기초·기본 능력을 연마하는 학교교육 정책과 지역교육재생사업을 통해서 본격적으로 추진되었다.

　　더구나 정부는 교육재생실행회의에 근거하여 2018년 제3기 교육진흥기본계획을 내각 의결을 통해 확정하고, 이를 2022년까지 5년간 적용하였다. 제3기 계획은 일본 사회가 글로벌 체제로 변화하는 과정에서 3·11 대지진 등의 자연재난까지 겹쳐 일어난 대재앙 속에서 산업 공동화 현상과 생산연령인구가 감소하는 등 국가의 총체적 위기 상황임을 강조하였다. 사실상 2011년 3월에 발생한 '동일본 대지진'으로 인한 국가 비상사태를 극복하는 교육개혁이 절실하다는 측면도 지적하였다(文部科學省, 2016). 그런 한편 일본 교육이 지닌 장점, 즉 '사회적 신뢰에 기반을 둔 유대관계'와 '세계적 수준의 기초지식 역량' 등을 토대로 하여 새로운 사회모델을 구축할 수 있는 것으로 진단하였다. 특히 동일본대지진에 따른 위기 극복을 위한 국민적인 단결과 신속한 복구 사례가 향후 교육진흥을 위한 중요한 교훈으로 부각되었다(文部科學省, 2016).

III. 포스트 코로나 시대의 학교교육 개혁방향과 과제

1. 교육재생실행회의가 제안하는 포스트 코로나 시대 교육과제: 제12차 제언

일본내각총리대신의 자문기구인 교육재생실행회의는 2021년 6월 문부과학성의 교육개혁을 권고하는 "포스트 코로나 시대에 있어서 새로운 배움의 방향에 대해"라는 제12차 제언을 공식 발표하였다. 이 제언은 뉴노멀(New Normal; 새로운 일상) 사회에서 실천해야 할 초 · 중등교육과 고등평생교육, 배움을 실현하기 위한 교육과 사회의 연계 · 제휴방안, 데이터 기반 교육체제로 전환하기 위한 미래혁신정책 등 4대 과제 실천방안을 제안하였다. 코로나19 대유행은 전 세계적으로 인류의 생명과 생활, 가치관과 행동, 그리고 경제와 문화 등 사회 전체적으로 광범위하면서도 다각적인 측면에서 커다란 영향을 미쳤다. 그런 세계적 추세와 위기를 반영하여, 교육재생실행회의는 일본 사회가 미래개혁과제로서 인공지능사회 중심체제인 'Society 5.0' 시대를 실천하고, '디지털 전환체제(DX: Digital Transformation)'를 준비하면서 종래 경험하지 못한 새로운 교육문제를 수용해야 함을 강조하였다.

교육재생실행회의는 코로나19 위기 속에서 일본의 학교 현장은 사회적 거리 확보, 그리고 ICT 환경을 조속히 정비하는 것이 최대 과제라고 보았다. 더구나 2020년대 이후 코로나 위기로 인해 학교교육이 제대로 이루어지지 못하는 상황에서 학생의 교육력과 일상생활 만족도를 포함하여 자아의식이 심각하게 저하되는 등 사회 심리적인 위기 상황에 민감하게 대처하였다. 이런 배경 속에서 교육재생실행회의는 제12차 제언이 이런 위기의식을 타개하고 다양한 상황에 적극적으로 대응하는 회복탄력성을 강조하며, 일본이 지닌 독자적인 강점과 특성을 살리는 뉴노멀 교육개혁을 실천해야 함을 역설하였다.

교육재생실행회의는 사실상 인공지능사회의 교육개혁은 디지털교육체계 개편을 통한 교육대전환을 요청하였다. 이를 반영하여 2018년부터 문부과학성은 GIGA(Global and Innovative Gateway for All) 스쿨 구상을 통해 ICT 기반 교육을 실천하려고 하였다. 그런 배경 속에서 코로나19 위기로 인해 학교 현장이 오랜 기간 등교수업 등의 일상적인 교육활동을 하지 못하는 상황이야말로 비대면 교육과 원격교육을 강조하는 'GIGA 스쿨 구상'을 더욱 촉진시키는 계기로 작용하였다. 2022년 2월 현재 정부는 초·중등학교에 대한 GIGA 스쿨 구상을 통해 학생 1인당 1대의 단말기를 보급하여 온라인·원격교육을 본격적으로 실천하고 있다.

그럼에도 불구하고 포스트 코로나 시대의 학교교육이 디지털 시스템으로 전환하는 과정에서 다음과 같은 방향에 유의해야 한다. 첫째, 학교는 교사와 학생, 학생과 학생 간의 직접적인 관계를 유지하며, 다양한 체험을 통해 배우는 장으로서 '함께 하는 기능'에 주목해야 한다. 둘째, 교육 현장에서 ICT 디지털교육체계를 활용하는 것 자체가 대면지도와 원격·온라인교육 간의 이항대립이 아니라, 대면지도를 기본으로 하면서 학생의 발달단계와 학습내용에 따라 원격·온라인 교육을 적절하게 수용하는 등 양쪽의 장점을 최대한 활용하는 계기가 되어야 한다. 셋째, 원격·온라인교육의 효과에 대해 데이터를 통해서 현황을 파악하고, 교육실천을 검증·평가함으로써 관련 정보와 지식을 축적해야 할 것이다.

한편 일본 정부는 GIGA 스쿨 구상을 통해서 안전하고 안심할 수 있는 교육환경을 확보하고 다양한 학습활동에 대응하여 학생이 건강하게 학습하고 생활할 수 있는 시설환경을 보완하였다. 이 사업은 학교시설의 복합화와 공용화 사업을 효율적·효과적으로 활용하기 위해 학교 공간 내에서 오픈스페이스를 정비하고, 학교건물 공간을 장애친화적인 시설환경으로 디자인·설계하며, 공조시설과 화장실을 포함한 위생환경을 정비하는 것에 중점을 둔다. 이와 같이 새로운 학교시설의 정비·운영방향을 '레이와(令和) 시대의 학교시설 스탠더드'로서 명확히 하였다. 그래서 정부는 포스트 코로나 학교시설 개선전략으로서 학교시설 노후화 예방대책과 교육 공간에 대한 질적인 정비 사업에 중점을 두고, 주로 디지털 교육환경과 결합하는 방식으로 일체화하여 '학교시설인프라 강화·리모델링 사업과 교육공간의 개편·보수작업'의 연장선상에서 적극적으로 지원한다.

2. 코로나 이후 '일본형 학교교육' 체제 구축2

2021년 1월 26일 문부과학성은 "'레이와(令和) 시대 일본형 학교교육'을 구축하기 위해: 모든 아이의 가능성을 발현하고, 개별 맞춤형 배움과 협동학습의 실현"이라는 중앙교육심의회 답신을 공개하였다. 이 답신은 산업혁명과 정보혁명에 이어서 인공지능사회의 디지털체제 중심의 'Society 5.0시대'가 도래하고, 코로나19 대유행에 따른 불투명하고 예측하기 어려운 시대 상황을 교육개혁으로 극복해야 함을 배경으로 한다. 여기에서 '일본형 학교교육'은 새로운 학습지도요령을 착실하게 준비하고, 모든 아동이 ICT를 적극 활용하여 비대면 사회에 적응하며, 풍요로운 인생을 준비하고 지속 가능한

---

2 일본문부과학성(2021). '레이와(令和) 시대의 일본형 학교교육'을 구축하기 위한 전략-모든 아이의 가능성을 끌어내고, 개별 맞춤형 교육과 협동학습을 실현하는 것을 목표로 하여(중앙교육심의회 답신). 2021년 1월 26일 발표.
(일본문부과학성홈페이지 https://www.mext.go.jp/ontent/20210126-mxt_syoto02-000012321_1-1.pdf.에서 2021년 02월 01일 최종 검색 활용 참조) ; 이 소절의 내용은 윤종혁(2021). 코로나 이후 '일본형 학교교육' 체제 구축을 위한 과제. 제주교육 2021년 2월호.의 내용을 인용·재구성하여 보완하였음.

사회를 건설할 수 있는 인재로 육성하기 위한 개혁과제를 실천하는 것을 지향한다.

이미 문부과학성은 '일본형 학교교육'을 완성하는 개혁과제로서 제2기 및 제3기 교육진흥기본계획의 이념(자립 · 협동 · 창조)을 계승하고, 학교 내 근무방식개혁을 추진하며, GIGA 스쿨 구상을 기반으로 하여 새로운 학습지도요령을 학교현장에 정착시키는 과제에 주목하였다. 새로운 학습지도요령은 개인 맞춤형 학습과 협동학습을 강조하고, 학습지도방법과 지도체제를 정비함으로써 컴퓨터와 정보통신네트워크를 활용하기 위한 교육환경을 조성하고자 하였다. 즉, GIGA 스쿨 구상을 실천함으로써 새로운 ICT환경을 활용하고, 소규모그룹별 학습지도체제를 중심으로 개별 맞춤형 학습을 구축한다. 특히 학생에 대한 맞춤형 교육을 실천하기 위해서는 ICT를 통해서 학습이력(Study Log), 학생생활지도 데이터, 건강진단정보 등을 활용하여 교사 부담을 해소하는 방안을 긴급혁신과제로 제안하였다.

또한 문부과학성은 학교수업혁신을 위해서 학생이 주체적으로 소통하며 협력하는 학습체제를 갖추는 것을 장려하였다. 그래서 개별 맞춤형 학습지원이 고립된 학습이 되지 않도록 탐구학습이나 체험활동 등을 통해 또래집단을 올바르게 형성하거나, 혹은 다양한 집단과 협동하면서 타인의 가치와 배려를 존중하는 사회정서역량 교육으로 확대 · 발전시킨다. 결국 '일본형 학교교육'은 모든 아동의 지덕체를 일체적으로 육성하기 위해 학습기회와 학력을 보장하고, 전인적인 발달 · 성장을 보장하며, 학교가 안전하고 안심한 교육안전망의 역할을 수행함에 주목하였다.

특히 답신은 최근 코로나19 사태 이후 자연재난에 따른 교육대책을 ICT 기반 교육체제에서 구하고 있다. 즉, 레이와(令和) 시대의 '일본형 학교교육'을 구축하고 모든 아동에게 개별 맞춤형교육과 협동학습을 실천하기 위해

ICT는 필수불가결한 요소이다. 지금까지 실천한 교육개혁 성과를 ICT와 최적 조건으로 결합하여 어려운 과제를 해결하고 교육의 질을 높여야 한다. 궁극적으로 일본 문부과학성이 추구하는 미래 교육 가치는 ICT를 적극적으로 활용하여 대면·비대면 교육활동, 온라인·오프라인 병행학습을 성공적으로 수행하는 디지털 교육혁신을 지향한다.

Ⅳ. 3·11 10년을 맞은 포스트 코로나 교육체제의 새로운 전망

3·11 동일본대지진 10주년을 맞이하면서 일본 정부는 후쿠시마(福島)현, 미야기(宮城)현을 포함한 동일본지역의 부흥·창생을 위해 교육과 '배움'을 활용한 지속 가능한 지역 만들기에 공헌할 수 있는 인재육성전략에 주력하였다. 대표적으로 원자력사고로 인해 가장 큰 피해를 본 후쿠시마현 후타바(双葉)군 8개 마을을 중심으로 2013년부터 추진한 "후타바군 교육부흥비전" 사업을 전개하고, "고향창조학"을 교육 과정에 개설하는 등 다양한 학생교류·유치사업을 실천하였다. 다행스럽게도 '후타바군 교육부흥비전'은 2015년 개교한 후타바미래학원고등학교를 중심으로 활발하게 교육활동을 전개하고 있으며, 2019년에는 병설중학교까지 개교하여 이 지역의 중고교일관학교로서 창조적인 부흥교육을 선도하고 있다.

현재 코로나 위기를 극복하고 포스트 코로나 교육체제를 구상하는 일본 교육에서 창조적 부흥교육은 새로운 모델로서 많은 과제를 제시한다. 첫째, 학교와 지역사회가 결합하여 곤란한 재난위기 상황을 극복하고 지속 가능한 지역 만들기에 공헌하는 인재를 육성해야 한다. 둘째, 학교 밖의 교육활동까지 연계하는 학습자 중심 교육체제를 구축하고, 능동적이고 창조적인 학습으로 전환하기 위한 다양한 교육 과정과 온·오프라인 병행 교수활동 등 다양한 교육개혁을 선도해야 한다. 셋째, 학교현장은 재난위기 상황을 극복하고 충실한 교육환경을 구축하기 위해 지역사회·NPO단체, 대학 등과 연계·협력하는 파트너십을 실천해야 한다. 넷째, 일본형 학교교육의 핵심요건인 '배움' 공동체를 지역사회에 정착시키고, 각종 재난을 극복하기 위한 참여계획을 통해 학교의 배움이 지역부흥을 후원하는 체제를 안착시킨다.

2021년 12월 일본 정부는 기존의 미래교육전략을 구상하고 제안하였던 내각자문기구 '교육재생실행회의'를 대체하여 새롭게 '교육미래창조회의'를 발족하였다. 교육미래창조회의는 기존 학교교육 중심 개혁체제를 계승하면서도 국가 개혁의 기본 방향성을 고등교육을 비롯한 교육운영방안, 인간이 전 생애에 걸쳐 배움을 실천하는 평생학습사회를 실천할 수 있도록 교육과 사회 간의 연계·접속을 다양화·유연화하는 개혁전략에 초점을 맞추고 있다(教育未來創造會議, 2022). 이는 향후 일본의 교육혁신전략이 UNESCO와 OECD 등이 강조하는 교육의 변혁적 역량을 강조하는 혁신(Transformative Innovation)과 디지털 인공지능사회를 선도할 교육인재를 육성하기 위한 교육 2030 전략과 교육혁신의 대전환(Reorientation)을 실천하는 방향으로 재편되는 것을 의미한다. 이제 일본의 교육혁신은 지역마을 중심 공동체 육성교육을 초점으로 하는 재생교육을 기반으로 하면서도 평생고등교육을 중점 실천하는 평생학습사회로 변혁 역량을 대전환하는 계기를 마련했다고 볼 수 있다. 이런 측면에서 3·11 사태는 교육 대전환의 초석이 되었다는 반전의 징후로 이해해야 할 것이다.

〈 참고문헌 〉

윤종혁(2017). 일본의 '1억인 총활약 대책'에 따른 학교안전교육망의 현황과 과제, 한국일본교육학회편. **한국일본교육학연구**, 21(2), 73-91.

윤종혁(2021). 코로나 이후 '일본형 학교교육' 체제 구축을 위한 과제, 제주교육 2021년 2월호.

한국교육개발원 교육정책네트워크 홈페이지(2021). https://edpolicy.kedi.re.kr 해외교육동향(2021년 7월 2일 최종출력 검색).

일본문부과학성 홈페이지 정책 · 심의회/문부과학백서
   https://www.mext.go.jp (2021년 7월 30일 최종출력 검색)

일본내각관저 홈페이지 교육재생실행회의
   https://www.cas.go.jp (2021년 7월 2일 최종출력 검색)

일본내각관저 홈페이지 교육미래창조회의
   https://www.cas.go.jp/jp/seisaku/kyouikumirai (2022년 3월 2일 최종검색)

教育再生實行會議(2013). いじめの問題等の在り方について(第1次提言).

教育再生實行會議(2016). 全ての子供たちの能力を伸ばし可能性を開花させる教育へ(第9次提言).

文部科學省(2013). 文部科學白書. www.mext.go.jp/b_menu/hakusho에서 2021. 7. 30. 최종인출.

文部科學省(2016). 文部科學白書. www.mext.go.jp/b_menu/hakusho에서 2017. 2. 13. 최종인출.

一億總活躍國民會議(2016). ニッポン一億總活躍プラン(閣議決定). www.kantei.go.jp/jp/singi/ichiokusoukatsu/index.html에서 2017. 2. 13. 인출.

中央教育審議會(2015). 新しい時代の教育や地方創生の實現に向けた學校と地域の連携 · 協働の在り方と今後の推進方策について(答申).

日本教育新聞網(2015). フリースクールもホームスクーリングルも義務教育とみなす

法案. 한국교육개발원. http://edpolicy.kedi.re.kr에서 2015. 6. 23. 인출.

ポストコロナ期における新たな學びの在り方について〈교육재생실행회의, 2021. 6. 3.〉
www.kantei.go.jp/jp/singi/kyouikusaisei/pdf/dai12_teigen_1.pdf (2021년 7월 2
일 최종출력)

제5장

포스트 코로나 시대 일본의 학교교육 개혁 방향과 과제:
ICT 활용을 중심으로[*]

이정희

Ⅰ. 일본의 미래형 교육 과정

1. 2017년판 학습지도요령의 개정 방향

일본의 미래형 교육 과정은 2017년판 학습지도요령에 잘 드러나 있다. 일본에서는 정보화, 글로벌화, 4차 산업혁명의 도래 등 사회 변화에 효과적으로 대처하기 위해 2017년에 교육 과정 개정을 단행하였다. 선행연구(이정희, 2018; 권오현, 2019; 이정희, 2019)에서 알 수 있듯이 2017년판 학습지도요령은 21세기 학력 양성을 위한 역량기반 교육 과정을 표방하고 있다.

2017년판 학습지도요령에서는 사회에 열린 교육 과정, 자질·능력의 명

---

[*] 이 장은 '이정희(2022), 포스트 코로나 시대 일본의 학교교육 개혁 방향과 과제: ICT 활용을 중심으로, **한국일본교육학연구**, 27(1), 69-87'의 논문을 수정·보완한 것이다.

확화, '주체적 · 대화적으로 깊은 배움' 실현을 위한 수업 개선 추진, 각 학교의 커리큘럼 · 매니지먼트 추진(이정희, 2018: 108) 등 네 가지가 개정 방향으로 제시되면서 교육 과정 전체 구조에도 많은 변화가 나타나고 있다.

특히 신 교육 과정에서는 기존의 학습 내용 중심뿐만 아니라 그것을 배움으로써 '무엇을 할 수 있게 되는가'라는 자질 · 능력을 명확하게 제시하면서 역량기반 교육 과정을 드러내고 있다. 학생들이 예측하기 어려운 미래 사회에서 '살아가는 힘'을 기르기 위해 필요한 자질 · 능력을 '지식 · 기능'과 '사고력 · 판단력 · 표현력' 그리고 이를 통해 '배움을 향하는 힘, 인간성' 함양이라는 세 요소로 구조적으로 나타내고 있다(이정희, 2018: 109-112).

2. 정보활용능력 및 ICT 활용의 강조

2017년판 학습지도요령에는 '정보활용능력' 등의 자질 · 능력 함양, 이를 위한 학교의 환경 정비 등과 같은 내용이 반영되어 있다. 예를 들어 '소학교 학습지도요령(2017년판)' 총칙(文部科学省, 2017b)에서는 "각 학교에서는 아동의 발달 단계를 고려하고 언어능력, 정보활용능력(정보 윤리를 포함), 문제 발견 · 해결 능력 등의 학습의 기본 자질 · 능력을 육성해 나갈 수 있도록 각 교과 등의 특질을 살려 교과 등 횡단적인 관점에서 교육 과정의 편성을 도모한다."라고 하여, 정보활용능력이 언어능력과 문제 발견 · 해결 능력 등과 나란히 '학습의 기반'임을 나타내고 있다.

그리고 총칙에서 "각 학교에서 컴퓨터와 정보 통신 네트워크 등 정보 수단을 활용하는 데 필요한 환경을 조성하고 이들을 적절하게 활용한 학습 활동의 충실을 도모한다."라고 하여, 환경 정비의 주체를 각 학교로 밝히고 있다.

총칙의 '주체적 · 대화적으로 깊은 배움의 실현을 위한 수업 개선'에서는 '학생이 프로그래밍을 체험하면서 컴퓨터에 의도한 것을 처리하기 위해 필요한 논리적인 사고력을 체득하기 위한 학습 활동'을 각 교과 등의 특성에 따라 계획적으로 실시하도록 하고 있다(坂本純一, 2021: 51). 교과교육에서도 ICT 활용을 강조하고 있는 것이다.

일본이 학교교육에 ICT 활용을 도입·전개한 배경에는 PISA(Programme for International Student Assessment) 조사 결과 '독해력'에 문제가 드러난 것이 작용한다. 수학적 리터러시와 과학적 리터러시에서는 상위를 유지하고 있지만 2018년도 조사에서 독해력은 전체 참가국·지역(79개 국) 중에서는 15위, OECD 가입 회원국(37개 국) 중에서는 11위였다. 독해력의 저하 원인에는 여러 가지가 있겠지만 학생들이 CBT(Computer Based Testing) 조작에 익숙하지 않은 점이 지적되고 있다. 이것은 일본의 ICT 환경 정비의 지연이 학생의 정보 활용능력 부족과 연계된다는 것을 의미하고, PISA에서 요구하는 실용적인 학력에 영향을 주기 시작했음을 시사하고 있다(堀田龍也, 2020: 9).

II. 포스트 코로나 시대 일본의 학교교육 개혁

1. 일본의 미래형 학교교육

중앙교육심의회 초중등교육 분과회(中央教育審議会初等中等教育分科会, 2020. 10. 7)에서는 '레이와의 일본형 학교교육의 구축을 목표로 하여-모든 아이들의 가능성을 이끌어 내어 개별 최적의 배움과 협동적인 배움의 실현-(중간 정리)'을 공표하면서 '레이와의 일본형 학교교육(令和の日本型学校教育)'이라는 새로운 비전을 제시하였다. 여기에 '개별 최적의 배움과 협동적인 배움'이라는 키워드가 새롭게 전면에 등장하고 있다. 그러나 ICT 활용과 관련한 구체적인 언급은 없었다.

> 한 사람 한 사람의 학생이 자신의 장점과 가능성을 인식하면서 모든 다른 사람을 가치 있는 존재로 존중하고 다양한 사람들과 협력하면서 다양한 사회적 변화를 극복하고 풍부한 삶을 개척, 지속 가능한 사회를 만들어 나가는 사람이 될 수 있도록 하는 것이 필요(中央教育審議会初等中等教育分科会, 2020. 10. 7: 13)

이어 2021년 1월 26일의 답신(中央教育審議会, 2021. 1. 26: 27-30)에서는 Society 5.0 시대, COVID-19 등 예측하기 어려운 시대, 사회 전체의 디지털화 · 온라인화, DX(디지털 전환) 가속화의 필요성 등의 사회적 배경을 언급하면서 이와 같은 시대에 함양해야 할 자질 · 능력으로 '개별 최적의 배움과 협동적인 배움'을 거듭 강조하였다. 그리고 이를 함양하기 위해 신 학습지도요령의 착실한 실시를 주문하고 학교교육의 질 향상을 위한 ICT의 활용, ICT 활용을 위한 교사의 자질 · 능력의 향상, ICT 환경 정비 방법 등 앞으로 학교교육을 지원하는 기본적인 도구로 ICT 활용이 필수적인 것임을 명시하여 강조하고 있다.

모든 학생의 가능성을 끌어내어 개별 최적의 배움과 협동적인 배움을 실현하기 위한 개혁의 방향을 제시하고 있는데, 이때 ICT 활용이 중요하게 다루어지고 있음을 알 수 있다. 이러한 일본이 지향하는 학교교육을 나타내면 〈그림 1〉과 같다. ICT 활용을 통해 '개별 최적화된 배움과 협동적인 배움'을 실천함으로써 전통적으로 일본의 학교교육에서 추구해온 지 · 덕 · 체가 조화로운 사람을 육성할 수 있다고 보는 것이다.

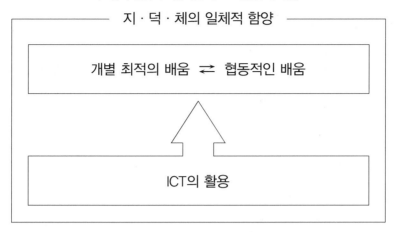

〈그림 1〉 일본이 지향하는 학교교육(연구자 작성)

지 · 덕 · 체의 일체적 함양

개별 최적의 배움 ⇄ 협동적인 배움

ICT의 활용

이상의 검토를 통해 일본에서는 4차 산업혁명 시대에도 전통적인 일본형 학교교육 이념을 계승, 발전시키면서 ICT 활용이나 개별 맞춤형, 협동 등과 같은 전지구적인 이념을 수용하는 형태의 교육개혁을 통해 포스트 코로나 시대의 학교교육상을 제시하고 있음을 알 수 있다.

2. ICT 활용을 통한 개별 최적의 배움과 협동적인 배움의 실현

앞서 검토한 바와 같이 답신의 '레이와의 일본형 학교교육'에 나타난 주요 키워드를 보면 신 학습지도요령에서 제시되었던 '주체적 · 대화적으로 깊은 배움'과 'ICT의 활용'에 덧붙여 '개별 최적의 배움과 협동적인 배움'이 새로운 키워드로 등장하였다. '개별 최적의 배움'은 지도의 개별화와 학습의 개성화를 학습자의 시점에서 정리한 개념이다.

〈표 1〉 개별 최적화된 배움

지도의 개별화	학습의 개성화
'지도의 개별화'란 기초적 · 기본적인 지식 등을 확실하게 습득시키기 위해 ICT의 활용 등에 의해 지원이 필요한 학생에게 대한 더 중점적인 지도에 따른 효과적인 지도를 실시하여, 학생 한 명 한 명의 특성이나 학습 진도 등에 따라 지도 방법 · 교재 등의 유연한 제공 · 설정을 함과 동시에 스스로의 학습을 조정하면서 끈기 있게 임하는 태도를 육성하는 것이다.	'학습의 개성화'란 기초적 · 기본적인 지식 · 기능이나 정보활용능력 등의 학습의 기반이 되는 자질 · 능력 등을 바탕으로 개별 학생에 맞는 학습 활동을 제공함으로써 스스로 학습을 조정하면서 그 학생만의 과제 설정, 학생 자신의 정보 수집, 정리 · 분석, 정리 · 표현 등 주체적으로 학습을 최적화하는 것을 북돋는 것이다.

中村好則(2021: 6)

    신 학습지도요령에서는 '개별 맞춤 지도'를 더욱 중시하고, 지도 방법이나 지도 체제의 개선을 통해 '개별 맞춤 지도'의 충실을 도모함과 동시에 컴퓨터나 정보 통신 네트워크 등 정보 수단을 활용하는 데 필요한 환경을 갖출 것을 제시하고 있기 때문에 이러한 것을 적절히 활용한 학습 활동의 충실을 도모하는 것이 필요하다. 일본에서 개별 맞춤형 교육은 1970년대부터 언급되어온 것으로 새로운 지도 방법을 의미하는 것은 아니다. 단지 지금까지 제시된 것과 다른 점은 ICT 기기의 고성능화 및 다양한 기능, AI 기능 탑재, 클라우드 및 네트워크의 활용이 가능하여 ICT 활용을 통한 개별 맞춤 지도 환경이 갖추어졌다는 것이다. 특히 중앙교육심의회에서는 '학생의 학습 이력(study log)[1]을 비롯한 다양한 교육 데이터를 축적 · 분석 · 활용함으로써 학생은 학습 성과를 가시화하여 자신의 성찰에 활용할 수 있고, 교사에게는 개별 학생의 학습 상황 정보가 제공되기 때문에 이러한 데이터를 바탕으로 세심한 지도 및 평가를 할 수 있다(中央教育審議会, 2021. 1. 26: 73).'고 밝혀 개별 최적

---

[1] 개인별 학습에 관한 기록이나 데이터의 총칭(예: 학습 기록, 성과물의 기록, 성적이나 평가 정보 등) (中央教育審議会, 2021. 1. 26: 73)을 의미한다.

의 배움을 위한 ICT 활용 방안을 제시하고 있다.

한편 다음과 같이 '협동적인 배움'을 통해 ICT의 활용으로 공간적 · 시간적 제약을 넘어 다른 학교 학생들과 서로 배우는 것도 중요함을 적시하고 있다.

'협동적인 배움'에서는 집단 속에 개인이 매몰되지 않도록 '주체적 · 대화적으로 깊은 배움'의 실현을 위해 학생 한 명 한 명의 장점과 가능성을 살림으로써 다른 생각이 어우러져 더 좋은 배움을 만들어 낼 수 있도록 하는 것이 중요하다. '협동적인 배움'에서 같은 공간에 시간을 함께 함으로써 서로의 감성과 생각을 접하고 서로 자극을 주고받는 것의 중요성에 대하여 다시 인식할 필요가 있다. 사람 간의 리얼한 관계 만들기는 사회 형성을 하는 데 반드시 필요한 것이며 지 · 덕 · 체를 일체적으로 함양하기 위해서는 교사와 학생의 관계와 학생 간의 관계, 자신의 감각이나 행동을 통해 이해하는 실습, 실험, 지역사회에서의 다양한 체험활동 등 다양한 장면에서 리얼한 체험을 통해 배우는 것의 중요성이 AI 기술이 고도로 발달한 Society 5.0 시대이기 때문에 더 높아지는 것이다. 그리고 '협동적인 배움'은 동학년 · 학급은 물론 다른 학년의 배움이나 다른 학교의 학생들과의 배움도 포함되는 것이다. ICT를 활용함으로써 공간적 · 시간적 제약을 완화할 수 있기 때문에 '협동적인 배움'도 더욱 발전시킬 수 있다(中央教育審議会, 2021. 1. 26: 16).

이상의 검토를 통해 일본에서는 ICT를 활용함으로써 개별 맞춤형 배움을 실현하고 협동적인 배움으로 발전시켜나가는 등 전 지구적인 이념의 수용을 통해 궁극적으로는 '지 · 덕 · 체의 일체적 함양'이라는 일본형 학교교육의 이념으로 수렴시켜나가고자 하는 것을 알 수 있다.

Ⅲ. 일본의 미래형 학교교육 실현을 위한 노력

1. COVID-19로 인한 학교 교육의 위기

앞 장에서 살펴본 ICT 활용은 코로나19의 영향으로 일본 학교교육의 과제로 증폭되어 나타나게 된다. 2020년 일본에서는 코로나19로 인하여 모든 학교가 임시휴교에 들어갔다. 2020년 2월 27일, 문부과학성은 3월 2일부터 봄방학에 들어가기까지 전국의 초 · 중 · 고등학교에 임시휴교를 요청하였다. 이것은 2차 세계대전 중에도 휴교를 하지 않았던 일본의 학교교육 사상 초유의 일이다.

문부과학성은 '코로나 감염병 대책을 위한 학교의 임시휴업에 관한 공립학교의 학습지도 현황(2020. 4. 16)'을 발표하였는데, 조사 결과를 보면 대부분의 공사립학교에서는 임시휴업 중 교과서나 종이 교재를 활용한 가정학습이었고, 디지털 교과서나 디지털 교재를 활용한 것은 29%다. 특히 '동시 쌍방향의 온라인 지도를 통한 가정학습'은 5%에 불과하다. 이를 통해 아직 일본에서는 인쇄된 종이 교재에 많이 의존하고 있고 ICT 활용이 미진한 것이 포스트 코로나 시대 학교 교육의 과제임을 알 수 있다. 2017년에 개정된 학습지도요령에서 정보활용능력 함양이 강조되어 나타난 점과 이것이 2020년부터 학교현장에 적용되기 시작했다는 점을 고려하면 이를 적극적으로 실현하기 위한 기반 구축 및 지원 부족이 수면 위로 드러난 것이다.

2. 드러난 디지털 교육 격차와 GIGA 스쿨의 가속적 실현

위와 같은 상황을 극복하기 위해 일본에서도 정보활용능력 함양과 그 지도에 힘을 싣기 위해 학생 1인 1대 태블릿 PC 제공과 더불어 고속 대용량의 통신 네크워크 구축, 교원 연수 등을 앞당겨 실시하게 되었다.

사실 문부과학성은 코로나19가 확산되기 이전부터 '학교 교육의 정보화'를 추진해 왔다. 제2기 교육기본법계획(2013. 6. 14)에 따라 '교육의 IT화를 위한 환경 정비 4개년 계획(2014-2017년도)을 세워 2017년까지 4년간 총액 6712억 엔의 지방재정 조치를 취하였다. 이때부터 문부과학성은 자치단체의 ICT 환경 정비 격차를 지적해왔다(2017. 12. 26. 공표). 그리고 2020년도부터 실시되는 초중학교의 신 학습지도요령을 염두에 두고 2018년도 이후 ICT 환경 정비 방침을 제시하고 신속하게 그 재정 조치(2018년도부터 2022년도까지 5년간 매년 1805억 엔)도 도입하였다. 그러나 문부과학성이 공표한 2019년 3월 1일 현재 ICT 환경 정비 상황은 목표와 멀었다(谷川至孝, 2021: 24). 대부분의 학교에서는 ICT 환경 정비가 목표 수준에 미치치 못하고 지역 간에도 격차가 있는 등 과제가 드러난 것이다.

이와 같은 디지털 격차를 완화하고 학생들의 배움을 보장하기 위해 문부과학성은 학생 1인당 1대의 단말기를 제공하는 이른바 'GIGA 스쿨 정책'을 수립하고 점진적 실현을 위해 노력해왔다. 2019년 12월에 공표된 문부과학 대신의 메시지에서는 GIGA 스쿨 구상에 따라 모든 학생의 '개별 최적화된 창의성 함양 교육'의 실현이 중요하게 언급되었다. GIGA는 'Global and Innovation Gateway for All'의 머리글자를 딴 것으로, 학생 1인당 1대의 단말기와 고속 대용량 통신 네트워크를 일체적으로 정비해서 단 한 사람도 소외시키지 않는(Leave No One Behind), 공정하게 개별 최적화된 창의력을 키우는 교육을 전국의 학교 현장에서 지속적으로 실현시키고자 하는 것이다.

문부과학성(2021. 8)의 조사에 따르면 2021년 7월 말 시점을 기준으로 1,742개 자치단체(전국의 96.1%)에서 GIGA 스쿨에 따른 학습자용 단말기 정비가 완료되었다고 한다. 이에 따라 의무교육 단계에 있는 소학교의 96.1%,

중학교의 96.5%가 이미 태블릿 PC를 사용하고 있는 것으로 나타났다.

3. 교육 실천 사례

그렇다면 GIGA 스쿨이 실현되면서 이루어지고 있는 학교교육 양상을 온라인 수업을 중심으로 살펴보자.

일본에서 이루어지고 있는 온라인 수업에는 〈그림 2〉와 같은 Ⅰ형, Ⅱ형, Ⅲ형, Ⅳ형의 네 유형이 있다. Ⅰ형은 대면 수업으로 오프라인 동기 수업이며, Ⅱ형은 실시간 수업으로 온라인 동기 수업이다. Ⅲ형은 온 디멘드(On-Demand) 수업으로 지칭되는 온라인 비동기 수업이다. Ⅳ형은 발신·통신 교육으로 불리는 것으로 오프라인 비동기 수업이다. 온라인 수업에는 Ⅱ형과 Ⅲ형이 있고, 원격수업에는 Ⅱ형, Ⅲ형, Ⅳ형이 있다.

〈그림 2〉 온라인 수업의 유형(相場博明, 2021: 40)

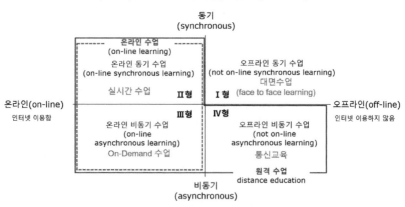

아이바 히로아키(相場博明, 2021: 41)에 따르면 GIGA 스쿨이 거의 실현된 사립 소학교(慶應義塾幼稚舍)의 경우 Ⅲ형이 가장 많이 실천되었다고 한다. 이 유

형의 경우 텍스트나 자작 영상의 공유, 교육 어플, 웹 콘텐츠 등 다양하다. Ⅳ형은 교과서나 문제집, 공작 재료나 과학과의 실험 교재 등을 우편으로 보낸 후 제출은 Ⅲ형과 병행하는 것으로 나타났다. Ⅲ형이 가장 많이 나타난 이유는 로이로 노트(ロイロノート, 카드 공유형 클라우드)를 일상적인 수업에서 사용하고 있고, 교재 업로드와 다운로드, 공유가 무난하게 잘 이루어지기 때문이라고 한다.[2]

일본의 학교 현장에서 이루어지고 있는 수업을 살펴보면 도도부현에 따라 채택하여 사용하는 소프트웨어(LMS)가 다르지만 전국적으로 많은 학교에서 로이로 노트[3]를 활용하는 사례를 어렵지 않게 찾아볼 수 있다. 로이로 노트의 특징은 ① 문자나 그림, 사진 등의 데이터를 카드에 작성하고, 작성한 여러 카드를 연결할 수 있다, ② 만든 카드는 모두에게 공유하거나 특정인에게 보낼 수 있다, ③ 만든 카드를 저장하고 활용할 수 있다. ④ 사고 도구가 있으며 카드 정리나 분류 등을 쉽게 할 수 있다(中村好則他, 2021: 9). 특히 이것은 기존의 공책 대신에 태블릿 PC를 활용하여 개별 학습을 기록하는 것이기 때문에 개별 최적화된 지도를 위해 유용하다.

한편 GIGA 스쿨이 실현되면서 Ⅰ형과 Ⅱ형이 결합된 실천 사례도 소개되고 있다. 우노키 케이타(宇の木啓太, 2021)는 H시에 있는 5개교 소학교 학생 130명을 대상으로 zoom을 활용한 '광역 교류형 온라인 학습'이라는 새로운 형태의 동시 쌍방향 수업 사례를 보고하였다. 이 사례는 H시의 지역 문제 해결을 주제로 관내 여러 소학교 학급을 온라인(zoom)으로 연결하여 현지

---

2   Ⅳ형의 경우 원격 수업의 초기 단계에서 이루어졌는데 학생에게 부담이 크고 제출 상황에도 격차가 발생(相場博明, 2021: 41)하는 문제가 드러났다.

3   초중고, 대학 등 약 1000개 교 이상의 학교에서 도입된 온라인 수업 도구이다. 이외에도 지역에 따라 MetaMoJi, schoolTakt이라는 도구를 사용하고 있다.

중계를 하면서 대학 교수가 수업을 진행하는 형태를 보이고 있다. 학생들은 각 학급에서 담임교사와 대면 수업에 임하면서 동시에 zoom을 통해 실시간으로 다른 학교 학급 학생들과 상호 교류하면서 지역 현황 및 문제를 파악한 후 해결 방안을 잼보드(Jamboard)에 게시하여 공유하고 있다. 그 과정에서 지역 관계자와도 실시간으로 소통을 하는 등 시·공간적인 제약을 넘어 다른 학교 동급생들과의 협동적인 배움을 통해 배움의 폭과 학습의 장을 넓혀가고 있다.

Ⅳ. 일본의 미래형 학교교육 실현을 위한 과제

코로나19와 같은 바이러스 감염병에 대한 대응 경험을 바탕으로 앞으로 예측 불가능한 새로운 감염병 및 재해 발생 시에도 학생들의 배움을 보장할 수 있는 환경을 조성해 나가고 있고, NHK For School[4]이나 각 기업이 무료로 제공하는 다양한 학습 콘텐츠 등도 확대되는 모습을 통해 개별적으로 최적의 학습 및 지원, 시각화가 어려웠던 배움의 지식 공유 등이 가능해졌기 때문에 일본의 학교교육 개혁 실현에 귀추가 주목된다. 그러나 이를 잘 실현하고 정착해 나가기 위해서는 다음과 같은 과제가 있다.

첫째, ICT 활용과 신 학습지도요령을 최적으로 조합해야 한다. 특히 수업 개선에서 '주체적·대화적으로 깊은 배움'을 강조하고 있는 2017년판 학습지도요령을 구현하기 위해 ICT 활용을 어떻게 최적으로 조합할 것인가에

---

4 'NHK For School'은 2011년도부터 사용되어온 일본방송협회(NHK)가 만든 학교용 콘텐츠의 총칭이다. 가정에서 학습할 수 있도록 지원하고 있기 때문에 코로나19로 인해 대부분의 학급에서 활용되고 있어 교사가 활용하는 응용 프로그램 중에서는 가장 활용도가 높다. 동영상은 1분 정도의 짧은 것에서부터 방송 프로그램 형식의 15분 정도까지 폭넓어서 수업의 다양한 장면에서 활용할 수 있다.

대한 학교 현장의 고민이 필요해 보인다. 1인 1대 태블릿 PC 환경을 최대한 살려, 교사가 대면 지도와 원격 · 온라인 교육을 능숙하게 함으로써 다양한 과제를 해결하고 교육의 질을 향상하기 위한 노력이 기대된다.

둘째, 온라인 수업으로 최소한의 학습도 보장받지 못하는 학생에 대한 대처가 필요하다. ICT를 활용한 온라인 수업으로 개별최적화 학습이 향후 어느 정도 정착될 것으로 보인다. 그러나 가정과 학교, 지역별로 격차 발생의 우려가 있다. 이를 고려한 개별최적화 학습이 과제로 남아 있는 것이다.

셋째, '협동적인 배움'을 실현하기 위한 교육 당국의 지속적인 관리가 필요하다. ICT를 활용하는 데 있어서 학생 상호 간 교류를 통해 문제를 발견 · 해결하는 자질 · 능력 육성의 중요성도 한층 높아지고 있다. 그렇지만 현재는 공동 작업을 수행하기 어려운 환경이라는 목소리가 있다.

넷째, 교사 역량 강화를 위한 연수 시간 확보이다. 1인 1대 단말기 보급이 이루어졌다고 하더라도 교사가 이를 제대로 활용하지 못하거나 관심이 없다면 의미가 반감될 것이다. 물론 iPad 등이 학교에 보급됨에 따라 교사 역량이 강화되고 있다고는 하지만 응용 프로그램 버전이 향상되고 학생들의 능력도 교사와 성인을 추월하고 있는 점을 감안한다면 수업에서 활용 능력을 향상시키기 위한 학교 체제를 구축해나가야 할 것이다.

우리나라와 비교하여 비록 학교교육에서 ICT 환경 정비 및 활용 도입이 비교적 늦은 감이 없지 않아 있으나, 정부 차원에서 1인 1대의 태블릿 PC 환경을 정비하고 학교 및 가정의 Wi-Fi 환경을 점차 개선해나가는 모습을 통해 근대 학교교육의 형태에서 탈피한 혁신적인 형태의 교육들이 향후 나타날 것으로 기대된다. 특히 일본의 'ICT 활용을 통한 개별 최적화된 배움'은 우리나라 교육부에서 2022년 교육 과정 개정을 통한 미래교육의 새로운 비전 제시에도 의미하는 바가 크다.

〈 참고문헌 〉

권오현(2019). 2017년·2018년 일본 학습지도요령 개정과 사회과 교육의 주요 변화, **사회과교육연구**, 26(2), 1-20.

이정희(2018). 일본의 자질·능력 중심 사회과 교육 과정, **사회과교육**, 57(3), 105-119.

이정희(2019). 깊은 배움을 실현하기 위한 일본의 사회과 시점·사고방식, **사회과교육**, 58(3), 159-172.

相場博明(2021). オンライン授業の類型化と教育効果の予察的考察. **教育実践学研究**, 第24号, 37-50.

宇の木啓太(2021). 市民的対話を基盤とした社会科地域学習-東広島市広域交流型オンライン社会科地域学習の場合-. 全国社会科教育学会第70回全国研究大会発表資料, 71.

谷川至孝(2021). 個別最適化された学びと協働的な学びとのコラボレーション: コロナ禍から考えるこれからの教育課程. **京都女子大学教職支援センター研究紀要** (003), 17-31.

中村好則他(2021). 中学校数学科における「個別最適化され創造性を育む学び」を実現するための指導モデルの開発. **教育実践研究論文集** (8), 6-11.

文部科学省(2017a). **小学校学習指導要領(平成29年告示)**.

文部科学省(2017b). **小学校学習指導要領(平成29年告示)解説 総則編**.

文部科学省(2020. 4. 21). 新型コロナウイルス感染症対策のための学校の臨時休業に関連した 公立学校における学習指導等の取組状況について.

堀田竜也(2020). 超スマート社会に向けた我が国の初等中等教育の課題と学会活動への期待. **教育情報研究**, 35(3), 3-14.

坂本純一(2021).「社会に開かれた教育課程」における ICT の活用. **教職課程センター研究紀要**, 第4号, 49-58.

中央教育審議会初等中等教育分科会(2020. 10. 7).『「令和の日本型学校教育」の構築を目指して~すべての子供たちの可能性を引き出す, 個別最適な学びと, 協働的な

学びの実現~(中間まとめ)』.

中央教育審議会(2021. 1. 26).「令和の日本型学校教育」の構築を目指して~全ての子供
たちの可能性を引き出す, 個別最適な学びと, 協働的な学びの実現~(答申)【概要】.

제6장

일본의 GIGA 스쿨의 전개[*]

장지은

COVID-19로 인하여 확산된 비대면 실시간 학습의 경험은 기존의 교실 수업 중심으로 이루어진 교육에 대한 인식에 큰 변화를 가져왔다. 한편에서는 교실이라는 공간이 사라져 발생하는 상호작용의 감소, 실재감의 부재 등의 문제 등이 부각되어 비대면 교육의 한계를 노출하였고 다른 한편에서는, 온라인 공간이기 때문이야말로 가능한 경험들, 매체를 매개로 하여 다수의 동시 소통, 정보탐색에서 많은 정보의 수집 및 즉각적 공유, 메타버스와 같이 부캐를 통하여 가상의 세계에서 활동하고 상호작용하는 새로운 경험 등의 가능성을 발견한 부분도 적지 않다. 이와 같은 비대면 실시간의 교육 경험은, 다시 교실교육으로의 회복이 이루어져도 교육환경의 조성과 교육방법의 구사에 있어 이전과는 질적으로 다른 차원의 교육으로 계속될 가능성이

---

[*] 본 글은, 장지은 외 (2022). Japan's GIGA School Initiative: Environmental Change and Its Educational Use. 교육학연구, 60(7). 63-87을 수정 보완하였음.

크다. 일본의 경우, 이와 같은 상황이 코로나19 기간 정책을 통하여 한층 현실화 되어 있다. 그리하여 본고에서는 일본에서, 한국에서 뉴노멀로 논의되고 있는 비대면 실시간 교육이나 컴퓨터 기반의 교육과정운영에 대한 이해와 실천에 대하여, 살펴보고자 한다. 구체적으로는 코로나 19이전부터 전개되어 온 프로그래밍 교육과 코로나 19 기간 확장된 기가스쿨정책을 중심으로한 교육의 새로운 전개이다.

Ⅰ. 프로그래밍 교육

프로그래밍이란, ICT를 다루는 리터러시의 하나로서 ICT를 활용하여 동영상이나 오디오 등으로 자신의 생각을 표현하고 온라인상의 현상을 시뮬레이션 하는 발전적인 조작을 의미한다. 현재, 일본에서는 프로그래밍에 관한 학교교육에 관해서는 중학교 「기술 · 가정」에서 프로그램에 의한 계측, 제어를 필수로 하고 있고 고등학교에서는 공통교과 「정보」의 과목으로 「정보의 과학」에서 프로그램언어 등에 의하여 간단한 알고리즘을 표현하고 자동실행하는 등의 실습을 하고 있다(福本 徹, 2017).

또한, 정부 차원에서는, 이미 2013년도에 「세계최첨단 IT 국가창조선언」이나 「일본재흥전략-JAPAN is BACK-」(수상관저, 2013)[1]에서 프로그래밍의 중요성이 제기되었다. 거기에서는 IT를 사용하는 것뿐만 아니라 IT를 활용하여 과제를 해결하거나 모노즈크리(물건만들기)를 위한 수단으로서 프로그래밍이 인식되고 있었다. 더 나아가 2016년 4월 19일 산업경쟁력협회에서는

---

1 수상관저(2013). 일본재흥전략-JAPAN is BACK-.
   http://www.kantei.go.jp/jp/singi/keizaisaisei/pdf/saik ou_jpn.pdf

초 · 중등교육에서 프로그래밍 교육을 필수화한다고 하는 방향이 제시되었다(수상관저, 2016).[2] 이 결정에는 젊은이가 제4차 산업혁명 시대를 살아내고 주도해 가기 위한 학습기회를 의무교육단계에서 제공하여야 한다는 제언이 포함되어 있다(福本 徹, 2017). 이 결정 후에 행하여진 「초등학교단계에서의 프로그래밍 교육의 본질에 관하여」(문부과학성, 2016)에서는 프로그래밍을, 모든 아이에 대하여 프로그래밍적 사고를 키우기 위한 수단으로서 도입하고자 하였다. 요컨대 프로그래밍 사고란, '자신이 의도하는 일련의 활동을 실현하기 위하여 어떠한 움직임의 조합이 필요하고 하나하나의 움직임에 대응한 기호를, 어떻게 조합하면 좋을까? 기호의 조합을 어떻게 개선하여 가면, 보다 의도한 활동에 가까이 가는가? 라고 하는 것을 논리적으로 생각하는 힘'이라고 정의되고 있다. 그리고 이러한 사고력은, 각 교과에서 육성되어질 것으로 기대되는 사고력의 논리성을 키우는 데에 도움이 된다고 하였다(문부과학성, 2016).[3]

한편 이러한 프로그래밍 교육의 효과에 관하여도 여러 가지로 제언과 실천성과가 나타나 있다. 총무성(2015) 조사[4]에 따르면, 프로그래밍 교육은, 「상상력의 향상, 과제해결력의 향상, 표현력의 향상, 논리적 사고력의 향상」(총무성, 2015)이라고 하는 효과를 내는 가능성이 시사되어 있다. 이외에도 몇 개의 사례를 통하여 정리된 프로그래밍의 교육적 의의는 1) 프로그래밍 숙달자의 육성, 2) 프로그래밍에 의한 고차적 인지능력 육성, 3) 프로그래밍에 의한

---

2 수상관저(2016). 제26회산업경쟁력회의.
   http://www.kantei.go.jp/jp/97_abe/actions/201604/19sangyo_kyosoryoku_kaigi.html
3 문부과학성(2016). 초등학교단계에서의 프로그래밍교육의 방향에 관하여(논의의 정리).
   http://www.mext.go.jp/b_menu/shingi/chousa/shotou/122/attach/1372525.htm
4 총무성(2015). 프로그래밍인재육성의 방향에 관한 조사연구보고서.
   http://www.mext.go.jp/b_menu/shingi/chousa/shotou/122/attach/1372525.htm

교과내용의 이해 촉진, 4) 새로운 미디어로서의 프로그래밍의 가능성, 5) 디지털 사회의 창작활동에의 참여 등 다양하다(国立教育政策研究所, 2016).

위와 같은 프로그래밍 교육은, 목적을 달성하기 위하여 그 절차와 과정을 만들어 내거나 혹은 반대로 어떤 일의 결과로부터 그 과정을 유추하는 능력의 개발에 기여한다고 하는 풍부한 교육적 의의가 있다. 나아가 자신이 추구하는 목표에 이르는 프로세스를, 현실과는 다른 기호에 의하여 구성함으로써 현실의 언어와 가상의 언어를 동시에 활용하며 중층적으로 사고하여 행동할 수 있는 능력 개발 또한 가능해질 것으로 기대된다.

그런데 일본의 교육정책을 통하여 ICT 기반의 교육환경이 만들어 낸 실태는 보다 다양하다. 그것은 단지 알고리즘을 배우는 것, 프로그램적 사고를 행하는 것과는 다소 다른 차원에 있다. 즉 삶과 교육의 다양한 과제에 ICT 기반환경이 활용되며, 교육과 삶을 풍부하게 해주는 점이다. 이러한 실태를 이해하기 위해서는 협동학습·공동학습의 툴로서의 ICT 환경을 이해하는 관점에도 주목할 필요가 있다. 일본의 국립교육정책연구소가 수행한 조사연구에서는 해외의 디지털 툴을 다양하게 소개하며 그 교육적 의의를 정리하고 있는데 그중에서도 널리지 포럼과 같은 툴은 학생들이 함께 상호작용하고 개인과 집단의 사고를 비교하는 가운데서 발견학습을 하며 지식을 구축해 가는 경우도 있어 ICT 교육에서 고려하는 중요한 방향이라고 할 수 있다.

II. 협동과 상호작용을 기반으로 하는 디지털 툴

디지털 공간에서는, 오프라인상에서 종이나 펜으로 다 표현하지 못하는 문제나, 상호작용에서 생기는 허들을 보다 최소화하는 가운데 공동학습의 효과를 달성하는 예도 있다. 이러한 경우, 디지털 툴은 교과교육에서 교육 효과를 높이는 데도 활용되지만, 또 다른 한편에서는 인지적 능력이 성장하는 과정과 병행하여 '사회성' 및 '상호작용능력', '집단에의 적응' 등의 감각도 키울 수 있다. 해외에서 개발된 다양한 ICT 기반의 온라인 툴은 Group Scribble, Model-It, BioKids, Thinker Tool, WISE, Knowledge Forum 등 다양하다. 그 가운데 특별히 상호작용 및 집단과정을 통하여 지식을 발견하고 이해하며 구성하여 가는 툴의 예로서 Knowledge Forum을 보면 다음과 같은 학습과정의 특징을 보여준다.

일본의 국립교육정책연구소가 발행한 연구보고서에 따르면, 지식 포럼 (Knowledge Forum)은 토론토 대학 OISE의 지식구축프로젝트 그룹이 개발하여 약 30년간에 걸치어 활용되며 발전된 전자게시판 시스템이다(Scardamalia & Bereter, 2006, 2009). 지식 포럼의 기능 자체는 심플하다. 이용자가 2차원 배치 가능한 맵 위에서 생각을 표현하고 서로 링크를 하면서 코멘트를 입력한다. 글을 써서 넣을 때는, '나의 생각은' '이해하고 싶은 것은' '정리를 하자면' 등과 같이 표제를 붙일 수 있다. 표제에 따라서 아이들은 그 표제에 대한 자신의 생각을 적기도 하고 모두의 생각을 살펴보고 '다음에 배우고 싶은 것'을 발견하고, 생각을 정리하여 한 단계 더욱 조감된 설명을 시도하기도 한다. 이러한 지식 포럼에는 아이들의 어휘의 성장 · 작문과정 · 상호작용 · 각자의 공헌 등을 볼 수 있는 자동분석 툴이 내장되어 있다. 그리고 아이들도 교사도 그 결과를 보면서 탐구과정을 반복, 심화하는 것이다. 더 나아가 자신들의 어휘나 생각을 보면서 다른 한편에서는 이러한 문제나 과제에 대하여 실제 사회에서 활동하는 전문가 그룹의 논의에서 나타나는 어휘 등을 비교할 수 있다(国立教育政策研究所, 2016).

Scardamalia, M.(2014)은 이와 같은 학습 과정에 대하여 '21세기형 스킬'을 매개로 하는 학습과정의 특징으로서 의의 짓고 다음과 같이 설명한다. 즉 지식구축의 프로세스에 참여함으로써 아동이나 학생은 이노베이티한 능력을 키우고 타인에 있어서도 가치가 있는 공공적 지식을 만들고 지식발전에 대한 집단책임을 가지면서 지식의 구성에 도달한다고 한다. 그리고 이러한 학습에 21세기형의 스킬이 불가결한 점을 말하고 있다(Scardamalia, M., 2014, 103-105: 国立教育政策研究所, 2016에서 재인용).

그리하여 위와 같이 21세기형의 스킬이라고 논의되는 것같이 ICT 기반의 학습을 수행할 수 있도록 하는 기반 능력으로서의 리터러시는 한편에서는 디지털 기기나 테크놀로지가 있기 때문이야말로 가능한 프로그램이 제공하는 알고리즘의 교육적 가치를 배우고 익히고 실행하는 것이다. 그리고 다른 한편에서는 함께 살아가는 가운데 만나는 다양한 과제에 대하여 공동대응 및 협동의 툴로서 ICT를 합리적으로 활용하여 공동의 유익함을 도모하는 능력일 것이다. 이후 살펴볼 일본의 GIGA 스쿨은 이와 같은 교육의 방향성에 대한 하드웨어적, 시스템적 조건정비라고 말할 수 있다. 이러한 관점을 토대로 하여 일본의 GIGA 스쿨을 살펴보도록 한다.

Ⅲ. GIGA 스쿨

문부과학성의 GIGA 스쿨의 정책은, 일방식이나 라이프 스타일의 변화에 대한 사회전망에 기반하여 수립되었다. 현대사회의 경제양상이 IoT나 빅테이터, 인공지능, 로봇테이크 등으로 대표되는 제4차 산업혁명이라고 불리는 변화 가운데 있어, 아이들에게 최적화되어 창조성을 키우는 ICT 환경을 구현하기 위하여 「GIGA 스쿨 구상의 실현에 관하여」를 제창하고 아동 및 학생 한 사람에게 한 대의 단말기를 제공하는 환경 정비를 추진하였다(日高純司 외, 2021). 물론 이러한 정책이 행하여지기 전에도 이미 선행연구에서는 단말 기가 정비된 환경에서 전개되는 학습활동이 아동 및 학생의 학습효과를 높 이는 것은 제시되어 있었다(清水康敬, 2014).

일본에서는 2017년에 고지된 「중학교 학습지도 요령」(문부과학성)에서 정 보활용능력이야말로 학습의 기반이 되는 자질·능력 이라고 위치매김하여 정보교육이나 교과 등의 지도에서 ICT 활용, 교육의 정보화에 관한 내용의 충실이 이루어질 것이 제기되었다. 그리고 레이와(令和) 2년(2020년) 6월, 「교 육정보화에 관한 안내서」(문부과학성)에서 교육의 정보화를 1) 정보교육, 2) 교과지도에서의 ICT 활용, 3) 교무의 정보화 등 3가지 측면으로 구성하고 그 기반으로서 교사의 ICT 활용 지도력의 향상, 학교의 ICT 활용 지도력의 향상, 학교의 ICT 환경의 정비, 교육정보 세큘러티의 확보를 제언하였다. 이 에 따라 교내에서의 ICT 기기에 관해서, 퍼스컴이나 태블릿 단말, 그 외의 기기가 정비되었다. 그러나 선행연구에서는 정작 수업에서 ICT 기기가 충 분히 활용되지 않고 있고 교사도 태블릿 활용을 통하여 지도하기 원하나 그 활용도는 낮다고 지적되는 가운데 GIGA 스쿨을 통하여 ICT 기기의 효과적 활용 위에 구체적인 수업장면 학습장면을 상정한 교육연수가 필요하다는 논 의도 계속되었다(日高純司 외, 2021).

또한, GIGA 스쿨이, 착수되기 전에 이미 문부과학성자료에서는 ICT 교 육의 중요성에 대한 제언이 보여졌다. 2017년에 고시된 학습지도요령에서는 「각 교과 등의 학습기반이 되는 자질·능력 으로서」 총칙에 언어활동이나 문제발견, 해결능력과 나란히 정보활용능력(정보모릴을 포함)이 거론되었다. 또 한, 초등학교학습지도요령에는 「아동이 컴퓨터로 문자를 입력하는 등의 학 습기반으로서 정보 수단의 기본적인 조작을 습득하기 위한 학습활동」을 계획적으로 실시할 것이 제시되었다(문부과학성, 2017). 나아가 그 전에 문부과학성(2015)은 초등학교 5학년생 및 중학교 2학년생의 아동학생, 각각 약 3,000명을 대상으로, 정보활용능력의 습득상황을 측정하는 조사를 실시하였다. 그 결과, 학교에서 ICT를 활용하는 빈도가 높은 학교의 아동학생은, 정보활용능력이 높은 것으로 나타났다(佐藤 和紀, 2021).

그러나 현실은 OECD의 국제학업성취도평가(이하, PISA 2018)의 ICT활용 조사의 결과, 일본은 학교수업에서 디지털 기기(스마트폰 등을 포함)의 이용 시간이 짧고 OECD 가맹국 중, 하위였다. '컴퓨터를 사용하여 숙제를 한다', '열람자료를 찾기 위하여 수업 후에 인터넷을 열람한다' 등 수업 외의 ICT를, 학습도구로서 활용하는 경험은 OECD 국가와 비교하여 적다. 이러한 사실은 일본의 학교에 ICT 환경 정비의 지체가, PISA에서 요구되는 자질·능력에 영향을 준 것으로 이해되었고 이러한 상황이 계속되면 정보활용능력의 육성이 곤란하다고 판단되었던 것이다(国立教育政策研究所, 2019).

이러한 가운데 중앙교육심의회(문부과학성, 2021)에서는 '빅데이터의 활용 등을 포함하여 사회전체의 디지털 트랜스포메이션(DX) 가속을 표방하며, 학교교육의 방향도 검토할 필요'를 제시하였다. 그리고 교육정보화를 추진하기 위하여 GIGA School(Global and Innovation Gateway for All) 구상을 내걸고 2022년도를 목표로 하여 공립 초·중학교의 모든 아동학생에게 1인 1대의 정보단말기를 제공하기로 했다. 그런데 코로나19에 의한 휴교조치에 의하여 아동학생의 학습이 정체되자, GIGA 스쿨 구상이 앞당겨져서 2020년 말을 목표로 하여 정책이 추진된 것이다(문부과학성, 2020). 이러한 조치로 인하여 언제든지, 어디서든지 배움을 보장하기 위해 1인 1대의 단말기 정비가 실현되었고 나아가 1인 1계정, 초고속네트워크, 단말의 소지 귀가가 가능하게 된 것이다(佐藤 和紀, 2021).

원래 2019년도 보정예산으로 성립한 GIGA 스쿨 구상의 실현은 레이와 시대의 학교상으로서, 2,319억 엔이 투입되어 추진되었다. 그리고 코로나19로 인하여 전국적으로 학교의 임시휴교조치가 내려지자,「긴급할 때도 배움을 계속하기 위한 인프라」로서 ICT 환경정비가 급선무가 되는 가운데 2020년도에 보정예산으로서「기가스쿨 구상의 가속화를 위한 배움의 보장」에 2,292억 엔이 계상되었다. 이로 인하여 2020년도에 1인 1대의 단말기정비 완료를 전망했던 것이다(今井裕一, 2021).

최근의 문부성조사결과를 정리한 보고[5]에 의하면, GIGA 스쿨 구상으로 정비된 1인 1대의 단말기의 이용 상황 검토를 위하여 조사연구협력자회의가 3회째 개최되었다. 이러한 가운데 발표된 실태조사에서 2021년 7월 시점에, 전국의 지자체의 96.1%에 해당하는 1,742지자체에서 GIGA 스쿨에 의한 학습자용 단말기 정비가 완료되었다. 그리고 전국의 공립초등학교의 96.1%, 중학교의 96.5%에서 GIGA 스쿨의 단말기 이용 · 활용이 개시되었다. 정비완료된 단말기의 OS는, 대수를 기준으로 하여 Chrome OS가 40.1%, Windows가 30.4%, iOS가 29.0%, Android나 MacOS를 포함하는 그 외의 것이 0.5%였다(문부과학성「端末の利活用状況等の実態調査」). 나아가 향후 교육과제로서 지적되고 있는 것은 학교의 학습지도에서의 활용, 교원의 ICT 활용 지도력, 지참귀가 관련 등이다. 감염증대책이나 재해 등의 비상시, 단말기의 지참, 귀가 후 학습 실시에 관하여서 64.3%의 지자체가 허용하고 있고 31.9%가 준비 중이다(문부과학성「端末の利活用状況等の実態調査」).

---

5   小槌健太郞(2021.9) 文部科学省, GIGAスクール構想の整備状況と課題の調査を公表.
     https://project.nikkeibp.co.jp/pc/atcl/19/06/21/00003/090100268/

1. GIGA 스쿨의 전개와 효과

이렇게 추진된 GIGA 스쿨의 전개와 효과를 살펴보기 위해 먼저 성과가 발표되어 있는 실천학교 사례 등을 고찰하였는데 실천학교에서의 사례연구 결과는 향후 ICT 활용 교육에 많은 시사점을 주고 있어 주목할 만한다.

해당연구는, GIGA 스쿨 구성의 표준사양에 따라서 ICT 환경이 정비되고 1인 1대 단말기를 활용하는 학교에서 ICT 활용에 관한 아동과 교사에 대한 조사를 통하여 ICT 활용과 교사의 지도 특징을 검토한 것이다. 연구의 방법은, 1인 1대 단말기를 활용한 실천을, 솔선하여 먼저 실시한 공립초등학교 학급을 대상으로 하여 ICT 활용에 관한 세 가지의 조사를 행하였다. 첫째, 일본 평균 기준과 OECD 국가 기준을 비교하여 얻은 아동의 ICT 활용 능력의 변화이다. 둘째, 이러한 변화가 나오기까지 아동들의 행동을 분석한 것이다. 셋째, 학생들에 대한 교사의 교수 전략적 행동이다.

결과적으로 아동은 1인 1대의 정보단말기를, 매일 활동 속에서 여러 가지 어플리케이션을 조합하여 활용하고 클라우드 위에서 커뮤니케이션을 한다. 그리고 교사는 학교 내의 정보단말기 활용에 관하여 지도하는 특징을 보인다. 연구결과는 구체적으로 다음과 같다. 첫째, GIGA 스쿨의 실행학교가 일본사회의 평균정보활용능력과 OECD 국가의 정보활용능력을 비교한 결과를 보면, ICT장비구비를 토대로 하여 교육실천을 단행한 효과가 있다. 정보활용 면에서 실천학교는 종래에 비하여 그리고 정보활용능력 선진국에 비하여서도 상당한 높은 성취를 보이고 있다(佐藤 和紀, 2021).

둘째, 이러한 성과를 위하여 학생들의 노력 요인으로서는 다음과 같은 일곱가지 행동이 나타났다. 1) 매일 학습 속에서 빈번히 단말기를 사용한다, 2) 클라우드에서 공동편집이나 이야기를 하고 질문을 한다, 3) 조사하고 정리하고 표현하고 통합한다, 4) 조사한 정보를 확인한다, 5) 학습 스케줄 조정에 사용한다, 6) 노트 등 이제까지 학습과의 밸런스를 생각한다, 7) 메일 등에서는 상대방을 상처주지 않으려고 의식하고 학습에 착수해온 것이다.

셋째, 교사들의 ICT 활용지도력에서도 〈표-1〉에서와 같이 보다 학습자 중심의 활용을 위하여 배려하는 모습을 알 수 있다.

〈표 1〉 조사3 : 교사의 회답

	교사의 대답	도입 초기의 과제
1	A. 수업 중에 인터넷으로 검색하는 것을 허용하고 학습에 관한 것의 사용은 자유롭게 하도록 한다. B. 조사학습을 자주학습으로 적극적으로 도입하여 학습지도의 중심으로 위치매김한다.	학습목표나 과제에 관련된 것을 조사하도록 의식하여 지도함
2	A. 수업 후에는 직접 지도할 수 없기 때문에 인터넷을 활용하는 지도를 하지 못하였다. B. 가정에서는 학습 외에 사용하지 않을까 하는 학부모의 염려가 크다.	-학습목표나 과제에 관련된 것을 조사하는 것을 의식하여 지도함. -가정에서 학습 이외에 사용하는 것은 아닌가 하는 보호자의 걱정을 고려할 것
3	A. 공동편집에서 친구를 초대할 때 메일을 사용하였다. 초대이외에는 메일을 활용하지 않는다. 개인 간 메일은 통제가 안 되므로 B. 학교생활을 보다 잘하기 위하여 차트를 개인끼리나 그룹으로 적극 활용할 것을 촉구하였다.	교사가 항상 확인할 수 있는 환경에서 대응할 것
4	A. 구글 클래스룸을 사용하여 과제의 배부와 회수를 한다. B. 구글 클래스룸을 활용하여 과제 배부나 제출 활동을 적극적으로 실시한다.	LMS의 활용 방법을 지도 한 위에서 대응할 것

자료: 佐藤 和紀, 2021

2. 수업설계와 교사연수

한편 또 다른 사례에서는 연구자와 연계하여 GIGA 스쿨이 구현되었을 때 필요한 수업제안과 이에 기반한 교사연수 사례도 연구되었다. 미야자키현(宮崎縣) 사이토시(西都市)에서는 2년 전부터 각 초·중학교에 학교규모에 따라 학습자용 태블릿(본교 120대)과 학습지원소프트, 무선 LAN 환경이 정비되었다. 이러한 환경을 살리어, 교원의 ICT 활용지도력의 향상을 도모하면서, 일상의 교과 등의 지도에서 ICT를 효과적으로 활용할 교육방법의 습득에 노력하고 있다. 연구자와의 연계에 의하여 본교에서는 아래와 같은 제안수업이 기획되어 운영되었고 참관수업이 있었으며, 이 성과를 토대로 하여 2020년 7월에 교내 교사 연수를 행하였다. 아래의 제안수업 내용을 보면, 수업 설계 차원에서 ICT 활용의 기획이 반영되는 것을 알 수 있고 수업효과성이 제고된 것을 이해할 수 있다(日高 純司·小林 博典, 2021).

〈표-2〉 ICT 활용 장면을 적용한 학습지도안

수업 시간	2020년 7월 8일	학년 및 과목	중학교 2학년 3반	사회
단원명	세계로부터 본 일본의 자원 에너지와 산업			
단원의 개요	-SDGs에 관심을 가지고 목표달성을 위한 대책에 관하여 생각하여 보자(사회현상에 대한 관심, 의욕, 태도). -공업지역의 입지조건의 변용에 관하여 고찰할 수 있다(사회적 사고, 판단, 표현). -산업별 인구 그래프나 소매점의 매출액 그래프 등의 자료에서 제3차 산업의 급성장하는 것을 읽을 수 있다(관찰 및 참고자료의 활용). -일본이 각지의 기후를 살리어 농업을 행하는 것을 이해할 수 있다(사회적 사상에 관한 지식, 이해).			
단원의 흐름	1. 세계의 자원 에너지와 산업 2. 일본의 자원 에너지와 환경 문제 3. 일본의 농림수산업 4. 일본의 공업 5. 일본의 상업 서비스업			

본 시의 목표	산업별 인구 그래프나 소매점의 매출고 그래프 등의 자료에서 제3차 산업의 급성장을 읽을 수 있다(관찰 및 자료 활용의 기능).
본 시의 수업 형태	□√ 전체학습　　□ 소인수 학습　　□ 학습성숙도별 학습 □√ 그룹학습　　□ 개별학습

ICT 활용 장면	
수업 장면	2학년 3반 교실
ICT 기기활용장면	□√수업에 도입 장면　□√목표나 과제를 제시하는 장면　□√ 전개 장면 □√정리 장면　□√학생의 학습심화장면　□√ 학생 발표 장면
활용자	□ √지도자　　□√ 학습자　　□ 그 외
활용 기기	□ √대형모니터　□ √교사용 태블릿　□ √ 학습자용 태블릿 □실물투영기　□ 그 외
활용 콘텐츠	□ √ xSyne Classroom　□ 디지털 교과서　□√ 프레젠테이션쇼프트 □ 그 외
태블릿 활용 형태	□ 1인 1대　□ √ 학습모듬별 1대　□ 그 외

학습지도과정	
학습의 흐름	ICT 활용장면
1. 중학생의 장래 꿈의 랭킹 조사	1. 앙케이트 결과 제시를 행하고 본 시의 학습 내용에 대한 동기부여
중학생의 꿈에는 어떤 특징이 있을까?	
2. 제1차-3차산업의 정의와 유형을 이해한다.	2. 각 산업의 화상을 제시하고 이해를 촉진한다.
3. 제3차 산업과 상업의 취업자 비율을 비교한다.	3. 취업자 비율 그래프를 제시하여 비교하며 특징을 읽어낸다.
4. 백화점의 판매이익이 내려가는 이유를 살펴본다.	4. 그래프와 화상을 제시하고 관점을 모은다.
5. 산업별 국내 총생산량 그래프로부터 3차산업 급증을 읽어낸다.	5. 산업별 국가총생산량의 그래프를 제시하여 비교한다.
6. 6차산업을 알아본다. 7. 새로운 6차산업의 형태를 고안한다.	6.7. 학습그룹별 태블릿을 활용하여 새로운 6차산업의 형태를 이야기하고 고안하여 발표한다.
8. 학습과제에 대한 대답을 정리한다.	8. 중학생이 선호하는 꿈을, 제3차 산업으로 바꾸어 정리한다.
학습활동효과	-도입에서 학생의 꿈 랭킹을 애니메이션으로 하나씩 제시하여 흥미를 유발함. -화상이나 그래프를 타이밍 좋게 제시하여 학습 내용의 이해를 심화. -태블릿에 기입한 것을 그대로 투영하기 때문에 학생의 의견을 빠짐없이 전체 공유가능. -복수의 색을 사용하기 때문에 강조가 가능하고 가독성이 높은 배합이 가능. -학교생활 외에서도 태블릿에 입력이 가능하여 수업에의 적극적인 참여를 촉진.

자료: 日高 純司・小林 博典, 2021

본 수업에서는 전개 장면 전체를 통하여 학습 내용의 심화 이해를 위하여 화상이나 그래프가 제시되었다. 특히 그래프의 제시에서는 애니메이션에 고안을 더하여 학생의 흥미 환기나 학습내용 이해를 심화하였다. 토론에서는 대화의 관점이 되는 화상이나 그래프를 제시하여 효과적인 토론이 되도록 고안하였다. 또한 학습자용 태블릿을 각 모듬에 배부하여 화이트 보드 기능을 활용하여 활발한 의견의 입력 및 교환을 하도록 한다. 각 모듬의 발표순서를 제시하고 대형모니터에는 모듬 전체의 의견이 제시되도록 하여 이해를 촉진하는 발표 활동을 운영하고 있었다.

교사 연수에서는 수업에서의 ICT의 효과적인 활용 방법에 관하여 이해를 심화함과 함께 교내에 정비되어 있는 ICT 기기와 1인 1대의 학습자용 태블릿 단말기의 조작방법을 익히어 교원의 ICT 활용 지도력이 향상되도록 추진되었다(日高 純司·小林 博典, 2021).

3. GIGA 스쿨, 1인1대의 다양한 활용

위와 같이 GIGA 스쿨의 전개는 수업에서 ICT 활용을 통한 효과적인 수업 참여와 학습목적 달성에 기여하고 있지만, 다른 한편에서는 학생들의 개인학습 및 그룹 활동에도 주체적으로 폭넓게 활용되고 있다. 각 지자체별로 홍보하는 GIGA 스쿨의 실천사례들을 보면, 단말기를 사용하여 자료 검색뿐만 아니라 평소 관심을 가지고 있는 어학연습, 실기역량 강화에도 활용되고 특별활동의 공동활동에도 활용되고 있다. 그리고 귀가 후 개인학습에도 활용되고 있다. 이와 같이 단말기의 빈번한 사용을 통하여 학생들은 자신의 학습 및 활동과제에 대하여 자유롭게 고안하고 실천하고 있다.

〈그림 1〉 GIGA 스쿨에서 ICT 활용 모습

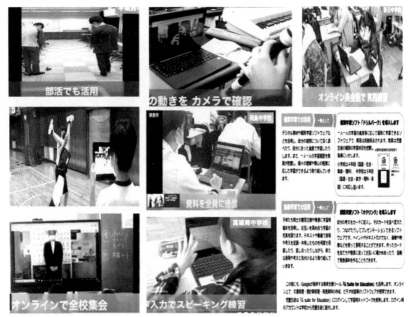

출처: Nara시 홈페이지 자료를 필자가 편집

Ⅳ. 마무리

코로나19 이전부터 국제화, 4차산업 혁명 등을 통하여 테크놀로지를 기반으로 한 매체의 발달은, 인간의 교류와 활동공간의 확장을 가져오고 있다. 수렵사회(Society 1.0), 농경사회(Society 2.0), 공업사회(Society 3.0), 정보사회(Society 4.0), 그리고 이제는 가상공간과 현실공간을 융합하는 Society 5.0을 경험하고 있다. 그로 인하여 선진국을 중심으로 한 각국의 교육정책은, 21세기 유비쿼터스 사회를 살아가는 창의적인 인간상의 확립과 육성의 과제에 다양한 ICT를 기반으로 한 스킬의 이해와 활용이 융합되고 있다. 그리고 이러한 가운데 코로나19 발생으로 인하여 불가피한 비대면 사회에 직면하자, ICT 기반의 디지털 툴의 이해와 활용은, 이제 인재양성뿐만 아니라 살아가고 살아내는 사회화의 과제로서도 필요로 되고 있다.

본고에서는 이러한 과제를 일본의 교육정책 이해와 실행을 살펴보며, 확인하였다. 구체적으로는 다음과 같다. 첫째, 프로그래밍 교육을 통하여 알고리즘의 이해를 기반으로 하여, 목적을 이루는 절차와 방법을 디자인하고 이를 실현하는 계획적 미래설계적 인재 양성에 주력하는 것을 알 수 있었다. 둘째, GIGA 스쿨의 실천을 통하여 ICT 기반의 디지털 툴을 활용하여 과제를 해결하는 자율성의 획득과, 매체를 통한 상호작용에 기반한 사회성 함양에도 효과를 거두고 있음을 확인하였다.

디지털 리터러시는 학습과제의 해결 및 생활 속의 상호작용에서, 기기의 이해가 활용을 통하여 구체화될 때, 실제적인 능력으로서 육성됨을 추론할 수 있다. 향후, 기기 적응을 위한 교육과 이를 활용하는 다양한 문제에 연계한 실행이 아동 및 교수자에게 동시에 이루어져야 하고 이를 위한 교육프로그램 개발이 추진되어야 할 것이다. 이는 우리 사회의 비대면 교육 확장에도 참고할 사항이겠다.

〈 참고문헌 〉

福本 徹(2017). ICT Literacy and Competencies for the 21st Century and National Curriculum. 国立教育政策研究所紀要, 146, 79-93.

佐藤 和紀 외(2021). 1人1台情報端末の導入初期における児童によるICT 活用と教師の指導の特徴. 日本教育工学会論文誌 45(3), 353-364.

日高 純司・小林 博典(2021). GIGAスクール構想の実現に向けた校内研修の推進に関

する研究. 宮崎大学教育学部紀要, 98, 1-14.

今井裕一(2021). 文部科学省令和3年度予算からGIGAスクール構想のこれからを展望. https://www.pc-webzine.com/entry/2021/02/3giga.html

清水康敬(2014). 1人1台端末の学習環境の動向と研究. 日本教育工学会論文誌 38(3), 183-192.

国立教育政策研究所(2016). 資質・能力を育成する教育課程の在り方に関する研究(자질・능력을 육성하는 교육과정의 방향에 관한 연구). 연구보고서.

文部科学省(1997). 体系的な情報教育の実施に向けて(平成9年10月3日). http://www.mext.go.jp/b_menu/shingi/chousa/shotou/002/toushin/980801.htm

首相官邸(2013). 『日本再興戦略-JAPAN is BACK-』. http://www.kantei.go.jp/jp/singi/keizaisaisei/pdf/saik ou_jpn.pdf

首相官邸(2016). 第26回産業競争力会議. http://www.kantei.go.jp/jp/97_abe/actions/201604/19sangyo_kyosoryoku_kaigi.html

文部科学省(2016). 小学校段階におけるプログラミング教育の在り方について(議論の取りまとめ). http://www.mext.go.jp/b_menu/shingi/chousa/shotou/122/attach/1372525.htm

総務省(2015). プログラミング人材育成の在り方に関する調査研究. https://www.soumu.go.jp/main_content/000361429.pdf.

国立教育政策研究所(2019). OECD 生徒の学習到達度調査(PISA) Programme for International Student Assessment 2018年調査補足資料-生徒の学校・学校外における ICT 利用.

文部科学省(2020). GIGAスクール構想の実現に関する補助事業の概要. https://www.mext.go.jp/content/20200226_mxt_syot o01-000004170_02.pdf19

Scardamalia, M.(2014). "Designs for Principle-Based Innovation in Education." Talk presented at ICCE 2014, Nara, Japan.

제7장

학령기 인구 감소에 따른 일본의 초 · 중등교육 정책 현황과 시사점:
'의무교육특례'를 중심으로[*]

조규복

I. 일본 교원 지원율 감소와 의무교육특례

일본 문부과학성은 2021년 5월에 '교육직원면허법 시행규칙'을 일부 개정하였다. 이번 개정의 목적은 대학에서의 학교급 간 교과 간 교직과정 이수 과목 연계를 보다 용이하게 하기 위한 것이다. 이번 법 개정을 보도한 니케이신문(日経新聞)(2020)에 의하면 초등학교와 중학교 교원 자격을 취득하기 위한 단위수 중에 초 · 중학교 간에 서로 내용이 유사한 교과지도법과 교육실천 등의 과목 단위를 공통으로 묶어 전체 필수 단위수를 4분의 1정도까지 줄일 수 있게 되었다. 또한 과목 간에도 유사한 과목의 경우 공통으로 묶어 예비교원과 대학의 부담을 줄이게 되었다. 이에 따라 대학의 해당 과목을 가

---

[*] 이 장은 조규복(2021). 학령기 인구 감소에 따른 초중등교육 정책 현황과 시사점. 한국일본교육학회 2021년 학술대회 발표자료집의 원고를 보완한 것이다.

르치는 전임교원도 양쪽을 모두 포괄할 수 있게 됨에 따라 대학으로서도 교직과정 신설 및 운영이 보다 용이해질 것이다.

이러한 법 개정을 위해 문부과학성은 중앙교육심의회 초등·중등교육분과회 교원양성부회를 통해 8회에 걸쳐 논의를 진행하였고, 그 결과를 2020년 2월에 '복수의 학과 간 대학 간 공동 교직과정 실시 체제에 대해서'라는 보고서(中央教育審議会 2020)로 정리하였다. 이 보고서 서두에 이처럼 학교급 간 과목 간 교직과정의 연계성을 높이는 배경에 대해서 3가지가 언급되어 있다.

첫째, 초등학교에서의 외국어 교육, 특별한 지원이 필요한 학생 이해, 정보기기 활용 지도법 등 필수 이수내용이 확대됨에 따라 대학 내 다른 학과의 과목이나 다른 대학의 교직과목 등을 이수할 수 있는 체제를 마련할 필요가 있다.

둘째, 학생 수 감소로 학교 규모가 축소되면서 한 명의 교사가 복수의 학교급 및 교과를 담당하는 것이 요구되고 있고, 이미 초등학교 고학년에서의 교과담임제 도입이 본격화됨에 따라 초등학교와 중학교의 교원자격증을 함께 취득하는 것이 보다 용이하도록 학교급 간 과목 간 유사한 교직과목을 공통화할 필요가 있다.

셋째, 교원채용 인원이 적은 미술, 기술, 가정교과 등의 교원면허증을 해당 지역 내 대학에서도 취득하고 해당 교과의 연수가 진행되는 체제가 필요하다.

그러나 여기에서 빠져 있는 배경으로 교원지원율 감소를 언급할 수 있다. 일본 문부과학성(2022)에 의하면 초·중등 교원채용시험 경쟁률은 2000년 13.3배를 정점으로 매년 줄어들어 2021년에는 3.8배로 최저가 되었다(〈그림1〉 참조). 초등학교는 2.6배, 중학교 4.4배, 고등학교는 6.6배였다. 이렇게 경쟁률이 줄게 되면 일정 수준 이상의 학생 선발이 어려워지면서 카와사키(川崎)

(2019)가 언급했듯이 양질의 교원양성이 곤란하게 되면서 초·중등 교원이 부족하게 되고 학교교육의 질 저하로 이어질 수 있다.

〈그림 1〉 일본의 초중등 교원 경쟁률 추이(문부과학성 2022)

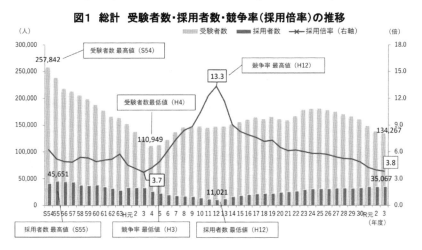

학생 수 감소 추세 이상으로 교사 지원자 감소 추세가 가파르게 문제로 다가오고 있는 이유에 대해서 카와사키(川崎)(2019)도 언급했듯이 단괴세대가 대량 퇴직하고 있고, 민간기업으로의 취업이 이전보다 수월해지면서 학교 교원이 더욱 부족해지고 있는 것을 꼽을 수 있다. 예를 들어 교사가 되고자 초등 혹은 중등 교직과정을 이수하는 학생수 자체가 이전에 비해 줄어들고 있지만 그 학생들조차도 학교 교사보다 훨씬 더 높은 연봉을 받을 수 있는 기업에 취직하기가 수월해져서 교원채용시험을 미리 포기하는 학생들이 증가하고 있다. 이러한 배경 아래 학생 수 감소와 교원 지원대학생 감소 문제를 타개하기 위한 묘책으로 내놓은 것이 '의무교육특례'로서 대학 교직과정에 대한 융합적 접근이라고 말할 수 있다. 참고로 '의무교육특례'라는 용어 자체는 2021년 5월에 개정된 '교육직원면허법 시행규칙'에 언급되어 있지 않지만 문부과학성(2021)에서 교원양성단계에서 면허 취득에 필요한 총 단위 수를 경감하는 '의무교육특례'를 2021년에 신설하고 2022년부터 적용하는 것으로 기재되어 있는데 본고에서는 단위 수 경감을 포함한 '의무교육특례'에 주목하고자 한다.

학생 수와 교사 지원자 수 감소라는 양적 어려움 극복과 학생 맞춤형 학교급 간 교과융합적 교원전문성 함양이라는 질적 목표 달성이라는 일석이조를 노린 것으로 보인다. 이러한 관점 아래 '의무교육특례'를 중심으로 한 일본의 대응 배경에 대해 좀 더 알아보고 그 의미를 음미할 필요가 있다. 이를 위해 (1) 기존의 일본의 학령인구 감소에 대한 교육정책 중에서 '의무교육특례'와 관련된 제도를 살펴본 후 (2) '의무교육특례'의 의미와 시사점을 정리해보고자 한다.

II. 의무교육특례와 관련 정책 및 시사점

본인은 2019년 9월에 국가교육과정포럼에서 일본의 학령인구 감소에 대한 소규모 학교 대응 정책에 대해 발표한 적이 있다(조규복 2019). 일본의 관련 정책 27개를 정리하고 이를 3단계로 구분하였는데(〈표 1〉 참고), 그 구분 전에 일본의 소규모학교 정책을 이해하기 위해 3가지 파악할 사항을 언급하였다. 의무교육특례를 알아보기 위해서도 전제되어야 할 것으로 판단되어 여기에 다시 **재인용**하고자 한다.

〈표 1〉 학령인구 감소로 인한 학교통폐합 및 소규모 학교 관련 정책 구분(조규복, 2019)

1단계(환경과 법제도)	2단계(교육 과정)	3단계(수업방법과 생활지도)
○ 학교통합 관련 지역 주민 의견수렴 및 합의 ○ 지역 현황 과제 분석 ○ 4-3-2제와 5-4제 검토 ○ '의무교육학교' 검토 ○ '병설형 초·중학교' 검토 ○ '연계형 초·중학교' 검토 ○ 교육과정 특례교 제도 검토 ○ 정부 지원 검토 ○ 문부과학성의 일관교육 학교 평가 기준 검토	○ 초·중학교 일관교과 설정 ○ 초·중 일관학교의 단점 검토 ○ 초·중학교 일관교육 관련 2가지 기본 질문 고려 ○ 업무 효율화와 전문 직원 검토 ○ 통합형 교과 수업 준비 ○ 보·유·초(보육원, 유치원, 초등학교) 연계 검토 ○ 특별지원교육 보강 ○ 커뮤니티 학교와의 연계 검토 ○ ICT 활용 검토 ○ 경험 많은 코디네이터 교사 및 외부 전문가 활용 ○ PTA와의 연계 및 활용	○ 학생 평가에서의 ICT 활용 도입 ○ 9년간을 아우르는 학습규율과 생활규율 만들기 ○ 초등학교 고학년에서의 교과담임제 검토 ○ 동아리 활동에 초등학생 단계에서부터 참여 ○ 다양한 이학년 교류 활동 고려(재량활동수업, 체육대회, 동아리 활동, 학생회 등) ○ 초·중 일관학교로 인한 학생의 대인관계 변화 고려 ○ 중학교(구)를 중심으로 한 지역의 교육력 강화 및 지역 활성화

첫째, 통합과 일관의 개념 차이다. 즉, 학교통합과 일관교육은 그 배경과 목적이 다른 점이다. 학교통합은 학교규모를 적정하게 유지하여 최소한의 학교교육 목적을 유지하기 위한 것이라면 일관교육은 기존 학교교육의 한계를 뛰어넘어 학교의 교육이념을 추구하는 것으로 구분된다.

둘째, 소규모학교 발생 주원인이 되는 '과소화'다. 일본의 농산어촌에서 학생 수가 줄어드는 가장 큰 이유는 인구감소보다는 인구이동 즉, 과소화가 된다. 지방소도시와 농산어촌의 학교통폐합 및 폐교 문제가 급감하는 학령인구 감소 추이보다 더 빠르게 밀어닥칠 수 있음이 포함된 개념이다.

셋째, 일본의 교원자격증 취득의 다양성과 개방성이다. 일본은 중등학교 뿐만 아니라 초등학교 교사 역시 특정 교원양성대학만 졸업해야 자격을 갖추는 것이 아니라 일반 사립대학과 단기대학을 졸업해도 지원자격을 얻어 교원채용시험을 거쳐 교사로 임용되고 있다. 이러한 개방성은 학교급 간 교과 간 융합 및 통합교육에 긍정적으로 작용할 수 있는데 거꾸로 일본에 비해 개방적이지 못한 교원양성제도를 가진 우리나라는 그만큼 소규모학교 대응이 어려울 수 있음을 시사한다.

여기에 한 가지 덧붙이면 '일관'과 '병설' 및 '연계'에 대한 개념 차이다. 3가지가 개념상으로는 유사하지만 행정상으로 차이가 있다. 일관학교는 2개 학교급의 학교가 통합되어 단일 조직으로 운영되는 것이고, '의무교육학교'는 초등학교와 중학교를, '중등교육학교'는 중학교와 고등학교의 일관형 학교라고 말할 수 있다. 병설과 연계는 2개의 조직이 연계성과 독립성을 가지면서 운영되는 것인데 그 중 병설형은 한 개의 학교급이 중심이 되어 다른 학교급을 포함하는 형태로서 교장은 1명이 된다.

1. '의무교육특례' 관련 일본의 교육정책

의무교육특례는 상기의 농산어촌의 과소화라는 문제와 개방적인 교원양성제도를 배경으로 한 일관교육을 지향하는 것으로 이해할 수 있다. 이러한 의무교육특례와 관련된 제도 및 정책으로 '의무교육학교'와 '교육과정특례교' 및 '연구개발학교'를 꼽을 수 있다. 각각에 대해 소개하면 아래와 같다.

1) 의무교육학교

초등학교와 중학교가 통합된 새로운 학교급 유형이다. 초·중학교 일관학교라고 볼 수 있다. 2016년에 신설되었고 초등학교와 중학교 고등학교 그리고 의무교육학교 등으로 학교급이 구분되게 되었다. 1명의 교장 아래 1개의 교원조직을 가지며 의무교육 9년간 계통성을 확보한 교육 과정을 편성·

실시한다. 국·공·사립 모두 설치 가능하며, 건물(시설) 설치 형태는 일체형과 인접형 및 분리형으로 구분된다. 건물은 인접 및 분리될 수 있지만 조직은 일체형이다. 즉 1명의 교장 아래 1개의 교원조직으로 초등학교와 중학교의 모든 행·재정은 구분되어 원칙적으로 별도의 담당 부서 등이 존재하지 않게 된다. 의무교육학교의 교원은 초등학교와 중학교 교원자격증 양쪽을 소지하는 것이 원칙이지만 당분간은 초등과 중등 어느 한쪽의 교원자격증을 가지고 있어도 교육이 가능하다. 문부과학성의 2020년 학교기본조사결과에 의하면 총 126개교에 약 5만 명의 학생들이 배우고 있다. 초등학교에서 중학교로 진급하면서 발생하는 다양한 문제(일본에서는 '중1갭' '초중갭'이라고 불리운다) 해소와 4-3-2년제 5-4년제 등 자유로운 교육 과정 편성이 가능하고 교무 효율성이 높아진다는 등의 장점이 있지만, 학생들의 리더십 육성 곤란과 양쪽의 교원면허증이 필요 및 교장의 업무 과중 등의 과제가 지적되고 있다 (문부과학성 2016).

2) 교육과정특례

'교육과정특례'는 학습지도요령 즉, 일본의 국가교육 과정의 교육내용과 차시 기준 등을 반드시 준수하지 않고 별도의 교육 과정 편성이 가능한 학교제도다. 그렇다고 국가교육 과정과 동떨어진 교육을 편성 가능한 것은 아니고 국가교육 과정을 바탕으로 하여 새로 편성되는 교육 과정 안에 적절히 포함되어야 한다. 관련하여 일본의 학습지도요령 총칙편 제1장에 학교가 창의력을 더하고 학교의 특색을 살린 교육 과정을 편성하기 위해 학습지도요령에 따르지 않는 특별한 교육 과정의 편성이 필요한 경우는 아래의 5가지의 교육과정특례 관점이 있음을 소개하고 있다.

첫째, 교육과정 기준 개선에 기여하는 연구 수행 관점으로. '연구개발학교', '슈퍼 사이언스 하이스쿨', '전역 고등학교 WWL(월드 와이드 학습) 컨소시엄 구축 지원 사업', '지역과의 협력에 의한 고등학교 교육 개혁 추진 사업'이 포함된다.

둘째, 학교와 지역의 실태에 비추어 보다 효과적인 교육 관점으로 '교육과정특례교'가 포함된다.

셋째, 학교급 간 연결을 위해 계획적이고 지속적인 교육 관점으로 '의무교육학교', '중학교 병설형 초등학교', '초등학교 병설형 중학교', '초등학교 연계형 중학교', '중학교 병설형 고등학교' 등이 포함된다.

넷째, 특별한 배려를 필요로 하는 학생을 배려한 교육 관점으로 특별지원학급에서의 특수교육 과정 편성과 장애학생과 일본어 습득에 어려움이 있는 학생 및 등교 거부 학생 등에 대한 특별교육 과정의 편성이 포함된다.

다섯째, 국제학위 인증 학교에서 교육 과정 특례로서 IB 인증학교(국제 바칼로레아 International Baccalaureate, IB) 등이 포함될 수 있다.

3) 연구개발학교

문부과학성이 K-12 학교교육과정 개선을 위한 실증적 자료를 얻기 위해 1976년부터 추진하는 제도이다. 연구개발하고자 하는 학교가 신청서를 제출하면 문부과학성이 심사하여 지정하며, 지정되면 연구 등의 경비를 지원받아 4년간 추진한다. 연구개발학교로 지정된 학교는 국가교육과정(학습지도요령) 등의 현행 교육과정의 기준을 준수하지 않은 교육과정의 편성·실시가 인정되며 실천 연구를 통해 새로운 교육과정·교육방법 개발이 가능하다. 국공사립 구분 없이 지원 가능하며 필요 경비는 수백만 원에서 수천만 원까지도 가능하며 다만 심사를 통해 그 경비가 해당 조건에 맞는 것으로 인정받아야 한다. 이러한 연구개발학교의 성과를 통해 문부과학성은 교육과정을 신설 및 개선 등에 활용하였다. 예를 들어 1989년 초등학교 저학년의 '생활과', 중학교의 선택과목 확대, 고등학교의 '과제연구' 신설과 1998년 초중등학교의 '종합적인 학습시간'과 '정보', '복지' 과목 신설 그리고 2008년에 초등학교 고학년의 '외국어활동' 도입에도 연구성과가 반영되었다. 연구개발학교는 추진 중간에 평가를 받고 있으며 그 관점은 '과제인식의 적확성', '계획과 절차의 타당성', '연구목적의 달성도', '연구 결과 결과의 실증도', '연구성과의 일반성'이다.

2. 의무교육특례 정책의 의미와 시사점

의무교육특례는 기존의 교육과정특례교, 연구개발학교, 의무교육학교 제도와 몇 가지 차이점과 공통점을 보인다. 차이점으로 고등교육을 공통점으로 교육과정 재편성과 지역 기반을 언급한다. 사실 이러한 일본의 최근 교육과정 관련 변화는 해외 주요 교육선진국에서는 이미 진행되고 있던 것임을 정미경 외(2010)의 연구를 통해서도 확인할 수 있다. 즉 정미경 외(2010)는 일본을 포함한 해외 주요 국가의 교원양성과정을 검토하고, 해외의 교원양성과정에서 학교급 및 교과 간의 연계를 강화하고 있으며 특히 초등교사 양성과정과 중등교사 양성과정을 별도 기관에서 독립하여 운영하지 않고 종합대학 내의 사범대학이나 교과교육학과에서 초등교사와 중등교사를 통합하여 양성하고 있음을 밝혔다. 그리고 교원양성 교육과정 운영의 또 하나의 특징으로 교원양성기관에서 교육과정을 운영함에 있어, 지역공동체와 연계하고 있고 해당 지역에서 가르칠 교사를 해당 지역 대학에서 양성하는 시스템을 언급한 바 있다.

1) 유초중등교육과 고등교육의 차이

교육과정특례교, 연구개발학교, 의무교육학교 3가지 모두 유초중등교육에 대한 것이지만 의무교육특례는 고등교육에 대한 것이다. 더 정확하게는 초중학교 교원양성에 관련된 고등교육에 대한 것이다. 전자(3가지 정책)가 학교현장으로서 대상에 대한 것이라면 후자(의무교육특례)는 이를 담당하게 되는 주체에 대한 것이라고 볼 수 있다. 대학에서부터 자체적으로 교원양성을 위한 교육과정을 재편성하고 전임교원을 재배치하면서 보다 효율적이며 심층적인 추진을 지원하게 될 것이다. 특히 의무교육특례는 교원양성대학에서 교수학습방법과 교과내용 교육에 대해 보다 체계적이고 심층적으로 추진할 수 있도록 운신의 폭을 넓혀주게 될 것이다. 따라서 더 본질적인 조치라고 말할 수 있으며, 결과적으로 의무교육특례는 다른 3가지 제도를 지지하는 토양과 원동력으로 작용될 것이 기대된다.

2) 교육과정 재편성

농산어촌과 소규모 도시 등에서의 학령인구감소에 따른 학교 소규모화와 통폐합 및 폐교 문제에 대응하는 정책들을 〈표 1〉에서 3가지로 구분하였고 그중 하나가 교육과정이다. 법제도 정비와 수업방법 개선도 중요하지만 궁극적으로 교육과정이 변화되어야 할 것이다. 법제도가 정비되어도 교사가 학교에서 교육과정 재구성의 노력을 하지 않는다면 학교 통폐합 문제에 맞서기 곤란하며, 교육과정 변화 없이는 수업방법 개선도 한계가 있기 때문이다. 기존의 3개 정책(교육과정특례교, 연구개발학교, 의무교육학교)과 함께 의무교육특례는 학교급과 교과 등의 구분에 제한받지 않고 학교와 지역의 특색을 고려하여 교육 과정을 창의적으로 편성하여 추진하는 것이 가능하다는 공통점을 가지고 있다.

3) 지역기반성

의무교육특례는 해당 지역의 인재가 해당 지역의 대학에서 해당 지역 문제와 특성을 고려한 교육 과정으로 교원전문성을 갖추기를 기대한다. 이러한 지역 중심적 접근은 기존의 3개 정책(교육과정특례교, 연구개발학교, 의무교육학교)을 관통하는 것이다. 이러한 접근은 과소화되어가는 지역과 소규모되어가는 학교 문제를 함께 극복하기 위한 것으로 평가할 수 있다. 학년과 학교급 그리고 교과와 관계 없이 지역 중심의 교육 과정을 발굴하는 것으로서 〈표 1〉 1단계의 지역 현황 과제 분석, 2단계의 초중학교 일관교과 설정, 통합형 교과 수업 준비, 3단계의 중학교를 중심으로 한 지역교육력 및 지역 활성화와도 연관된다고 볼 수 있다. 교육과정 재편성(커리큘럼 매니지먼트)은 일본의 국가교육과정 개정에서의 중요한 키워드로서 '사회에 열려있는 교육 과정'이라는 목표를 내걸고 그 편성의 주체는 각 학교이고 각 학교에서 학생들과 지역의 특성 등을 바탕으로 추진하는 것으로 언급되어 있다. 구체적으로 '교육 내용과 교육활동에 필요한 인적 · 물적 자원 등을 지역의 외부 자원도 포함해 활용하면서 효과적으로 추진하는 것'의 관점을 강조하고 있다. 이와 관련하여 참고할 수 있는 것이 長谷와 齋尾(2009)는 지역 기반의 소규모 초등학교 운영구조를 〈그림 2〉와 같이 도식화한 것이다.

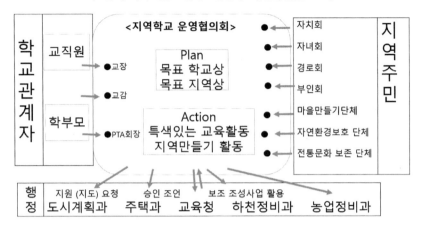

〈그림 2〉 지역 기반 초등학교 운영 구조(長谷, 齋尾 2009)

III. 일본 의무교육특례의 시사점

상기 의무교육특례와 관련 정책 및 그 특성 등을 정리하였는데 이를 통해 3가지 제안사항을 언급하면 아래와 같다.

1. 단괴세대의 퇴직과 교원 양성에 미치는 영향 점검

일본에서 교원 지원자가 부족하게 된 주요 원인은 단괴세대 대거 퇴직으로 학교와 기업 등에서 일할 사람이 부족하게 되어서다. 우리나라는 어떠한지 시뮬레이션을 해 볼 필요가 있다. 최근 우리나라 국가교육회의(2020)에서 학령인구 감소 등의 이유로 중등교원 양성 규모의 축소가 제안되었다. 우리나라도 일본처럼 현재의 50대가 대거 퇴직하게 된다면 충족되야 할 초중등교원 수가 채워지는 것이 어렵게 될 수 있을지 점검이 필요하다.

2. 종합대학교와 교원대학교의 연계 검토

소규모학교가 증가하면 초등학교와 중학교의 통폐합이 진행될 수밖에 없다. 통폐합 관점만이 아니라 가르치는 교사가 학교급별로 구분하는 것 자체가 요즘의 정보화 국제화 속 요구되는 미래 인재상과도 어울리지 않는다는 비판이 있다. 정미경 외(2010)의 해외 교원양성대학 조사결과에도 확인되었듯이 초등학교와 중학교를 구분해서 교원을 양성하는 국가들이 오히려 소수에 불과한 것이다. 박수정 외(2015) 교원양성체제 개편방안 연구에서도 학교급에 걸친 발달적 연속성 이해를 위한 교대·사대 간 학점교류 활성화와 교육 과정의 공동 운영 등이 장려되어야 할 것이고, 장기적으로는 동일한 교원양성기관에서 유치원-초등학교-중학교-고등학교 교사를 함께 양성할 수 있는 방향으로 유연하게 개편하는 것이 검토되어야 할 것이다.

일본도 이러한 경직된 교원양성대학의 교육 과정을 변화시키기 위해 다양한 법제도와 연구 등이 추진되었고 진행되고 있는 것이다. 따라서 학교 통폐합이라는 시대 흐름을 고려해서 교원양성대학부터 교육과정을 융합적으로 재편하는 것이 요구되고 있다. 교원대학과 종합대학에서의 교원양성과정을 초등과 중등으로 구분하는 것은 일본식민지 지배에서부터 형성되어 오면서 과거에는 그 효과가 있었을지라도 현재와 미래 및 해외 교육선진국에 비추어도 적절하지 않은 면이 있으니 제고하여 변화되어야 할 것이다.

교원양성대학이 교육과정을 재편하면서 초등학교 교사가 중학교 교원 자격을 취득하거나 중학교 교사가 초등학교 교사 자격 취득이 가능하도록 단계별로 준비 및 추진해야 할 것이다. 처음에는 일본처럼 초등학교 고학년에서 (초등학교에서 미약하거나 없는) 교과 내용과 관련하여 중학교 교사가 교과 수업을 할 수 있는 체제를 마련하고, 그 후에 현직 초등학교와 중학교 교원이 다른 학교급의 교원 자격 취득 교육과정에 대해 정비하는 것을 검토하는 것이 전략적으로 필요할 것이다. 그리고, 초등과 중등교원 양쪽을 모두 취득하기 용이한 '의무교육특례'와 같은 제도를 검토할 수 있을 것이다.

3. 교원양성대학 전임교원의 전문성 제고

학교급과 과목 간 구분을 넘어서면서 지역과 학생의 다양한 수요를 고려하기 위해서는 초중등 교원을 양성하는 기관 내 교원의 높은 전문성이 필수다. 이와 관련하여 일본의 중앙교육심의회(2020)의 '복수의 학과 간 대학 간 공동 교직과정 실시 체제에 대해서'라는 보고서 (22쪽)에 교직과정 담당 교원의 자질능력의 향상 필요성에 대해 '교직과정을 담당하는 대학교원은 교과 관련 과목(교과에 관한 전문적인 사항)과 교직에 관한 과목 구분 관계 없이, 학생들의 교직 실천력과 새로운 교육과제에 대응하는 능력을 습득할 수 있도록 지도력을 높이는 것이 필요하다. 따라서 대학에서 교직지원센터 등의 교육과정을 총괄하는 조직이나 교직대학원이 중심이 되어, 교직과정 과목을 담당하는 대학교원에게 학교 현장 경험을 포함한 실질적인 내용과 교육과제에 대응한 FD(Faculty Development 연구와 연수)를 추진하는 것이 필요하다.'라고 언급하고 있다.

Ⅳ. 한국형 의무교육특례

우리나라는 일본처럼 혹은 그 이상으로 학령 인구가 급감하고 있고 학교 소규모화가 진행되고 있지만 일본처럼 교원양성대학 지원자가 줄어들어서 교원 부족과 교원의 질 하락 등이 우려되고 있지는 않다. 특히 초등학교의 경우 일본과 달리 한정된 국립 교원양성대학(이화여대, 제주대 등 포함)을 졸업해야만 임용시험 자격이 주어지며 일본처럼 인기가 매년 줄어들고 있지도 않다. 또한 일본처럼 초등학교 고학년에 중학교 교사가 교과 수업을 하는 것의 법제도화는 아직 충분히 진행되고 있지 않아 보이며, 이를 위한 교직과정 개방성도 일본에 비해 미흡하다고 볼 수 있다. 일본처럼 교대와 사범대 재학생 및 졸업생이 학교 교직원보다 급여 및 근무시간 등의 대우가 더 좋은 민간기업에 취직하게 되어 교원임용시험 준비를 포기하는 사례도 일반적이지 않다. 따라서 일본의 소규모학교 추진 관련 정책, 특히 의무교육특례 관련 정책들의 참고할 점을 찾는 것은 주의가 필요하다.

우리나라는 학교급 간 교과 연계가 부족하고 관련 교과 교사뿐만 아니라 교원양성기관에서의 학과 구분 등도 폐쇄적이라고 볼 수 있다. 중학교 교사가 초등학교 고학년의 일부 수업에서 지도를 하는 것에 초등학교 교사와 교육대학교 교원(교수)은 민감하게 반응할 것이다. 종합대학과 교원양성대학이 연계하여 상호 간에 공동으로 교직과정을 운영하여 장기적으로 초·중등교육 양쪽의 교원연수과정을 운영하는 것은 당분간 어려울 것이다. 그럼에도 불구하고 학교급을 관통하는 융합적 교육이 학교에서 요구되고 있기 때문에 준비해야 할 것이다.

뿐만 아니라 저출산율과 과소화로 인한 지방 소도시와 농산어촌의 학교 통폐합에 대해서도 지역 주민과 지자체 등에서 민감하게 반응하며 저항할 것이다. 교사들도 농산어촌 학교 근무 시 받게 되는 혜택과 교장 교감 등의 관리직 자리가 없어지게 되기 때문에 함께 반대할 가능성이 크다. 아파트 매매와 전셋값 하락으로 이어진다면서 지역주민이 지자체 국회의원과 교원노조 등과 함께 반대할 수도 있을 것이다. 이러한 첨예하고 민감한 상황 속에서 현실적 대안을 찾아야 할 것이다. 우리나라의 합계 출산율이 전 세계 최저치로 0.8 이하 수준이 되었고 학령인구 감소 추이가 급격하기 때문에 (대규모 인구 유입이 없다면) 조만간 일본보다 학교통폐합과 소규모학교 및 폐교문제가 심각하게 대두될 것이 확실하기 때문이다.

따라서 학교를 통폐합을 최대한 늦추거나 통폐합을 하더라도 최소수의 전문성 높은 교원이 양질의 학교교육을 담당할 수 있도록 하는 것이 현실적인 대안이고, 이를 위해서라도 교원양성대학에서의 교육과정 통폐합과 개편이 필요할 것이다. (관련하여 교원업무 적정화 등의 연구와 정책도 보다 강화될 필요가 있을 것이다.) 학교가 없어지게 되면서 지역의 존망이 위태롭게 되는 불안(아파트 매매값이 떨어지게 되는 것)과 교원대학교-종합대학교 양쪽이 서로의 기득권 등을 내려놓고 협력하는 것 중 어느 쪽이 현실적이면서도 미래지향적일지는 분명하다. 후자를 통해 전자가 지연 및 방지될 수도 있을 것이다. '의무교육특례'는 우리와 동떨어져 보이지만 가장 가까이하고 참고해야 할 정책일 수 있다. 지금부터 단계적이며 전략적으로 교원대학교와 종합대학교를 중심으로 한 한국형 '의무교육특례' 모색이 필요하다.

〈 참고문헌 〉

국가교육회(2020). 보도자료 '미래 학교와 교육 과정에 적합한 교원양성체제 발전 방향' 정책 집중 숙의 결과 및 권고안.

박수정, 박상완, 이인회, 이길재, 박용한(2015). 교원양성체제 개편방안 연구, 교육부, 142-198.

정미경, 김갑성, 류성창, 김병찬, 박상완(2010). 교원양성 교육 과정 개선 방안 연구, **한국교육개발원 연구보고**, RR2010-11, 139-140.

조규복(2019). 일본 소규모학교의 일관교육 현황과 시사점. 학생수 감소 시대의 소규모

교육 과정 운영 방안, 2019 국가교육 과정포럼(2019.9.28.) 제2차 학교교육 과정 혁신 포럼 자료집, 17-45.

中央教育審議会(2020). 中央教育審議会初等中等教育分科会教員養成部会, 教職課程の基準に関するワーキンググループ, 複数の学科間・大学間の共同による教職課程の実施体制について.

長谷夏哉, 斎尾直子(2009). 小規模小学校における特色ある学校運営を通した地域づくり活動への展開と課題 – 全国の小規模特認校制度を活用した学校運営事例を対象として – **日本建築学会計画系論文集** 74 巻 642 号 1751-1758.

川崎祥子(2019). 教員採用選考試験における競争率の低下 – 処遇改善による人材確保の必要性 – **立法と調査** No. 417 18-27.

教育職員免許法施行規則 第十条の二, 第十条の三(令和三年文部科学省令第二十伍号による改正)

文部科学省(2016). 小中一貫した教育課程の編成・実施に関する手引

文部科学省(2021). 教育再生実行会議第5回初等中等教育ワーキング・グループ説明資料. p.16.

文部科学省(2021) 研究開発学校制度について https://www.mext.go.jp/a_menu/shotou/kenkyu/htm/01_doc/0101.htm 에서 2022.6.7. 인출.

文部科学省(2022). 公立学校教員採用選考試験の実施状況.

日経新聞(2020). 2020年7月16日教員免許「小中同時取得」容易に単位共通化認める https://www.nikkei.com/article/DGXMZO61613340W0A710C2CR8000/?n_cid=DSPRM1489&fbclid=IwAR0R7WaWuu28NRfyOqxU8CHqTgRyr7iJNIiQV_l1yMZbhzfwwtCtd4gCYN4&unlock=1 에서 2022.6.7. 인출.

西村 吉弘(2014). 第5章 地域人材との連携における学校教育支援の可能性, 国立教育政策研究所.

德永保(2014). 人口減少社会における学校制度の設計と教育形態の開発のための総合的研究.

교육 실천 사례

제 3 부

제8장

일본 후생노동성 코로나19 지침과 영유아교육기관 대응 사례*

최순자

I. 교육계에 큰 변화를 가져온 코로나19

전 세계가 코로나19로 혼란·불편함과 더불어 어떻게 생태계를 배려하며 인간의 삶을 영위할 것인지 성찰의 시간도 갖고 있다. 코로나19는 2019년 12월 중국 우한시에서 발생한 바이러스성 호흡기 질환이다. 세계보건기구(WHO)는 코로나19 확산에 따라 2020년 3월 11일 '감염병 세계 유행' 팬데믹을 선언했다.

이는 전염병 경보 단계 중 최고 위험 수준인 6단계를 말한다. 감염병이 두 대륙 이상에서 발생하여 세계적으로 유행할 때 취하는 조치다. 팬데믹 선언은 이번이 세 번째다. 1968년 홍콩 독감 때와 2009년 신종 인플루엔자 때였다.

한국 정부에서는 2020년 1월 20일에 국내 첫 확진자가 발생하자, 감염병

---

* 본고는 한국일본교육학연구, 26(1)에 게재된 논문을 수정함.

위기 단계를 '관심'에서 '주의'로 상향 조정했다. 또 대응 기구로 '중앙방역대책본부'를 운영하기 시작했다. 이후 '중앙방역대책본부' 역할의 중요성과 감염병 추이를 고려, '질병관리청'으로 승격시켰다. 일본은 2월 14일에 첫 확진자가 나왔다. 일본의 초기 대응은 소극적이었다. 2020년 7월 24일에 개최 예정이었던 도쿄 올림픽을 의식해서였는지, 코로나19 검사도 적극적이지 않았었다.

코로나19는 정치 · 경제 · 사회 · 문화뿐 아니라, 일상의 삶에 큰 변화를 가져왔다. 특히 교육 분야의 변화는 전 계층과 세대에 영향을 미치고 있다. 대학을 비롯하여 초 · 중 · 고생은 비대면 교육이 어느 정도 가능하지만, 영유아는 어려움이 있다. 이에 위생을 중요시하는 일본 후생노동성의 코로나19 지침을 살펴보고, 우리나라 영유아교육기관에 주는 시사점을 제시하고자 함이 연구목적이다. 연구방법은 관련 지침과 영유아교육기관 사례 분석 방법을 사용했다.

영유아교육기관 운영에 관한 사례는 쇼인대학교(松蔭大學) 아동학과의 나가이 유리코(永井由利子) 교수가 제공해 준 일본 보육현장의 전반적 사례(永井由利子, 2021), 사가미여자대학교(相模女子大學) 유치부 부속의 세 개의 인정어린이원 사례(齋藤正典, 2021), 다마츠카라시(宝塚市)의 와카쿠사 보육소 사례(わかくさ保育所, 2020), 후쿠시마 시 보육소 엔도우 가오리(遠藤香織) 교사의 실천 사례(遠藤香織, 2021)를 보육 현장의 전반적 대응으로 살펴봤다.

본고에서는 코로나19에 관한 기본 지침을 제공하는 한국의 보건복지부에 해당하는 후생노동성 지침과 그에 관한 논의를 한 후, 영유아교육기관 대응 사례를 검토하고자 한다. 결론에서는 후생노동성 지침과 대응 사례를 통한 시사점을 제시하고자 한다.

II. 코로나19에 관한 후생노동성 지침과 논의점

일본의 후생노동성에서 코로나19 발생 후 보육소와 인정어린이원에 대응 지침을 보냈다. 인정어린이집의 경우는 보육소 기능도 같이 하고 있기 때문에 보육소 지침을 기본으로 하고 있다. 이에 본고에서는 코로나19에 따른 후생노동성 지침을 중심으로 살펴보고자 한다. 코로나19에 대한 지침은 초기에 공시한 대책이 기본 골격이다. 이후 대책도 이 지침을 근간으로 하고 있다. 코로나19 후생노동성 지침을 2020년 1월 31일의 '보육소 등에 있어서 신형 코로나바이러스 대응에 대해서'(厚生勞働省a), 2월 25일의 '보육소 등에 있어서 어린이 등에게 신형 코로나 바이러스 감염증이 발생했을 경우에 대해서(제2보)(厚生勞働省b)', 2월 25일의 '보육소 등에 있어서 감염 확산 방지를 위한 유의점(厚生勞働省c)'을 중심으로 살펴보고자 한다. 이를 표로 나타내면 다음 〈표 1〉과 같다.

〈표 1〉 후생노동성 코로나19 대책 근간이 되는 초기 지침

공시일	공시 제목
2020년 1월 31일	보육소 등에 있어서 신형 코로나 바이러스 대응에 대해서
2020년 2월 25일	보육소 등에 있어서 어린이 등에게 신형 코로나 바이러스 감염증이 발생했을 경우에 대해서(제2보)
2020년 2월 25일	보육소 등에서 있어서 감염 확산 방지를 위한 유의점

출처: 후생노동성(2020a, b, c) 참조, 연구자 작성

코로나19 발생 후 후생노동성 1월 31일의 첫 번째 지침 '보육소 등에 있어서 신형 코로나 바이러스 대응에 대해서(厚生勞働省a)'는 크게 네 가지 내용을 전달하고 있다.

첫째, 신형 코로나 바이러스는 감기나 인플루엔자와 같이, 먼저 마스크를

착용하고 기침 예절, 손 씻기, 알코올 소득으로 감염 경로를 차단하는 일이 중요하다는 점이다. 둘째, 과거 2주간 이내에 우한시를 포함한 호북성에서 귀국한 어린이와 보육소 등의 직원(우한시를 포함 호북성에서 귀국한 자와 밀접 접촉한 사람 포함), 보건복지국, 보건소 및 촉탁의와 연계하여 발열과 호흡기 증상이 있는지를 확인하여 다음 두 가지 내용에 따라 대응한다. 해당자가 있으면, 시설장은 신속하게 시구정촌(인가 외 보육시설은 도도부현)에 인원, 증상, 대응 상황을 보고함과 동시에 보건소에 보고, 지시를 받도록 하고 있다. 우한시에서 전세기로 귀국한 경우는 2주간 자택에서 지낼 것을 요청하고 있다. 셋째, 신형 코로나 바이러스에 관해서는 현 단계에서는 불분명한 점이 많고, 매일 상황이 변하기 때문에, 정확한 최신 정보를 보건소 등의 관계 기관과 충분히 연계하여 수집하도록 한다. 넷째, 어린이 등 관련자에게 현재 파악한 정보를 토대로 신형 바이러스에 관한 적절한 지도를 할 것, 이를 통해 신형 바이러스를 이유로 편견이 생겨나지 않도록 하는 등 어린이의 인권을 충분히 고려하도록 하고 있었다.

후생노동성에서는 두 번째 지침으로 2월 25일에 '보육소 등에 있어서 어린이 등에게 신형 코로나 바이러스 감염증이 발생했을 경우에 대해서(제2보)(厚生勞働省b)'를 통지한다. 같은 날 통지한 세 번째 지침 '보육소 등에서 있어서 감염 확산 방지를 위한 유의점'에서는 교직원이 주의할 사항을 안내하고 있다.

후생노동성의 코로나19 대응 지침 중, 코로나가 현재 진행형인 현재 시점에서 의미 있는 내용은 다음 다섯 가지로 정리할 수 있다. 이를 표로 나타내면 다음 〈표 2〉와 같다.

<표 2> 후생노동성 코로나19 대책 근간이 되는 초기 지침의 요지

순서	내용
첫째	마스크를 착용하고 기침 예절, 손 씻기, 알코올 소득으로 감염 경로를 차단하는 일이 중요하다.
둘째	현재 파악한 정보를 토대로 신형 바이러스에 관한 적절한 지도를 할 것, 이를 통해 신형 바이러스를 이유로 편견이 생겨나지 않도록 하는 등, 어린이의 인권을 충분히 고려하도록 한다.
셋째	의료직 등 사회적 요청이 강한 직업 등에 종사하는 부모의 영유아는 방문형 일시 보육, 보육교사 방문에 의한 보육, 아이 돌보미 활동 등을 시구정촌에서 필요에 따라 대응한다.
넷째	감염 확산 방지의 관점에서 가정과 연계하여, 체온 측정 등 건강 상태 확인을 할 수 있도록 지도한다.
다섯째	교직원은 출근 전에 반드시 체온을 측정해야 하고, 만일 37.5도 이상일 경우는 절대 출근하지 않도록 한다.

출처: 후생노동성(2020a, b, c) 참조, 연구자 작성

첫째, 마스크를 착용하고 기침 예절, 손 씻기, 알코올 소득으로 감염 경로를 차단하는 일이 중요하다. 둘째, 현재 파악한 정보를 토대로 신형 바이러스에 관한 적절한 지도를 할 것, 이를 통해 신형 바이러스를 이유로 편견이 생겨나지 않도록 하는 등, 어린이의 인권을 충분히 고려하도록 하고 있다. 셋째, 의료직 등 사회적 요청이 강한 직업 등에 종사하는 부모들 영유아에 대해서는 방문형 일시 보육, 보육교사 방문에 의한 보육, 아이 돌보미 활동 등을 시구정촌에서 필요에 따라 대응하도록 하고 있다. 넷째, 감염 확산 방지의 관점에서 가정과 연계하여, 체온 측정 등 건강 상태 확인을 할 수 있도록 하고 있다. 다섯째, 교직원은 출근 전에 반드시 체온을 측정해야 하고, 만일 37.5도 이상일 경우는 절대 출근하지 않도록 한다.

코로나19에 대한 후생노동성 초기 지침은 마스크를 착용하고 기침 예절, 손 씻기, 알코올 소득으로 감염 경로를 차단하는 일이 중요하다는 점, 바이러스를 이유로 편견이 생겨나지 않도록 하는 등, 어린이의 인권을 충분히 고

려하도록 하고 있다는 점, 의료직 등 사회적 요청이 강한 직업 등에 종사하는 부모들 영유아에 대해서는 방문형 일시 보육, 보육교사 방문에 의한 보육, 아이 돌보미 활동 등을 시구정촌에서 필요에 따라 대응하게 한다는 점, 감염 확산 방지의 관점에서 가정과 연계하여, 체온 측정 등 건강 상태 확인을 할 수 있도록 지도하고 있다는 점, 교직원은 출근 전에 반드시 체온을 측정해야 하고, 만일 37.5도 이상일 경우는 절대 출근하지 않도록 하고 있다는 점이었다. 이중 특히 코로나바이러스로 편견을 갖지 않도록 어린이들의 인권을 고려하고 있는 점, 또 의료진 등 사회적 요구가 높은 직업군에 대한 육아 지원책도 그 의미가 크다고 본다.

III. 후생노동성 코로나19 지침에 관한 영유아교육기관 대응 사례

1. 보육 현장의 전반적 대응

앞에서 후생노동성의 보육소에 관한 코로나19 대응 중 1월과 2월 초기의 지침 중 의미 있는 다섯 가지 내용을 살펴봤다. 이에 대한 영유아교육기관에서의 사례를 살펴보고자 한다.

첫째, 마스크를 착용하고 기침 예절, 손 씻기, 알코올 소득으로 감염 경로를 차단하는 일이 중요하다는 지침의 사례이다. 마스크를 착용하지 않을 경우는 실내에 들어갈 수 없고, 입구에서 보호자가 올 때까지 대기하고 있는 경우도 있었다. 소독은 교구와 교재, 식사 전후 책상 소독과 더불어 환기를 철저히 하고 있었다(永井由利子, 2021).

둘째, 현재 파악한 정보를 토대로 신형 바이러스에 관한 적절한 지도를 할 것, 이를 통해 신형 바이러스를 이유로 편견이 생겨나지 않도록 하는 등,

어린이의 인권을 충분히 고려하도록 한다는 지침의 사례이다. 후생노동성의 '보육소에서의 차별·편견의 금지에 관한 정부 지침에 대해(厚生勞働省d)에서는 의료 종사자 영유아 보육을 거부한 사례가 있었음을 지적하고, 이와 같은 일이 발생하지 않도록 하고 있다. 정부에서는 마스크나 소독약 구매비 지원 등을 고려하고 있다는 점을 언급하면서 필요한 보육을 제공해 줄 것과 집에 있는 영유아와 보호자 지원에 대한 협력을 요청하고 있다. 이러한 요청을 도 도부현에서 관할 시구정촌에 지침을 하달할 것을 부탁하고 있다. 보육소의 한 사례에서는 이의 방침을 가능하면 빠르게 전달하고 어떤 일이든지 정보 전달을 하는데, 누군가를 특정하지 않도록 하여 인권을 지킬 것을 주지시키고 있었다.

셋째, 의료직 등 사회적 요청이 강한 직업 등에 종사하는 부모의 영유아는 방문형 일시 보육, 보육교사 방문에 의한 보육, 아이 돌보미 활동 등을 시구정촌에서 필요에 따라 대응하도록 하는 지침의 사례이다. 후쿠시마시 인가 보육소에서 근무하는 교사는 긴급 사태 선언으로 유치원, 초등학교, 중고교는 휴교했지만, 보육소는 휴원하지 않았다고 전한다(遠藤香織, 2021). 그 이유는 의료직에 종사하는 보호자가 있었기 때문임을 밝혔다. 이때 영유아와 교사 모두 체온 검사를 철저히 했다. 체온 검사에서 37.5도 이상일 경우는 곧바로 보호자가 데리고 가도록 했다. 집으로 돌아간 후 37.5도 이하로 내려가더라도 24시간은 집에서 영유아를 지켜보고 문제가 없을 경우 등원 조치를 했다(遠藤香織, 2021).

넷째, 감염 확산 방지의 관점에서 가정과 연계하여, 체온 측정 등 건강 상태 확인을 할 수 있도록 지도한다는 지침의 사례이다. 체온 기록과 몸 상태가 써진 건강 카드 제출이 없을 경우는 보육실에 들어갈 수 없다(永井由利子, 2021). 보육소 입구에서 보호자를 대기하도록 했다. 보육소에 따라 행사를 하지 않는 보육소도 있었지만, 상황에 따라 운동회, 크리스마스 행사를 할 경우는 반별로 소수로 진행하되, 가정과 연계하여 3일 전부터 매일 체온 카드를 제출하도록 했다(遠藤香織, 2021). 행사 당일에도 37.5도 이하일 경우만 입실하게 했다.

다섯째, 교직원 자기관리 지침에 대한 사례이다. 영유아뿐 아니라 교직원도 출근 전 가정에서 반드시 매일 체온을 측정했다. 체온이 37.5도 이상일 때는 어떤 상황이라도 출근하지 않도록 했다(永井由利子, 2021).

위의 다섯 가지 적용 사례 외에 등·하원 차량 이용 시 지정 좌석제, 한정된 생활 공간 확보 등을 통해 감염 경로를 차단하고 있었다.

2. 사가미여자대학교 부속 유치부 사례

사가미하라시에 있는 사가미여자대학교(相模女子大學) 유치부에는 유치원과 어린이집을 통합한 시설 인정어린이원이 세 개 있다. 1호는 유치원 성격으로 운영하고 있으며, 2, 3호는 보육소 성격을 지닌다. 이곳을 살펴보므로 일본에서 코로나19에 따른 유치원, 보육소, 인정어린이원의 대응을 전반적으로 파악할 수 있으리라 본다.

2020년 3월 2일 아베 전 수상은 전체 학교의 휴교를 발표한다. 이에 3월 3일부터 사가미여자대학교 부속 유치부는 유치원 성격의 1호 인정어린이원은 휴원을 결정한다. 반면에 보육소 성격의 2, 3호 인정어린이원은 개원했으나, 보호자에게 가능하면 가정에서 돌봐 줄 것을 요청했다(齋藤正典, 2021).

2020년 4월 7일에 일본 전역에 긴급사태선언이 발표된다. 이에 1호는 휴원을 하고 2, 3호는 전월 3월과 같이 개원은 하나, 특별한 경우를 제외하고는 가정 보육을 요청했다. 3월에 입학식이 있는 한국과 달리, 일본은 4월에 입학식이 있다. 1호는 입학식을 생략하고 2, 3호만 방역수칙 수립 후 축소하여 거행했다(齋藤正典, 2021).

5월 4일에 긴급사태선언 연장으로 1호는 계속 휴원, 2, 3호는 개원을 하되 보호자의 직업, 예를 들면 사회적 요구가 강한 의료직은 등원 허용 등으로 이용에 제한을 뒀다. 긴급사태선언 연장 기간이었던 5월 11일부터 31일까지 3주 동안은, 교사들이 제작한 교구와 메시지를 각 가정으로 보냈다. 또 영유아가 볼 수 있는 동영상을 제작하여 유튜브에 게시했다. 약 한 달간 22개의 콘텐츠를 올렸다. 시청자 누계는 12,000~13,000으로 나타났다(齋藤正典, 2021).

코로나19에 따라 동영상 제공 효과를 검증한 연구(小野貴之·水内幸惠·神永直美, 2020)에 의하면, 유아가 정서적으로 영유아교육기관과 연결되어 있다는 것을 느끼고, 교사에게 친밀감을 가질 수 있었고, 영유아의 긍정적 반응을 본 보호자가 안심했다. 이에 코로나19 예방 대책을 위한 정보를 얻게 되어, 앞으로의 유치원 생활을 예상할 수 있는 등도 효과였음을 밝혔다.

5월 25일에 긴급사태선언 해제가 있었다. 이에 6월에는 1호 인정어린이원은 자유 등원을 실시했다. 단 6월 전반기는 반일 보육을 진행했다. 2, 3호 인정어린이원은 이전과 같이 등원을 실시했다. 7월에는 1, 2, 3호 인정어린이원 모두 등원했다. 종업식은 본래 7월 17일이었으나, 7월 31일로 연기하여 개최했다. 8월에는 여름방학으로 1호 인정어린이집은 방학을 시행했고, 2, 3호 인정어린이원은 등원을 했다(齋藤正典, 2021).

코로나19 이후 행사 진행 여부를 살펴보면, 8월 1일에 진행된 1호 인정어린이원의 3세아 2학기 입학식은 반별로 진행했다. 매년 연령이 높은 반 유아들이 1박을 하는 행사는 중지하고, 대신 7월 31일부터 8월 1일까지 반별로 특별활동으로 대체했다. 코로나19가 시작된 1학기 때는 거의 모든 행사를 실시하지 않았다. 보호자의 개인 면담의 경우는 희망자만 줌으로 진행했다(斎藤正典, 2021).

2020년 9월은 2학기 시작으로 등원을 했다. 이때 바이러스 예방 차원에서 몇 가지 사항을 특별히 주의했다. 우선 밀폐, 밀집, 밀접의 3밀 피하기 보육을 시행했다. 구체적인 내용으로는 함께하는 활동 금지, 출석 확인 등을 위한 아침 모임과 귀가 전 모임 금지, 노래 부르기 금지, 교사는 큰소리 내지 않기, 아이들의 마스크 착용은 임의로 했으나 교사의 마스크 착용 필수, 철저한 보육실 환기 등이다. 매년 10월에 개최하던 운동회는 중지하고, 연령이 낮은 반을 대상으로 특별활동으로 대체해서 진행했다(斎藤正典, 2021).

이처럼 사가미여자대학교 부속 유치부에서는 긴급사태선언 시에는 유치원 기능을 맡은 1호 인정어린이원은 휴원, 보육소 기능을 맡은 2, 3호는 등원을 하거나 보호자 직업에 따라 등원 제한 두기를 했다. 이를 통해 일본에서의 영유아교육기관 코로나19 대응은 유치원과 보육소에 따라 달랐음을 알수 있다.

3. 와카쿠사 보육소 사례

다마츠카라시(宝塚市)에서는 시 홈페이지를 통해 코로나19 대응 정보를 공유하고 있었다. 시 홈페이지에 카드 뉴스로 사진과 함께 상세히 제공하고 있는 와카쿠사 보육소의 6월 6일 코로나19 대응 사례(わかくさ保育所, 2020)를 검토하고자 한다.

와카쿠사 보육소에서는 식사할 때는 큰 강당에서 책상 하나에, 두 명의 유아가 대각선으로 앉아 식사를 했다. 식사하는 순서는 연령별로 3세부터 차례로 했다. 처음에는 자유롭게 앉고 싶은 곳에 앉게 했으나, 나중에는 보육

실과 같이 유아들이 안정감을 느끼게 하기 위해 지정석으로 했다(わかくさ保育所, 2020).

코로나19가 진정되었을 때는 교실에서 먹되 칸막이를 사용했다. 또 반별로 영유아 인원을 나눠서, 시차를 두고, 활동, 먹기, 잠자기 등을 교대로 했다. 영아반은 인원이 적지만, 가능하면 밀접 거리가 되지 않도록 배려했다. 줄을 설 때는 바닥에 발 모양을 그려두고 일정 거리를 두도록 했다. 신체 활동도 소수로 하고 기다릴 때는 표시된 자리에서 대기하도록 했다(わかくさ保育所, 2020).

한편 매년 영유아들과 함께 진행했던 옷감에 물들이기 활동을 코로나19 상황이라고 중지한 것이 아니라, 체험할 기회를 제공했다. 활동 시에는 일정 거리를 확보하면서 활동했다. 또 교실 내 사물함을 다른 곳으로 옮겨서 공간을 넓게 확보하여 영유아가 거리를 두고 낮잠을 자도록 했다. 보육소에서는 영유아가 서로 가까이하는 경우도 있기 때문에, 여러 방안을 강구하여 보육 활동을 했다(わかくさ保育所, 2020).

와카쿠사 보육소의 사례는 혼란스럽고 불안한 코로나19가 발생한 초기에도 무엇보다 영유아의 발달을 고려하고 있다는 점을 알 수 있었다.

IV. 융통적 대응

지금까지 코로나19 발생 이후, 일본 후생노동성 지침과 영유아교육기관에서의 대응 사례를 살펴봤다. 후생노동성의 지침을 정리한 다섯 가지 내용 중 시사점은 크게 다음 두 가지다. 첫째, 코로나19 초기인 1월 31일 '보육소 등에 있어서 신형 코로나 바이러스 대응에 대해서(厚生勞働省a)'의 통지 중, '어린이 등 관련자에게 현재 파악한 정보를 토대로 신형 바이러스에 관한 적절한 지도를 할 것, 이를 통해 신형 바이러스를 이유로 편견이 생겨나지 않도록 하는 등 어린이의 인권을 충분히 고려하도록 한다.'라는 내용이다.

둘째, 2월 25일의 '보육소 등에 있어서 어린이 등에게 신형 코로나 바이러스 감염증이 발생했을 경우에 대해서(제2보)' 통지(厚生勞働省b)이다. 즉 '의료직 등 사회적 요청이 강한 직업 등에 종사하는 부모들 영유아에 대해서는 방문형 일시 보육, 보육교사 방문에 의한 보육, 베이비 시스터 활동 등을 고려하고, 이에 대해서는 각 시구정촌에서 필요에 따라 대응'하도록 하고 있다는 점이다.

한편 후생노동성의 지침에 대한 보육소의 전반적 대응은 다음과 같다. 마스크를 착용하지 않으면 실내는 들어갈 수 없고, 입구에서 보호자가 올 때까지 대기하고 있는 경우도 있었다. 소독은 교구와 교재, 식사 전후 책상 소독과 더불어 환기를 철저히 하고 있었다(永井由利子, 2021). 보육소에서는 방침을 가능하면 빠르게 전달하고 어떤 일이든지 정보 전달을 하는데, 누군가를 특정하지 않도록 하여 인권을 지킬 것을 주지시키고 있었다.

코로나19에 따른 일본 영유아교육기관에서는 코로나19로 입학식, 졸업식, 운동회 등 행사는 원에 따라 중지, 소수 인원 진행 등 융통적으로 대응했음을 알 수 있었다. 또 와카쿠사 보육소에서 매년 6월에 실시하던 물감 들이기 활동을 코로나19로 중지한 게 아니라, 방역 수칙을 철저히 수립하여 진행하는 등 코로나19로 영유아에게 체험이 필요한 활동을 제공하고 있다는 점도 알 수 있었다. 코로나19로 크게 바뀐 점이라면, 휴원 시에 각 가정에 동영상을 제공하여 영유아들이 보면서 신체 활동을 하게 하거나, 놀이를 할 수 있도록 배려했다는 점이다.

동영상 제공 효과검증 연구(小野貴之 · 水内幸惠 · 神永直美, 2020)에서 밝혀졌듯이, 이를 통해 영유아가 기관과 교사에게 정서적으로 연결되어 있음을 느끼고 있다는 점, 이를 본 보호자가 안심할 수 있었다. 그러나 코로나19로 인한 보육의 격차를 어떻게 해소하고, 영유아의 관계 형성의 문제, 소속감, 친밀감을 어떻게 가능하게 할지에 대한 검토와 연구가 필요하다.

〈 참고문헌 〉

최순자(2015). 아이가 보내는 신호들. 서울: 씽크스마트.

遠藤香織(2021). コロナ禍の幼稚園の対応. 2021.1.1.

小野貴之・水内幸恵・神永直美(2020). コロナ禍における動画配信の効果-附属幼稚園の事例から-. 茨城大学教育実践研究(39), 347-356.

永井由利子(2021). コロナ禍の保育所の対応. 2021.1.4.

斎藤正典(2021). コロナ禍の相模女子大学幼稚部の対応. 2021.1.8.

内閣府(2020). 認定こども園. http://www8.cao.go.jp/shoushi/kodomoen/index.html에서 2020.11.23. 인출.

内閣府(2020). 新型コロナウイルス対応に係る子育て支援について. https://www8.cao.go.jp/shoushi/shinseido/taiou_coronavirus.html에서 2020.11.28. 인출.

わかくさ保育所(2020). 新型コロナウィルス感染拡大防止対策. https://www.city.takarazuka.hyogo.jp/kyoiku/gakkoshisetsu/1000105/1027922/1023304/1009109/1009162.html에서 2020. 11. 30. 인출.

厚生労働省a. 保育所等における新型コロナウイルスへの対応について. https://www.mhlw.go.jp/stf/newpage_09762.html에서 2020.11.25.인출.

厚生労働省b. 保育所等において子ども等に新型コロナウイルス感染症が発生した場合の対応について. (第二報). https://www.mhlw.go.jp/stf/newpage_09762.html에서 2020.11.25. 인출

厚生労働省c. 保育所等における感染拡大防止のための留意点について. https://www.mhlw.go.jp/stf/newpage_09762.html에서 2020.11.25. 인출

厚生労働省d. 保育所における差別・偏見の禁止に関する政府広報について. https://www.mhlw.go.jp/stf/newpage_09762.html에서 2021.1.10. 인출.

세계보건기구. https://www.who.int에서 2020.11.26. 인출.

한국 확진자 날짜별 확인하기. https://creativeideadesign.tistory.com/122에서 2020.11.26. 인출.

해외 감염병 NOW. http://www.해외감염병now.kr/infect/occurrence_list.do에서 2020.11.26. 인출.

제9장

뉴노멀 시대 일본의 아동교육 분야 NPO 활동[*]

이성한

Ⅰ. 머리말

뉴노멀(New nomal)이란 새로운 경제 질서를 의미하는 말로 지난 2008년 글로벌 금융위기[1] 이후 등장했다. 그리고 2019년 말 발생한 코로나19 세계적 대유행(팬데믹)으로 의미가 확장됐고 또한 널리 퍼졌다(www.eroun.net/news).

금융과 경제 분야에서 시작된 뉴노멀은 코로나19의 위협이 장기화하면서 다양한 일상생활에 영향을 미치고 있다(서울시 사회복지사협회, 2020). 이러한 시기에는 사회변혁의 길목에서 공공의 이익을 위해 활동하는 이들의 역할이 중요해지고 있다. 사람들의 개별적인 차이나 근원적인 욕구에 대응할 수 있는 것이 NPO, NGO, 자원봉사자단체, 사회운동 등의 결사 개체군이라고 할

---

[*] 본 연구는 2021년도 고신대학교 교내 연구비 지원의 일부로 진행된 것임.

1 세계 금융위기(2007-2008)는 2000년대 후반 미국의 금융 시장에서 시작되어 전 세계로 파급된 대규모의 금융위기 사태를 통틀어 이르는 말이다(위키백과).

수 있다(佐藤, 2004: 14). NPO는 법인의 성격을 불문하고 다양한 분야(복지, 교육, 문화, 마을 만들기, 환경, 국제협력 등)에서 사회의 다양화된 요구에 부응하는 중요한 역할을 할 것으로 기대된다. NPO 활동 분야 가운데서도 교육 분야의 NPO의 활약상은 어떠한가. 교육은 인간 발달의 전 연령 단계에 필요하지만, 특히 아동기 교육의 중요성은 아무리 강조해도 지나침이 없다.

일본 내각부[2]의 특정 비영리활동에는 20종류[3]의 분야에 해당하는 활동이 있는데 인증(認証) NPO 법인 수는 50,666건이다(2022. 6. 30)[4](https://www.npo-homepage.go.jp/about/toukei-info/nintei-houjin). 이 가운데 '아동 건전 육성' 분야의 NPO 활동 법인의 숫자는 23,580건을 차지한다(https://www.npo-homepage.go.jp/about/toukei-info/ninshou-bunyabetsu).

activo(https://activo.JP/activo)는 일본 국내 최대 규모의 NPO 및 사회적 기업의 자원봉사자, 직원, 아르바이트 모집 기관이다. 이곳의 활동 주제는 다양하며 국제, 아동·교육계(こども·教育系), 진재·재해, 지역 활성화·마을 만들

---

2 일본의 내각부는 중앙성청(中央省廳), 지방공공단체(도도부현, 시정촌 都道府縣、市町村)의 협력으로 전국 NPO 등의 비영리 활동단체를 대상으로 한 지원, 협동시책에 관한 데이터베이스를 공개하고 있다. 내각부 NPO는 자금에 관한 지원(보조금, 교부금, 조성금, 위탁사업, 융자, 신용보증, 기금, 세제 우대 등)의 일들을 한다.

3 내각부에서 인증하는 20종류의 분야: 보건·의료·복지증진 활동, 사회교육 추진을 도모하는 활동, 마을 만들기 추진을 도모, 관광진흥 도모, 농산어촌·중산간(中山間) 지역진흥을 도모하는 활동, 학술·문화·예술·스포츠 진흥을 도모하는 활동, 환경보전을 도모하는 활동, 재해구호 활동, 지역 안전 활동, 인권옹호·평화추진을 도모하는 활동, 국제협력 활동, 남녀 공동참가 사회 형성의 촉진을 도모하는 활동, 아동의 건전 육성을 도모하는 활동, 정보화 사회의 발전을 도모하는 활동, 과학기술 진흥을 도모하는 활동, 경제활동의 활성화를 도모하는 활동, 직업 능력 개발·일자리 기회 확충을 도모하는 활동, 소비자 보호를 도모하는 활동, 그리고 앞의 각호에 활동하는 단체의 운영·활동에 관한 연락, 조언, 원조 활동, 그리고 앞의 활동에 따르는 활동으로서 도도부현(都道府縣) 또는 지정도시의 조례에서 정한 활동(https://www.npo-homepage.go.jp/npoportal/)

4 관할청의 세제 혜택을 받을 수 있는 인정(認定) NPO 법인의 숫자는(2022. 8.30) 1,245개 소, 특례 인정법인 수는 35개 소(도도부현 합계).

기, 환경 · 농업, 빈곤 · 인권, 복지 장애인 고령자, 스포츠 예술 문화, 중간 지원, 그 외 의료 · 보험, 동물 애호의 자원봉사 분야가 있다. 이 가운데 '아동 · 교육계' 자원봉사에는 총 7,002건의 활동이 제시되어 있다(https://activo.JP/children). activo 아동 · 교육 분야에는 아동들과 직결될 수 있는 캠프 리더 자원봉사자에서부터 사회의 교육 문제 해결에 대해 깊이 생각하고 개선책을 생각하는 학문적 활동까지 폭넓고 다양한 종류의 활동이 있다. 이러한 NPO 아동교육 분야는 특별한 돌봄이 필요한 아동에 대해 지원하고, 폭넓은 활동을 제공하며, 지역의 특색을 살린 활동을 제공한다. 활동 내용은 '학교나 지역에서의 학습지원'을 비롯한 경력교육 · 직업교육지원, 과학기술 · ICT 교육, 학교 밖 활동 지원, 부등교 · 니트[5] · 외톨이 아동에 대한 지원, 거주(쉼터) 장소 만들기 지원을 한다. 상세한 내용은 다음과 같다. '학교와 지역에서의 학습지원'이란 학교에서의 출장 수업이나 과외활동으로 전문성을 살린 활동이나 학교와 NPO나 기업을 연결해 주는 것이다. 예를 들면, 학교에서는 배울 기회가 적은 내용(질병이나 죽음 같은 생명에 관한 주제) 등을 배울 기회를 만드는 지원이다. '경력 및 직업 교육 지원'이란 정치 · 국제 등으로 특화된 단체들이 있거나, 경제교육을 전문으로 하는 단체, 아동노동에 대해 생각하는 프로그램을 제공하는 단체 등 각 단체의 특색을 살려 커리어 교육과 직업 교육 지원을 하는 것이다. '과학기술 및 ICT 교육'이란 컴퓨터와 IT 기술, 과학 등 교실을 마련하는 일이며 부등교나 학습하기 어려운 아동들이 학습 도구로서 ICT를 활용하여 학습하도록 지원하는 일이며 '학교 밖 활동 지원'이란 자연 체험활동과 농사 체험, 놀이 활동을 지원하는 것이다. 농사짓는 방법을 교과

---

5 Not in Education, Employment or Training'의 약어로 진학이나 취직하지 않으면서 직업훈련도 받지 않는 사람들이다.

서로 배울 뿐만 아니라 실제로 체험함으로써 어린이들의 흥미와 관심은 높아진다. '부등교,[6] 니트족, 은둔형 외톨이에 대한 지원'에는 프리스쿨[7] 운영과 전화 상담 등을 하는 일이 포함된다. 학교에 다니지 않은 어린이의 학습지원이나 지지가 되는 장소를 제공하며, '쉼터 장소 만들기'는 부등교 학생을 위한 거처나 DV(Domestic violence)[8] 등으로부터 아동을 지키기 위한 쉼터를 만드는 일이다. 이처럼 아동교육 분야 NPO의 활동은 다양하게 전개된다.

본문에서는 뉴노멀 시대의 아동교육 분야의 NPO 활동에 대해서 NPO 지원센터의 사례, 코로나 19 이후 문부과학성의 NPO 정책 및 교육분야 NPO의 정책사례에 대해 알아보고 아동교육 분야 NPO의 역할과 과제에 관해 기술한다.

II. 뉴노멀 시대의 아동교육 분야 NPO 활동

1. NPO 지원센터의 교육 관계 NPO 사례

'특정 비영리활동 법인 NPO 지원센터'(NPO サポートセンター)(https://www.jnpoc.ne.jp/)는 민간 비영리 분야에 대한 인프라 조직으로서 NPO의 사회적 기반을 강화하고 시민 사회 건설의 공동 책임자로서 기업 및 행정부와의 새로

---

6 왕따, 학교폭력 등으로 한국 교육계가 최근 골머리를 앓고 있는 가운데 일본에서는 학교를 나가지 않는 '부등교' 학생이 몇 년 사이 급격히 늘어나 또 다른 사회문제를 낳고 있다. 일본에서는 30일 이상 학교를 나오지 않으면 부등교라고 부른다. [출처] 경기신문(https://www.kgnews.co.kr)

7 공교육 제도의 문제점을 극복하기 위해 별도의 프로그램을 마련하여 1960년대 후반 미국에서 새롭게 고안한 학교

8 가정에서의 아동학대는 아동이 자택에서 학습하지 않는 것을 큰소리로 꾸짖는 행동, 형제 간 싸움이 빈발할 때 큰소리로 나무라는 것, 재택근무 중 부부가 자녀 앞에서 말다툼하는 것이 포함된다.

운 파트너십을 수립하기 위한 기관이다. 센터는 문부과학성 위탁 조사 '교육 관계 NPO 법인에 관한 조사연구'(2010)에서 교육 관계 NPO 사례집 전 5권 (教育關係NPO事例集)을 발간했다(문부과학성, 2011).

NPO의 활동과 내용은 다음과 같다. 1권의 제목은 성장과 배움을 뒷받침 하는 역할로서의 교육, 2권은 사회 속에서의 학습을 지원하는 교육, 3권은 함께 배우고 사는 교육, 4권은 풍요로운 삶을 지지하는 교육, 5권은 네트워 크로 지지하는 교육이다. 1권 '성장과 배움을 뒷받침하는 역할로서의 교육' NPO 활동에는 학교에의 지원활동, 지역에서의 학습지원, 커리어 교육 · 직 업교육지원, 과학기술 ICT 교육이 있으며, 관련 NPO 기관에는 '개발 교육 협회' 및 '키즈 도어' 'NPO 카탈리바' '테이크 오브 미사와'(テイクオフみさわ)[9] 등이 있다. 2권 '사회 속에서 학습하는 것을 지원하는 교육' 분야는 주로 학 교 밖에서의 배움을 지지하는 NPO 활동으로서, 생애 학습 관련 시설과의 연계(아동에 대한 대학 차원의 수업 제공, 대학과 연계한 교육지원 인재의 육성이나 콘텐츠 프로 그램개발, 공민관 등의 사업 운영, 생애 학습 관련 시설과 연계한 활동 등), 자연 체험 등의 청 소년의 학교 밖 활동 지원, 부등교, 니트족, 은둔형 외톨이에 대한 지원, 전화 상담 등 아동과 성인을 위한 공간 만들기가 있다. 관련 NPO에는 '도쿄가쿠 게이대학(東京學芸大) 아동 미래연구소' '방과 후 NPO 애프터스쿨' '토이 박 스' '차일드 라인 지원센터'(チャイルドライン支援センター)가 있다. 3권 '함께 배 우고 사는 교육'은 가정과 직장 사회 속에서 배움을 지지하는 NPO이며 아 버지의 육아 참가 촉진 등 가정교육지원, 남녀 공동참가 활동, 경제교육 등의 소비자교육, 고령자용 각종 강좌, 장애인의 자립 지원교육 등을 한다. 관련

---

9 이 법인은 항공의 과학과 역사 등을 소재로 청소년의 건전 육성에 이바지하는 활동과 평생학습에 이 바지하는 활동을 수행함으로써 나란히 항공을 매개로 한 지역진흥에 이바지하는 것을 목적으로 한다.

NPO는 'fathering Japan' '사사에아이(ささえあい) 의료인권센터 COML', '도치기현 시니어센터' 'BBED(Bilingual Bicultural Education Center for Deaf Children)'[10]이다. 4권 '풍요로운 삶을 지지하는 교육'은 지역 커뮤니티의 활성화를 지지하는 NPO 활동이다. 연수회, 코디네이터나 인재 양성 등의 마을 만들기, 자연 체험시설 운영 등의 환경교육, 일본어 교실 등의 국제협력, 외국인지원, 지역의 전통문화나 민속풍습 전승 등의 문화 스포츠진흥 활동을 한다. 관련 NPO 단체에는 '마을 만들기 학교' '지구 지킴이 일본(earth watch Japan)' '판게아(pangae)' 'BEPPU프로젝트'[11]가 있다. 그리고 5권 '네트워크로 지지하는 교육'은 다양한 분야·기관을 연결하는 중간 지원기능과 새로운 공공을 위한 네트워크, 인력양성, 조성 등을 행한다. 관련 단체로는 'NPO 지원센터' '도야마(富山)현 주민 자원봉사종합지원센터' '일본 모금 활동협회' 등이 있다. 〈표 1〉은 2권 '사회 속에서의 학습을 지원하는 교육'의 NPO 활동이다.

〈표 1〉 2권 사회 속에서의 학습을 지원하는 교육활동

분류	NPO 단체의 주된 교육 관련 사업	관련 NPO
생애 학습 관련 시설과의 연계	아동의 대학 레벨에의 수업 제공, 대학과 연계한 교육지원 인재 육성이나 콘텐츠 프로그램개발, 공민관 동물원 사업 운영, 생애 학습 관련 시설과의 연계한 활동 등	· 도쿄가쿠게이대학(東京學芸大) 아동 미래 연구소 · 방과 후 NPO 애프터 스쿨
청소년의 학교 밖 활동 지원	자연 체험활동, 방과 후프 프로그램, 놀이공원 만들기, 문화 체험활동, 농작물체험 등, 지역에서의 다양한 체험활동, 놀이 활동, 캠프 그 외 청소년의 학교 밖에서의 활동 지원 등	

---

10 청각장애 아동을 위한 이중언어 이중문화 교육센터

11 이 법인은 오이타현 벳푸시(大分県別府市)를 거점으로 사람들에게 현대예술을 경험할 수 있는 기회, 또는 이를 창조할 수 있는 환경을 제공함으로써 현대예술의 진흥, 예술 활동 촉진 및 인재 육성을 도모하고, 풍요롭고 활력 있는 사회조성에 이바지하는 것을 목적으로 한다.

분류	NPO 단체의 주된 교육 관련 사업	관련 NPO
부등교, 니트족, 은둔형 외톨이에 대한 지원	프리스쿨, 가정에서의 학습지원, 중퇴 예방 프로그램, 상담 대응, 치료, 사회 복귀프로그램, 직업훈련, 자립 지원 등	· 토이박스 · 차일드라인 지원센터
아동 성인의 거주 장소 만들기	전화 상담, 카페, 자유공간, 폭력 방지 프로그램, 거주 장소나 마음의 쉼터를 제공하는 활동 등	

출전: 문부과학성(2011)

2. 코로나 19 이후 문부과학성의 NPO 정책

내각부 NPO에서 각 부성청(府省廳)의 NPO 활동 대책(2021년 및 2022년 예산 일람)(https://www.npo-homepage.go.jp/policy-portal/)에는 정부 부처별 NPO 통상사업이 제시된다. 부성청 총사업에는 204건이 있으며 이중에서 문부과학성의 통상사업은 총 26건이 있다(2022.8.). 〈표 2〉는 문부과학성의 예산 사업목록 26건 중 교육 관계 NPO 활동의 일부를 발췌한 내용이다.

〈표 2〉의 NPO 예산 사업에는 SDGs달성 담당자 육성(ESD)추진사업, 유네스코 미래 공동 창조 플랫폼 사업, 교사의 양성·채용·연수의 일체적 개혁추진사업, 지역에서의 학습을 통한 스텝 업(step up)지원사업, 국립 청소년체육진흥사업(아동 꿈 기금), 초·중학생 대상 주니어 박사 육성, 전략적 창조연구추진사업, 스포츠진흥조성, 청소년을 둘러싼 인터넷 의존을 중심으로 한 유해환경 대책사업, 생활자로서의 외국인을 위한 일본어 교육사업, 전통문화 부모 자녀 교실 사업이 있다. 예산 중 비교적 큰 비용을 차지하는 사업이 있는데 청소년 교육 꿈 기금, 주니어 박사 육성, 사회기술 연구개발사업, 스포츠진흥 복권사업, 전통문화교실 사업이다. 일본의 문부과학성은 NPO 사업으로 학생들의 교육에 투자함과 동시에 스포츠와 일본 전통 문화사업에도 관심을 기울이고 있다.

〈표 2〉 문부과학성의 2021년, 2022년도 NPO 관련 예산 목록의 예(총 26개 사업 중 일부)

(단위: 백만 엔)

사업 명칭	시책 사업 개요	예산
SDGs 달성의 담당자(ESD)추진 사업	국내 교육 현장에서 SDGs 달성의 담당자를 키우는 다양한 교육활동(ESD)을 지원하고 담당자들에게 필요한 자질·능력 향상을 도모한다.	44
유네스코 미래 공창(共創) 플랫폼 사업	일본 유네스코 활동의 효과적인 추진을 위해 국내외 다양한 기업의 이해관계자를 결집해 국내 네트워크 거점의 전략적 정비와 선진적 유네스코 활동의 해외 전개를 일체적으로 추진.	88
교사 양성·채용·연수 등 모든 개혁 추진 사업	시대의 변화에 따라 교사에게 요구되는 자질 능력은 사명감과 책임감, 실천적 지도력, 의사소통 능력 등 그동안 반복적으로 제안돼 온 힘과 더불어 ICT 활용 지도력 등 시대적 변화에 대응해 요구되는 힘이나, 자신의 경력 단계에 따라 요구되는 자질 능력을 생애에 걸쳐 높여가는 것이 가능한 힘이다. 나아가 다양한 전문성을 가진 인재와 효과적으로 연계·분담하고 조직적·협동적으로 여러 과제의 해결에 임하는 힘 등이 필요하다. 본 사업에서는 교사가 교직 평생에 걸쳐 그 자질 능력을 향상하게 시켜 나가는 효과적인 구조구축에 이바지하기 위해 대학·교육청·민간교육사업자 등을 활용한 위탁연구 등을 수행함으로써 교사 양성·채용·연수를 통한 개혁을 추진한다.	38
지역에서의 학습을 통한 단계적 향상(step up) 지원 촉진 사업	고교 중퇴자 등을 대상으로 지역자원(고교, 사포스테(サポステ,[12] 헬로워크(ハローワーク)[13] 등을 활용하면서 사회적 자립을 목표로 고등학교 졸업 정도의 학력을 익히기 위한 학습 상담 및 학습지원 등을 실시하는 지방공공단체의 노력을 지원(학교를 핵으로 한 지역력 강화 플랜 메뉴 사업)	10
국립 청소년 교육 진흥기구 '어린이 꿈' 기금	국립 청소년 교육 진흥기구에서 미래를 이끌어갈 꿈을 가진 어린이의 건강한 육성을 추진하기 위해 NPO 법인 등의 민간단체가 실시하는 다양한 체험활동 및 독서 활동 등에의 지원	8,405

---

12 사포스테. 지역 청소년지원스테이션(地域若者サポートステーション:「サポステ」)에서는 일하는 것에 고민을 겪고 있는 15~49세까지 모두를 대상으로 취업을 위한 지원을 하는 기관·복지부가 위탁한 전국 청소년 지원 실적과 기술이 있는 민간단체 등이 운영, 전국이 이용하기 쉬운 친근하게 상담할 수 있는 기관으로 모든 도도부현에 설치(전국 177곳).

13 공공직업안정소(公共職業安定所)의 애칭.

사업 명칭	시책 사업 개요	예산
주니어 박사 육성	이과·정보 분야에서 특히 의욕이나 우수능력을 가진 전국 초·중학생을 대상으로 그 능력 등 추가 신장을 도모하는 특별한 교육프로그램을 제공하는 NPO 법인을 포함한 기관을 지원	270
사회기술 연구개발 사업	인문 사회과학 및 자연과학의 다양한 분야의 지식을 활용하고, 사회 관계자의 참가를 얻은 연구개발을 통해 사회의 구체적 문제를 해결하고 성과의 사회 구현 등을 추진하기 위해 NPO 법인을 포함한 단체 등의 노력을 지원한다.	1,639
스포츠진흥복권 조성	일본 스포츠진흥센터가 판매하는 스포츠진흥복권 (toto)의 수익을 통해 NPO 법인을 포함한 스포츠 단체 및 지방 공공 단체가 수행하는 주로 지역의 스포츠진흥을 목적으로 하는 사업에 대하여 조성을 시행.	5,588
청소년을 둘러싼 유해환경 대책 추진 사업	청소년의 인터넷 의존을 중심으로 한 각종 중독 등과 인터넷을 통한 범죄 피해가 사회적 이슈가 되고 있다. 또 GIGA 스쿨 구상 추진과 신종 코로나 바이러스 감염 확대로 인해 사회 전체의 디지털화가 진전돼 청소년들이 인터넷을 접할 기회가 한층 많아질 것으로 전망된다. 이를 위해 인터넷 등 올바른 사용과 인터넷 의존도를 중심으로 한 각종 중독자 등의 이해·예방에 대해 보호자와 청소년에 대한 계발 등을 추진한다.	24
생활자로서의 외국인을 위한 일본어 교육사업	일본에 체류하는 외국인들이 일본 사회의 일원으로 원활하게 생활을 보내도록 일본어 교육의 내실화를 도모하기 위해 지역 실정에 따른 일본어 교육 시행, 인재 육성 및 학습 교재 작성을 지원함과 동시에 일본어 교육의 교육상 과제나 도도부현을 넘어선 광역적인 과제 등을 해결하기 위한 선진적인 조직을 지원	24
전통문화 부모 자녀 교실 사업	차세대를 담당할 아이들에게 부모와 함께 민속 예능·공예, 기술·방악(邦樂)[14]·일본무용·다도(茶道)·화도(華道: 꽃꽂이)·바둑·장기 등 전통문화·생활문화 등을 계획적·지속해서 체험·습득할 수 있는 기회를 제공하는 조직에 지원한다. 또한, 조직적·광역적으로 체험 기회를 제공하는 조직을 지원함으로써 지역편재 해소 등 보다 많은 어린이가 체험 기회를 얻을 수 있도록 한다.	1,489

출전: 내각부 NPO(2022)

---

14 ほうがく. 서양음악에 대하여 일본의 전통적인 스타일을 바탕으로 한 음악의 총칭.

3. 교육 분야 NPO의 정책 사례

문부과학성의 NPO 법인의 교육 분야정책 사례를 알아보기 위하여 홈페이지에서 'NPO 법인'-'정책분야-교육'으로 검색하면 총 271개의 NPO 교육 정책이 제시된다. 그 가운데 2020년 3월 이후(2020.3.25. 51번 성과보고서)부터 2022년 현재까지의 약 51건의 정책 중, 비교적 최근 교육 관련 NPO 정책을 발췌하여 소개하면 〈표 3〉과 같다.

〈표 3〉 문부과학성 NPO 법인 교육 분야 정책(2020~2022)

일시	주제	문부과학성
2022. 01.05	교사 프로젝트	교사의 바톤(Baton) 프로젝트[15] 교직의 매력을 높이고 교사를 지향하는 사람을 늘린다. 레이와 시대의 일본형 학교 교육을 실현하기 위한 것으로 시대 변화에 따른 질 높은 교사를 확보하기 위해서 더욱 근로 방식의 개혁을 추진하고 교사 처우를 검토하고 교직을 목표로 하는 학생과 사회인들에게 현직 교사가 적극적으로 임하고 있는 모습을 알리는 것이 필요하다. 다양한 학교에서 행해지는 창의연구나 이야기, 교사의 일상 등을 공유하고 전국의 교사나 교사를 지향하는 장을 만들고자 하는 시도. 『레이와의 일본형 교육을 담당하는 교사의 인재 확보 및 질 향상 계획』을 토대로 2021년 2월에 발표된 '레이와(令和)의 일본형 교육'을 담당하는 교사의 인재 확보 질 향상 플랜 단체: NPO 법인 iteachers academy,[16] 인정 NPO 법인 Teacher for Japan[17]

---

15 「#教師のバトン」プロジェクトについて：文部科学省 (mext.go.jp)

16 https://www.iteachers-ac.org/새로운 학습을 담당하는 차세대 교사를 육성한다.

17 https://teachforjapan.org/

일시	주제	문부과학성
2022. 02.22	공생 사회	'공동으로 배우고 살아가는 상생 사회 콘퍼런스. '같이 배우고 살아가는 공생사회' 콘퍼런스 개최에 관하여 (共に学び、生きる共生社会コンファレンス) 개최에 관한 내용: 문부과학성 지역장애인 평생학습 추진 콘퍼런스 in 토우카이 · 호우리쿠 (東海, 北陸) 개최 일정: 2022년 1월 22일(토요일) 주 행사장: 문화 포럼 NPO 법인 카스가이(春日井:[18] kasugai.) (온라인 병용 개최) 단체: NPO 법인 KIDS COLOR
2022. 02.22	중학생 학습지원	중학교 국어 학습지원 콘텐츠(2022.2.22.) · 국어과 내용 전반에 관한 내용 지바현의 힘이 나는(やる氣) 학습 가이드/지바현 교육위원회 국어에 관한 여론조사/문화청 친화적인 일본어로 쓴 뉴스/NHK 추천 키즈 사이트 목록 국어/'일반사단법인 교과서 협회' · 지식과 기술에 관한 내용 학력 향상 워크시트(중학교 · 국어)/사이타마현(埼玉縣) 교육위원회 기초학력 정착 프로그램(국어)/사이타마시 교육위원회 eboard 중학교 국어/NPO 법인 eboard 10min. 박스(고문 · 한문: 古文 · 漢文)/NHK 언어 식당(ことば食堂)에 오신 걸 환영합니다/문화 간단 작성 한자(コツコツ漢字) 인쇄 2019, 2021/도쿄 서적 경어 재미있게 상담실(敬語おもしろ相談室)/문화청 학생용 학습 자료/교육 출판 일본 서사서도(書寫書道) 검정위원회 경필 서사 기능 검정 · 모필 서사 기능(硬筆書寫技能檢定 · 毛筆書寫技能) 검정/일반재단법인 일본 서사 기능 검정협회 · 글쓰기에 관한 내용 편지 작성법/일본우편 어린이 하이쿠(こども俳句)[19]교실/미에현(三重縣) · 읽기에 관한 내용 지금 풀기(今解き教室) 교실/아사히 신문 신문사의 워크시트/NIE 청공 문고(靑空文庫) 10min.박스(현대문)/NHK 단체: NPO 법인 eboard[20]

18   愛知縣의 북서부에 있는 시

19   일본의 시 형식 가운데 하나

20   ICT教材 eboardeboard는 NPO 법인 eboard가 개발하고 운영하는 학습 자료. "누구든지 어떤 환경

일시	주제	문부과학성
2022. 08.08.	고등학교 학습지원	고등학교 학습지원 콘텐츠(2022. 6.) 각 교과 등의 가정 학습 자료 및 학습사례(고등학교) **1. 공통교과 · 과목 등** (1) 국어 (2) 지리 역사 (3) 공민 (4) 수학 (5) 이과 (6) 보건 체육 (7) 예술 (8) 외국어 (9) 가정 (10) 정보 (11) 종합 탐구 시간 (12) 특별 활동 **2. 전문교과 · 과목** (1) 농업 (2) 산업 (3) 상업 (4) 수산 (5) 가정 (6) 간호 (7) 정보 (8) 복지 학습 예: 교과서나 보조교재 등을 통해 수업내용을 되돌아보고 학습하거나 교과서를 읽고, 인터넷이나 책 등의 정보와 함께 미래사회에 필요한 힘을 기른다. 프로그래밍이나 디지털 작품 제작 등 그동안의 실습 등을 되돌아보고 개선점을 찾아내거나 새로운 것을 제작하기도 한다. 인터넷을 통해 서로 평가하거나 협동하여 제작하기도 할 수 있다./ NPO 법인 학습창조포럼
2022. 08.22	외국 아동 교재지원	외국과 관련된 어린이 교재를 알고 싶다! 다국어 대응 중학 교과 단어장[우쓰노미야대학(宇都宮大學) 다문화공공권센터 多文化公共圈センタHANDS 사업] 중학교에서 사용하는 수학 · 영어 · 지리 · 이과(제1, 2분야) 교과서에서 사용 빈도가 높은 학습용어를 수집하여 6개 언어(포르투갈어 · 스페인어 · 필리핀어 · 태국어 · 중국어 · 베트남어)로 번역한 단어장 및 그 별책을 내려받을 수 있다. 초등학교 고학년 아동의 학습지원에 활용할 수 있다. 일본어 지도를 위한 수업 영상(일반사단법인 CAMEL · 메이지대 국제 일본학부) 외국 아동들의 일본어 학습에 활용하는 수업 영상. .학교에서 쓰이는 언어를 배우면서 필요한 소지품이나 학교 생활의 모습도 배울 수 있다. 영어 번역: https://www.camel123.jp/moodle/mod/page/view.php?id=3925 중국어 번역: https://www.camel123.jp/moodle/mod/page/view.php?id=3926

출전: https://www.mext.go.jp

에서나 배우는 것을 포기하고 싶지 않다." 가정에서 이용하는 내용은 모든 영상 수업 · 디지털 드릴(반복연습)을 무료로 이용할 수 있다.

〈표 3〉에서 일본의 레이와(令和) 시대의 일본형 학교 교육을 담당하는 교사의 인력 확보 질 향상 계획(바톤 프로젝트)은 교직의 매력을 높이고 교사를 지향하는 사람을 늘리는 것이다. 교사의 바톤(baton) 프로젝트(#教師のバトン)는 'NPO 법인 iteachers academy' 및 인정 NPO 법인 'Teacher for Japan'의 공동(fellowship) 프로그램이다. 이 프로젝트는 학교에서의 근무방식 개혁에 따른 근무환경 개선과 ICT의 효과적인 활용, 새로운 교육 실천 등 학교 현장에서 진행되고 있는 다양한 개혁사례와 에피소드에 대해 현장 교사와 학부모 등이 트위터 등 SNS에 게시하여 전국 학교 현장의 도전과 일상적인 교육활동에 있어서 교사의 생각을 사회에 널리 알리고, 교직을 목표로 하는 학생·사회인들의 준비를 도모하는 것을 목표로 한다. 학교와 지역 교사의 도전을 원거리 거주 교사에게, 경력 교사에서 신임교사로, 현직 교사에서 교사를 지향하는 학생과 사회인으로, 학교의 미래를 향해 바톤을 연결하기 위한 프로젝트다. 교직 매력 향상을 위한 홍보 충실(2020년 이후 검토·실시) 및 홍보와 교직 매력 향상의 힘을 높이기 위한 사이트 설치 등을 통해 홍보의 내실화를 도모한다. 교사의 바톤 해시태그를 달았던 게시물을 트위터나 특별 양식으로 만들어 모집하고, 프로젝트 공식 트위터 등 SNS에서 발신한다. 다양한 학교에서 행해지는 창의연구나 이야기, 교사의 일상 등을 공유하고 전국의 교사나 교사를 지향하는 장을 만들고자 하는 시도다. 투고는 교사의 바톤 프로젝트 공식 트위터나 note[21] 등의 SNS에서 한다.

'공동으로 배우고 살아가는 공생사회' 콘퍼런스는 2021년도 문부과학성의 학교 졸업 후 장애인의 학습지원에 관한 실천 연구사업이다. 장애인의 평

---

21 note (ノート) 노트는 문장, 사진, 삽화, 음악, 영상 등의 작품을 전달하는 웹사이트. 2014년 4월 7일 서비스를 시작. 2019년 11월 25일, note의 도메인 이름을 note.mu에서 note.com으로 변경.

생학습 활동에 대한 실천 교류 및 연구 협의를 통해 장애인의 학습성과 발표, 배움의 장소 조성에 관한 선행사례 공유, 장애인의 평생학습 활동에 대한 학습자 교류 및 연구 협의를 통해 장애인 이해와 관련자 배움 증진, 평생학습을 추진하는 담당 인력양성, 장애인 배움의 장소 확대를 목표로 하고 있다. 사회교육, 장애가 있는 사람들, 없는 사람들, 모두가 배움의 대상이 된다. 2014년 장애인 권리조약의 추진이나 2016년 장애인 차별 해소법의 시행 등을 포함하여 학교 졸업 후 장애인이 생애를 통하여 학습을 이어가는 사회, 같이 배우는 공생사회의 실현을 향하여 장애인 생애 학습의 기회를 전국적으로 정비하고 보완한다. 장애인 본인에 의한 성과발표, 학습의 장 만들기에 관한 좋은 사례의 공유 등 장애인의 생애 학습활동에 관한 실천을 교류하고 연구를 협업하여 장애 이해나 관계자의 학습을 촉진하고 생애 학습을 추진하는 담당자를 육성하고, 장애인의 학습장소 확대를 지향한다. NPO로서는 NPO 법인 가스가이(春日井) 아동 도우미, KIDS COLOR[22](愛知縣) NPO가 관여한다.

중학교 국어 학습지원 콘텐츠(NPO 법인 eboard 10min복스)는 '국어과 내용 전반에 관한 내용' '지식과 기술에 관한 내용' '글쓰기에 관한 내용' '읽기에 관한 내용'을 학습하는 사업이다. 지바현 교육위원회가 관여한다. '지식과 기술에 관한 내용'에는 학력 향상 워크시트(중학교·국어)/사이타마현(埼玉縣) 교육위원회가 관여한다. '글쓰기에 관한 내용'에는 편지 작성법/일본우편이 있고, '읽기에 관한 내용'에는 '지금 풀기 교실'/아사히 신문이 관여한다.

고등학교 학습지원 콘텐츠(2022. 6. 1.)는 학습창조포럼 법인이 관여하는 사업이다(NPO法人學習創造フォーラム). 내용은 각 교과서의 가정 학습 자료 및 학습 사례(고등학교)이다. 말하기, 듣기 학습에 관해서는 교과서에 실린 교재를 기

---

22   https://www.kids-color.co.jp/보육교사 지원 및 육아 지원을 위한 웹서비스의 운영 및 개발.

본으로 한 다음, 예를 들어 말하기, 프레젠테이션, 인터뷰, 토론 등의 내용, 구성이나 전개, 표현 방식 등에 대해 생각하고, 자신이 말하거나 듣거나 대화하는 데 필요한 것에 대해 노트 등으로 정리하거나 관심 있는 화제에 대해 자기 생각과 생각을 표현하기 위한 대화 메모를 작성한다. 또한, TV와 라디오, 인터넷 등을 통해 음성과 동영상을 시청해 자신의 표현으로 살릴 수도 있다. 그리고 외국과 관련되는 '아동용 교재를 알고 싶어요.' 사업은 다언어 대응의 중학교 교과 단어장 사업으로서 우츠노미야대학 다문화 공권센터의 HANDS 사업이다. 일본어 학습을 위한 수업 영상(일반사단법인 CAMEL · 메이지대학(明治) 국제일본학부)으로 외국과 관련된 아동들의 일본어 학습에 활용한다. 학교에서 쓰이는 언어를 배우면서 필요한 물건들이나 학교생활의 모습도 배울 수 있다. 그림 1은 중학생 학습지원 eboard NPO의 홈페이지 첫 화면이다.

〈그림 1〉 .eboard.

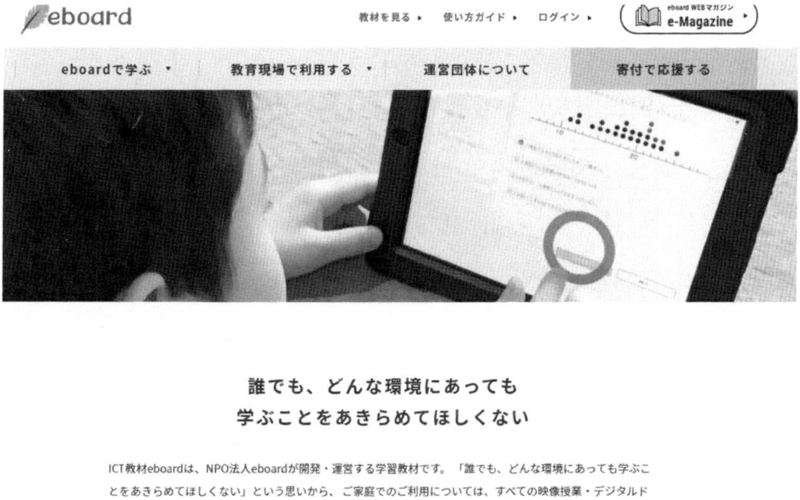
eboard
教材を見る ▸
使い方ガイド ▸
ログイン ▸
eboard WEBマガジン
e-Magazine
eboardで学ぶ
教育現場で利用する
運営団体について
寄付で応援する
誰でも、どんな環境にあっても
学ぶことをあきらめてほしくない
ICT教材eboardは、NPO法人eboardが開発・運営する学習教材です。「誰でも、どんな環境にあっても学ぶこ
とをあきらめてほしくない」という思いから、ご家庭でのご利用については、すべての映像授業・デジタルド

출전: //info.eboard.jp/use

Ⅲ. 아동교육 분야 NPO의 역할과 과제

비영리단체는 공공서비스의 부족분을 시민 스스로가 자발적으로 보완하여 생존보장을 충실히 하는 데 매우 중요한 역할을 하는 조직으로 기대된다(武田, 2014). 문부과학성(2010)은 그간의 NPO 활동을 엮은 사례집 5권을 발간했다. 교육이 아동들의 성장과 학습을 지원하고 사회 속에서 학습하며 함께 배우고 풍요로운 삶을 영위해나가며 네트워크로 지지하는 교육에 관한 내용을 소개했다. 주제별로 3~4개의 NPO 기관이 관여하여 사업을 진행했다.

2020년 뉴노멀 시대를 맞이하여 일본의 아동교육 NPO의 사업은 ESD, 유네스코 활동, 고교 중퇴자를 대상으로 한 지역 청소년의 학습지원, 어린이 체험과 독서 활동을 진흥하기 위한 기금지원, 초·중학생 대상으로 한 이과와 정보산업 분야에서의 교육프로그램 NPO활동 지원을 했다. 그리고 인문사회과학 지원을 비롯하여 스포츠 진흥사업지원, 청소년 유해환경 대책(인터넷 중독, GIGA 학교 구상 추진), 외국인을 위한 일본어 교육사업, 일본 전통문화(예능, 공예, 일본음악 등) 체험 습득 사업을 하고 있다. 최근 2~3년 사이에는 코로나로 인하여 아동교육 NPO 정책이 잠시 지체된 듯하였으나 교사의 질적인 향상을 도모하는 정책인 교사의 바통 사업프로젝트, 외국인을 위한 일본어 학습을 돕는 일본어 개발사업, 지역장애인을 위한 공생 사회정책, 중고등학교 학생들을 위한 학습지원에 대한 활동은 학교 교육을 뒷받침하는 중요한 사업이 되고 있다. 이처럼 뉴노멀 시대에는 교사의 역할과 학생들의 학습 능력 향상을 목표로 하는 학습에 관한 내용 활동 사업을 하고 있다.

아동교육 분야 NPO 활동에는 본문 〈표 2, 3〉의 사업 및 사례 이외에도 문부과학성은 가정교육지원팀 활동 추이, 신형 코로나 바이러스 감염증 대책 대응, 임시휴업 시간의 학습지원 콘텐츠 포털사이트 개설, 학교 교육에서의 ICT를 활용한 원활한 저작물 이용에 관한 내용, 학교 매력화 포럼, 신시대를 위한 국제협력프로그램 공모건, 주식 제공, 급식 식재료 활용, 운동 기회 확보를 위한 학교 교정 개방, 등교일과 분산 등교 사례, 특별지원 교육의 조직, 지역과 연계 사례, 외국인 학생의 교육 보조(2021년), 장애인의 학교 졸업 후의 학습지원 등의 내용들을 논의한다(https://www.mext.go.jp).

교육 장면 NPO의 역할에서 고려해 보아야 할 점은 다음과 같다. 첫째, NPO에 종사하는 인재 양성을 생각해 나아가지 않으면 NPO에서의 지원은 좀처럼 어려워진다. 둘째, 일본의 생활문화교육, 모국어 지도, 다문화 이해 및 다문화 상생에 기초한 교육의 현황에 대해 의무교육 단계에서 모어·모 문화 지원의 필요성이 있다. 또한 외국인 아동의 취학 및 진학 기회 확보, 일본의 생활 및 문화에 대한 교육, 모어 교육, 다문화 이해 및 다문화 상생에 대한 아이디어 기반 교육의 취학 전 단계 지원 방법에 대한 것이다. 셋째, 관계 기관, 지원 단체 및 기업과의 협력이다. 자치 단체의 관계 부서와의 협력은 물론이지만, 국제 교류 협회, NPO 및 기타 민간단체 같은 외부 단체와의 협력을 어떻게 시도할 것인가? 특히, 학교 측에서 어떤 자원이 있는지, 그리고 관계 기관 측에서 접근하기 쉽게 하려면 교육위원회와 학교 측에서 생각해야 할 조치가 있는지, 지역 협력 시스템의 강화를 위해 행정 차원에서 어떤 제도적 대응이 고려 될 수 있는지에 대한 것이다. 윤종혁(2021)은 학교 현장은 재난 위기 상황을 극복하고 충실한 교육환경을 구축하기 위해 지역사회, NPO 단체, 대학 등과 연계 협력하는 파트너십을 실천해야 한다고 했다.

아동들은 발달 도상에 있으므로 적기에 적절한 교육을 받지 못하는 환경에 놓이면 발달 격차가 나타나게 된다. 가족 속의 아이들, 부모에 대한 접근, ICT 교육, 빈곤, 학습지원, 부등교 문제, 방과 후 아이들의 생활문제, 고립이나 가정과 지역에서의 드러나지 않는 학대, 언어 문화적으로 다양한 아이들에 대한 보육·교육 및 양육 지원, 소외계층 아동들의 교육 격차에 대해서 지역사회는 전반에 걸쳐서 점검하고 도움을 주도록 노력해야 할 것이다. 교육 NPO는 이러한 아동들을 발굴하여 다양한 방법과 루트를 통해서 건강한 사회 만들기에 노력해야 할 것이며 국가와 지역사회, 교육관계자들은 무엇보다 이러한 비영리활동에 관심을 가지고 역량 있는 활동가를 양성하고 관리하는 일에 소홀히 해서는 안 될 것이다.

〈 참고문헌 〉

다케다 하루히토(武田晴人) 지음, 강성우 역(2014). **일본 속의 NPO**. 서울: 제이엔씨.

사토 요시유키(佐藤慶幸) 지음, 송석원 역(2004). NPO와 시민사회. 서울: 아르케.

서울시 NPO 지원센터(2020). **NPO 추세 리포트. 뉴노멀을 준비하는 방법**. 서울시 NPO 지원센터. 2020.10.30.

서울시 사회복지사협회(2020). **뉴노멀 시대의 교육 그리고 사회**. 2020.10.30.1-3.

윤종혁(2021). 311 동북 대지진 이후 학교 교육개혁의 과제; 지역사회와 연계하는 체제 구축을 중심으로. **제136차 한국 일본교육학회 하계학술발표대회 자료집**, 29-34.

文部科學省(2011). 教育關係NPO法人の活動事例集.

https://www.jnpoc.ne.jp/

NPO法人ポータルサイト兒童生徒教育支援協會.

https://npo-sc.org/main/research에서 2022.4.25. 인출.

https://www.npo-homepage.go.jp/npoportal/에서 2022.4.10. 인출.

https://www.npo-homepage.go.jp/about/npo-kisochishiki/ninteiseido에서 2022.4.25. 인출.

https://www.npo-homepage.go.jp/about/toukei-info/ninshou-bunyabetsu에서 2022.4.26. 인출.

https://www.npo-homepage.go.jp/about/toukei-info/nintei-houjin에서 2022.4.26. 인출.

https://www. npo-homepage.go.jp/policy-portal/index에서 2022.4.20. 인출.

https://www.mext.go.jp/magazine/backnumber/mext_00157.html에서 2022.4.10. 인출.

https://www.mext.go.jp/b_menu/shingi/chousa/shotou/151/gijiroku/1421541_00005. htm에서 2022.4.20. 인출.

https://www.mext.go.jp/result_js.htm?q=npo%E6%B3%95%E4%BA%BA&search=x&p =5&c=10&o=1&r=1%3Akyoiku#resultstop에서 2022.4.4. 인출.

https://www.mext.go.jp/a_menu/ikusei/gakusyushien/mext_00461.html 고등학교학습 지원콘텐츠에서 2022.8.7. 인출.

https://www.mext.go.jp/result_js.htm?q=npo%E6%B3%95%E4%BA%BA&search=x&p =1&c=10&o=1&r=1%3Akyoiku#resultstop에서 2022.4.20. 인출.

https://teachforjapan.org/entry/column/2020/02/27/kyoiku-npo.에서2022.4.26. 인출.

https://activo.jp/children에서 2022.4.26. 인출.

http://www.djb.utsunomiya-u.ac.jp/download/725에서 2022.4.15. 인출.

https://www.camel123.jp/moodle/mod/page/view.php?id=3925에서 2022.4.10. 인출.

https://www.npo-homepage.go.jp/uploads/R4_sesakutouroku_ichiran.pdf.

www.eroun.net/news/articlePrint.html?idxno=22340

https://www.mext.go.jp/result_js.htm?q=NPO%E6%B3%95%E4%BA%BA&search=x &r=1%3Akyoiku&p=1&c=10&o=1#resultstop에서 2022.8.8. 인출.

제10장

제10장 일본의 교원 업무 경감 추진 정책과 시사점:
'업무 분장' '팀 학교' '동아리 지도'를 중심으로 *

조규복

Ⅰ. 일본 교원의 업무 경감 정책과 사례

본인은 일본 유학 중 수업참관 등을 하면서 일본 교원의 업무량이 많고 초과 근무 시간이 길다는 것을 직간접적으로 알고 있었지만 그 정도와 심각성 및 원인 등에 대해서 구체적으로 파악하고 있지 않았다. 일본 교원 업무에 대해 관심을 가지게 된 것은 2021년 12월 초 우리나라 경기도교육청이 '학교업무재구조화 시범학교'에 대한 신문보도를 접하고 나서부터다. 경기도교육청의 학교 교직원 업무를 재구조화하기 위한 시범학교를 추진하는 것에 대해 전국 교육행정직 공무원 400여 명이 모여 집회를 한다는 소식이었다. '업무 재구조화(업무분장)'를 교원 업무 경감 및 교육행정직 공무원의 업무

---

* 이 장은 조규복(2021). 일본의 교직원 업무 적정화 추진 정책 현황과 시사점. 한국일본교육학회 2021년 학술대회 발표자료집; 조규복(2022) 일본의 교원 업무 경감 방안과 시사점. 교육광장. 한국교육 과정평가원의 원고를 재구성 및 보완한 것이다.

증가로 이어질 가능성에 대한 우려가 그 집회로부터 전달돼 왔다.

일본의 교원과 교육행정직 공무원 간 업무 분장과 교원 업무 및 근무시간 등은 어떻게 되는지 그리고 그 안에서 우리가 참고할 점은 무엇인지 알아보았고 관련 법 정비와 정책 추진 현황도 살펴보았다.

1. 교원 업무 적정화 관련 법제도

교원의 업무 부담을 경감하기 위한 일본 문부과학성의 정책은 2000년 이전부터 진행되어 왔지만 2000년 이후의 주요 특이사항을 정리하면 다음 일곱 가지를 꼽을 수 있다. 첫째, 2007년에 문부과학성이 학교교육법 시행규칙을 일부 개정하여 '사무장'과 '주간교사'라는 교직원 직책을 신설한 점이다. '사무장'은 우리나라의 행정실장에 해당하지만 '주간교사(主幹敎諭)'는 우리나라에 딱 맞는 것은 찾기 곤란하다. 참고로 우리나라 수석교사에 해당하는 것은 일본의 '지도교사(指導敎諭)'라고 볼 수 있을 것이다. '주간교사'는 행정직원과 교원을 이어주는 역할을 하면서 교장과 교감을 보좌하면서 교육 과정과 학생생활지도 등의 교육업무를 하면서 교육청 등의 공문 처리와 학부모 대응 등의 행정 및 대외업무를 수행한다. 또한 수업도 매일 1-2시간 정도 수행한다. 반드시 모든 학교가 '주간교사'를 설치할 의무가 있는 것은 아니다.

둘째, 2008년에 문부과학성이 '스쿨 소셜 워커'라는 직책을 신설한 것이다. 설치 이유는 부등교 학생이 매년 증가하고 있었기 때문이다. 이것은 '스쿨 카운슬러'와 유사해 보이지만 다른 직책이다. 스쿨 카운슬러는 우리나라의 상담(교)사와 유사하지만 스쿨 소셜 워커는 우리나라에는 존재하지 않는 직책이다. 스쿨 카운슬러는 학생의 심리를 살피거나 상담하는 것이라면 스쿨 소셜 워커는 학부모 및 관계 기관과 연계하며 학생의 환경 변화를 도모하는 것이라고 말할 수 있다. 스쿨 소셜 워커는 초중고등학교뿐만 아니라 교육청 등에 근무할 수 있으며 설치 방법 배치형과 파견형 등 지자체에 따라 상이하다.

셋째, 2015년에 문부과학성은 중앙교육심의회 답신을 통해 '팀으로서의 학교'라는 개념을 공식적으로 언급한 점이다. 이것은 교원과 사무직원이 보다 책임감과 자율성을 가지고 함께 협력하여 학교 문제를 해결해 나가는 것을 강조한 것이다. 이러한 '팀으로서의 학교조직' 관점은 시바다 신고(芝田進午, 1980)가 먼저 주장한 것으로서 약 35년이 지나서야 행정력을 가지는 개념이 되었다. 즉 시바다(芝田進午, 1980)는 교직원의 양적 증대와 그 질적 역할에 대해 살펴볼 때, (1) 학교 교육은 모든 직종의 교원 · 직원 사이의 노동 분할과 협업으로 이루어지는 것, (2) 교육노동의 각 직종 사이에는 "귀천"이 없고 상호 간 비협력은 물론 차별이나 분단의 관계가 없어야 할 것. 서로 대화하고, 민주적 · 과학적으로 노동을 편성하여, "직장 집단"이 형성되어야만 비로소 교육이 보다 전면적이고 보다 민주적 · 과학적이 될 수 있는 것, (3) 이를 통해 전인 발달과 민주주의의 교육도 실현될 것이라고 언급하며 이를 위해서 학교 조직이 교원뿐만이 아니라 교원 · 직원으로 이루어지는 팀으로 형성된다는 인식이 필요함을 언급하였다.

넷째, 문부과학성은 2017년에 학교교육법의 일부를 개정하면서 사무직원의 직무를 '사무에 종사한다'에서 '사무를 담당한다'로 수정하였다. 사무를 담당한다는 표현은 기존에는 '사무장'에게만 언급되었던 표현이 사무직원으로까지 확대된 것이다. 이것은 사무직원이 전문성을 살려 보다 주체적이고 적극적으로 교무 운영에 참가를 촉진하기 위한 것이다. 또한 이와 관련하여 문부과학성(文部科学省:2018)은 각 학교에서 근무하는 사무직원이 1주에 1번 모여서 서로 정보를 공유하고 협력하여 업무 효율성을 높이도록 '공동 학교

사무실'을 설치할 수 있도록 하였다.

다섯째, 2019년 문부과학성은 중앙교육심의회를 통해 '새로운 시대의 교육을 위한 지속 가능한 학교지도·운영체제 구축을 위한 학교방식 개혁에 관한 종합방안'이라는 정책문서를 발표한 것이다. 본 보고서 서두에는 '교사의 과로사 등의 사태는 절대로 있어서는 안 된다'라는 문구가 있듯이 교원의 과로 문제에 대한 절박한 문제의식을 바탕으로 작성되었다. 초과근무는 1달에 45시간 이하로 제한하는 지침을 만들었고, 그럼에도 불구하고 평일에 1달간 45시간 야근을 피할 수 없는 교사가 적지 않음을 고려하여 1년 360시간 이하로 제한하면서 교사들이 방학 중에 몰아서 쉴 수 있도록 탄력적으로 근무시간을 관리할 수 있도록 하는 지침을 만들었다. 또한 교원의 과다 업무를 보다 체계적으로 파악 및 관리하여 방지하기 위해서 타임카드로 출퇴근 시간을 관리하도록 권장하고 있다. 실제로 문부과학성(文部科学省a, 2020)의 교원 업무 실태조사 결과, 전국의 조사대상 초중학교 중 IC카드(〈그림 1〉 참조), 타임카드, 컴퓨터 기동시간 등으로 출퇴근 기록을 파악하는 학교 비율이 2019년 48.2%에서 2020년 72.0%로 증가하였다. 이를 통해 학교 단위, 교육청 단위, 국가 단위로 다양한 교사 유형별 개인 특성별 근무 유형과 문제를 진단하고 해결방안을 모색할 수 있게 되었다. 또한 학교 교직원이 담당하지 않아야 하는 업무(등하교 지도, 학교 주변 순찰, 학교징수금 관리, 지역 봉사단체와의 연계), 교원이 담당하지 않아도 되는 업무, 교원이 담당하지만 경감이 가능한 업무로 구분하여 제시하였다(〈표 2〉 참조).

여섯째, 2020년 문부과학성(文部科学省a, 2020)이 사무직원의 직무를 5가지 유형(총무, 재무, 시설관리, 사무전반, 교무운영)으로 구분하였는데 교무운영 안에 교육과정 재구성(커리큘럼·매니지먼트) 추진에 필요한 인적·물적 자원 조정·조달과 교육 활동에서 ICT 활용 지원이 포함된 것이다. 사무직원에게는 주로 교사가 담당하는 교육과정과 교수학습 관련 업무가 추가된 것으로 보일 수 있지만 인적 물적 자원을 보다 적절히 관리하기 위해서 교사와 함께 교육과정 재구성과 ICT 활용 교육에 참여하는 것이라고 볼 수 있다. 이러한 관점은 상기의 '팀으로서의 학교조직'의 연장선으로 사무직원의 주체성과 자율성 및 책임감을 높이는 것으로도 볼 수 있다. 참고로 일본은 'ICT 지원원'이라는 직책을 설치한 학교가 적지 않은데 이것은 '사무직원'에 비해 보다 더 교수학습과 자원관리를 교사 관점에서 지원하는 것이라고 볼 수 있다.

<그림 1> 교원 근태관리용 IC카드 단말기(단말기 가격은 약 1만 엔)

일곱째, 교직원의 유형이 다양화되는 점이다. 정보화 글로벌화 등으로 급변하는 세상 속에서 성장하는 청소년들에게 요구되는 지식과 능력 등은 점점 더 고도화되고 있음이 반영되며 주간교사와 스쿨 소셜 워커 및 ICT 지원원 등 다양한 교직원이 등장하고 있다. 물론 우리나라처럼 양호교사와 영양사 및 사서 등의 교직원이 일본에도 존재한다. 이렇게 다양화되어가는 교직

원들을 총괄하고 서로 소통하고 협력하는 학교 근무환경과 문화를 조성하는 것이 교장 교감 등의 관리자에게 요구되고 있다.

2. 교원 업무 경감 관련 우수사례집

법제도 정비와 더불어 주목할 정책사업으로 文部科学省b(2021)의 '전국학교 업무 혁신 사례집'을 소개하고자 한다. 이것은 220쪽의 PDF 문서로 약 20개 유형(학습지도, 학습평가, 학생지도, 진로지도, 특별활동, 동아리, 교외 활동, 출결 및 보건 정보관리, 학부모 응대, 교무, 조사, 시설관리, 교무분장, 교직원 회의, 연수 연구, 회계, 복무, 업무분담 검토, 집무시간 창출, 외부인재 확보)으로 각 유형별로 1~6개의 구체적인 업무 효율화 사례가 정리되어 있다. 예를 들어 '학습지도'의 경우 6개 사례(교재연구, 지도안 작성, 숙제 점검, 교실 게시, 학급일지)에 대한 업무 효율화 아이디어가 담겨 있다. '연수 연구'의 경우에는 4개 업무 효율화 사례(연수 연구회 정선, 수업참관, 교재 및 정보공유, 맞춤형 선택지원, 동영상 및 자료 공유)가 소개되어 있다.

이러한 가이드북의 사례에는 아래의 5가지 특성을 발견할 수 있었다.

첫째, 교원과 사무직원이 함께 협력하는 점이다. 즉, 대부분 교원이나 사무직원 한쪽만의 업무가 아닌 함께 고민하고 준비하고 수행하는 성격을 보였다.

둘째, 디지털화하는 점이다. 특히 구글문서 등으로 함께 연락하고 공유하면서 그 정보를 활용하는 사례가 적지 않았다. 예를 들어 〈그림 2〉처럼 시험 문제를 구글 설문으로 제작하면 자동으로 채점과 집계 및 성적처리가 가능함을 제시하고 있다.

셋째, 형식적 관행적 업무 방식을 지양하는 점이다. 각각의 업무에서 최대한 횟수와 시간 등을 최소한으로 하여 집중하면서 유연하게 상황에 따라 처리하는 방안을 모색하고 구현하는 점이다.

넷째, 전체적으로 이러한 업무 혁신은 교원보다는 사무직원의 주도하에 진행하는 것이 기대되는 점이다. 즉, 시간과 재원 및 인력 등의 교육자원을 관리 운용의 전문성이 요구되는 것으로서 이러한 것이야말로 사무직원의 행정 전문성이 요구되기 때문이다. 물론 이를 위해서는 교원의 협조와 교육 과정 등에 대한 이해가 바탕이 되야 할 것이다.

다섯째, 큰 노력이 필요하지 않은 약간의 팁으로 일상 속 교원 업무가 간소화되면서도 그 업무의 질은 향상될 수 있는 점이다. 최소 노력으로 기존보다 더 양질의 효과를 기대할 수 있는 것으로서 큰 준비 없이 일상 속에서 바로 시도하고 지속할 수 있는 것이다.

<그림 2> 디지털화를 통한 교원의 평가 업무 자동화 사례

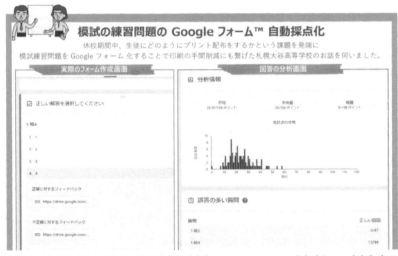

*가이드북에 대한 상세한 내용은 문부과학성의 웹사이트(https://c11.kr/uj74)에서 다운로드 받아서 참고하기 바란다.

II. 일본 교원 초과근무 현황과 원인

본론에서는 일본 교원의 업무 시간이 어느 정도고 어떤 업무를 왜 하는지 그리고 업무 경감을 위해 어떤 노력을 하는지에 대해 살펴보기로 한다.

1. 일본 교원의 초과근무 현황

먼저 일본 교원의 업무 시간이 어느 정도 되는지를 최신 자료를 바탕으로 객관적으로 파악하고자 한다. 2021년 하반기에 문부과학성과 일본교직원조합에서 조사한 것이 있다. 전자(文部科学省a, 2021)는 전수조사로 출퇴근 기록을 바탕으로 한 것이고 후자는 7,014명의 교사에게 온라인으로 인식형 설문방식으로 조사한 것이다. 문부과학성(2021)의 '학교 업무 개혁을 위한 추진현황 조사 결과 개요'에 따르면 2020년 기준으로 일본 전체 학교의 86.4%가 교원의 근무를 IC카드 혹은 타임카드로 관리하고 있다고 하니 문부과학성 조사 결과의 신뢰성은 상당히 높다고 말할 수 있다.

문부과학성이 2021년 9월에 조사한 교원근무실태 조사 결과를 보면 약 30~40%의 교사가 월 45~80시간 초과근무를 하고 있으며, 약 10%의 교사는 월 80시간 이상을 초과근무하고 있다. 한편 후자(일본교직원조합)의 인식형 설문조사 결과로는 초·중·고등학교 교사의 월 평균 초과근무 시간이 각각 약 57시간 40분, 76시간 32분, 48시간 55분이며 이와 별도로 자택에서도 매일 약 1시간 정도 일하는 것으로 조사되었다. 참고로 일본 교사의 정규근무 시간은 7시간 45분이다. 8시 15분부터 16시 45분까지가 근무시간으로 되어 있고 그 중간(보통 12시 45분~13시 30분)에 45분간 휴식 시간을 끼고 있다(〈그림 3〉 참조).

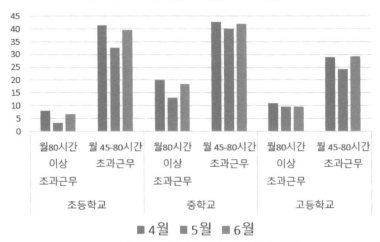

〈그림 3〉 학교급별 월별 초과근무 교원 비율(%)

■ 4월　■ 5월　■ 6월

*文部科学省a(2021) 학교의 업무 방법 개혁을 위한 추진 현황 조사 결과 개요의 일부(6-8) 내용 재구성

　문부과학성과 일본교직원조합의 조사 결과는 집계와 표시 방법 등에 약간의 차이를 보이지만 이를 통해 실제로는 정규근무시간보다 하루에 평균 3~4시간 더 일하는 것으로 유추할 수 있다. 평일에는 8시에 출근해서 19시 정도에 퇴근하고 주말에도 동아리 지도 등을 위해 하루나 이틀 출근해서 4시간 정도 더 일하는 것으로 대략 가늠할 수 있다. 일본교직원조합의 조사 결과를 참고로 방학에는 대부분 정규근무시간대로 근무를 하지만 주말에도 매주 이틀 중 하루 정도 출근하는 것을 가늠할 수 있다.

　아울러 OECD(2019)의 국제 교수학습 조사(TALIS)에 따르면 일본 교사는 1주에 56시간 일하는 것으로 되어 있지만 실제로는 더 많이 일하고 있었음을 상기 문부과학성과 일본교직원조합의 조사결과를 통해 충분히 유추해 볼 수 있다. 참고로 OECD(2019)의 국제 교수학습 조사(TALIS) 결과에서 우리나라 교사는 주당 34시간 일하는 것으로 나왔고, OECD의 평균 근무시간은 주당 38.8시간으로 집계되었다(〈표 1〉 참고).

〈표 1〉 교사의 주요 업무별 근무 시간(1주당)

	전체	수업	수업 준비	학생 과제	학교 경영	행정	전문성 개발	학부모 소통	교과 외 (동아리)
일본	56.0	18.0	8.5	4.4	2.9	5.6	0.6	1.2	7.5
한국	34.0	18.1	6.3	2.9	1.7	5.4	2.6	1.6	2.0
미국	46.2	28.1	7.2	5.3	1.7	2.6	1.7	1.6	3.0
영국	46.9	20.1	7.4	6.2	2.0	3.8	1.0	1.5	1.7
프랑스	37.3	18.3	7.0	4.7	0.7	1.4	0.8	1.1	1.0
핀란드	33.3	20.7	4.9	2.9	0.3	1.1	0.8	1.2	0.4
스웨덴	42.3	18.6	6.5	4.1	0.9	3.2	1.1	1.5	0.4
덴마크	38.9	19.4	7.0	2.5	0.7	1.7	0.8	1.4	0.9
싱가폴	45.7	17.9	7.2	7.5	1.4	3.8	1.8	1.3	2.7
대만	35.7	17.2	6.9	4.2	3.6	4.5	2.4	1.7	2.3
OECD 평균	38.8	20.6	6.5	4.2	1.4	2.7	1.7	1.4	1.7

출처: OECD(2019). Chapter 2 Teaching and learning for the future, 〈Table 1.2.27 Teachers' working hours〉재구성
(https://doi.org/10.1787/888933933045)

2. 일본 교원의 초과근무 원인

일본 교원은 우리나라 교원에 비해서 업무 시간은 30% 이상 더 길고 세계 최장 시간 근무하고 있다고 말할 수 있을 것이다. 일본 교원은 학교에서 어떤 일을 왜 하고 있는 것일까? 왜 정규근무시간보다 더 먼저 출근하고 더 늦게까지 남아서 일하고, 주말과 휴일에도 출근하는 것일까? 야근과 휴일 근무로 인정되어 수당이 지급되기 어려운 환경(분위기) 속인데도 말이다.

그 이유는 일본 문부과학성이 최근 진행하고 있는 교사의 근무 방식 개혁 관련 보고서에서 지적하였듯이 첫째, 학교와 교사가 수행하지 않아도 되는 업무를 과다하게 수행하고 있기(혹은 학교 문화상 수행할 수밖에 없기) 때문이라고 말할 수 있다. 그 대표적인 업무가 동아리 지도와 공문 등의 행정 처리다.

〈표 1〉을 보면 동아리 지도 시간이 우리나라를 포함해 다른 주요 선진국

에 비해 압도적으로 많은 것을 알 수 있다. 문부과학성(2019)이 교원의 동아리 지도 업무에 대한 의견을 수렴한 자료를 보면 동아리 지도 시간과 목적 및 장단점 등을 파악하는 데 도움이 된다. 또한 우리나라의 동아리 활동과 다른 성격의 것임도 이해할 수 있을 것이다. 다만 이것은 학교 교사와 관계자 등의 의견을 수합한 것을 추린 것이기 때문에 그 자체가 전체 일본의 현황을 대변하는 것이라고는 단정할 수는 없다. 수합된 의견을 정리하면 아래와 같다.

교원의 동아리 업무는 평일은 중학교에서 2시간 정도, 고등학교에서 2시간 반 정도, 휴일은 중학교에서 3시간 정도, 고등학교에서 3시간 반 정도 수행하고 있으며, 평일 종료 시간은 18시 30분 전후다. 평일의 동아리 지도 수당은 없고 주말에 한해서 하루 약 3천 엔 정도 지급된다. 주말을 포함해 1주일 모두 동아리 업무를 하는 교사가 적지 않고 이를 방지하기 위해 평일과 주말에 하루는 동아리 활동을 하지 않고 쉬도록 교육청과 학교에서 권장은 하고 있다. 학생들의 60-70%가 동아리 활동을 하고 있으며 학교급이 올라 갈수록 동아리가 다양하고 그 지도에 전문성이 요구되기 때문에 시간이 더 많이 소요된다. 교원 중에서는 학생들과의 관계 형성 및 보람 때문에 동아리로 매일 초과근무를 해도 자발적으로 담당하는 경우가 적지 않고 학부모로부터 동아리 지도에 대한 기대가 높다. 동아리 활동이 없으면 집이나 거리에서 놀거나 시간을 보내는 것이 우려된다는 목소리가 있다(우리나라와 달리 학교를 마치고 학원을 다니는 학생이 소수에 불과함을 이해할 수 있다). 동아리 지도원, 지역 봉사자 등에게 동아리 지도를 맡기는 것도 가능하지만 낮은 사례비 지급 등의 이유로 자격과 능력이 부족한 경우가 많아서 교사에 비해 적절치 않은 경우가 많다.

이러한 동아리 업무 문제를 해결하기 위해서 동아리 지도가 가능한 인력

풀과 기획 · 운영의 시스템을 구축하는 것, 동아리 수당을 증액하는 것, 체육 대회와 각종 지역 연계 행사를 줄이는 것, 평일과 주말에 하루씩 동아리 활동을 쉬도록 할 것 등이 제안되었다.

이상의 의견들에서 일본의 동아리는 우리나라의 상설동아리 이상으로 매일같이 운영됨을 알 수 있다. 참고로 일본의 동아리는 학생이 자율적으로 만드는 것이 아니라 학교의 승인과 교사의 지도 아래 운영되며 크게 운동계와 문화계로 구분되며 운동계에는 배구, 축구, 야구 등이 있으며 문화계에는 취주악부, 방송부, 연극부 등으로 구성된다. 그리고 고등학생도 3학년이 되어서까지도 참여하는 것을 알 수 있다. 일본의 교육신문 리세맘(リセマム)이 2021년 11월 보도기사에 따르면 카와이학원에서 2021년 11월 10월 20일부터 27일까지 대학에 합격한 319명을 대상으로 조사한 결과 대부분 고등학교에서 주 3회 이상 동아리 활동을 하였고, 고등학교 3학년 8월경에 동아리 활동을 그만두고 대학입시에 전념하였다. 고등학교 3학년까지 동아리 활동에 적극적으로 참여한 것이 학생부 등에 기록됨으로써 대학입시에 도움이 되는 것을 기대하기 때문은 아니다. 위의 조사결과를 보면 고등학교에서 입시공부와 동아리 활용을 병행한 이유에 대해 입시공부를 함께 극복할 친구가 만들어졌고 생활에 탄력이 생겨 효율적으로 공부할 수 있었다는 의견이 소개되어 있다.

이처럼 일본의 동아리는 우리나라의 동아리와 성격과 배경 등이 약간씩 다르다. 이런 다른 맥락을 고려해서 일본의 동아리 지도 시간을 이해하지 않으면 일본의 교원업무 경감 정책으로부터 시사점을 발견하기 어렵다. 동아리 다음으로 일본 교사의 장시간 근무의 원인으로 꼽을 수 있는 것은 공문 등의 행정 처리다. 이것은 우리나라에도 해당되는 것으로, 우리나라와 일본은 공문 등의 행정처리에 주당 5시간 이상 쓰여지고 있는데 다른 OECD 주요 선진국의 평균 2,7시간에 비해 약 2배 정도 긴 편이다. 또한 일본의 경우는 학교 전체 회의 등 학교 경영에 참여하는 시간도 우리나라보다 주당 약 1.2시간 많다. 이에 덧붙여 우리나라와 비교할 경우 일본은 학생 과제에 대한 채점과 피드백 시간이 긴 것도 꼽을 수 있다.

그리고 일본 교원의 최장 근무시간의 또 한 가지 이유로는 우리나라와 비교되는 것으로 일본 교원은 방학에도 학교에 출근해서 정상 근무하고 우리나라처럼 근무지외 연수 제도를 활용하는 경우가 극히 드문 점을 꼽을 수 있다. 일본에도 근무지외 연수 제도 자체는 있지만 건별로 신청하고 그 결과를 제출해야 하며 그 연수가 근무를 대체할 정도의 필요성이 있다는 설명책임성을 담보해야 하는 사회 여론으로 유명무실하고 거의 활용되지 않고 있다. 결과적으로 한일간 평균 근무시간과 초과근무시간 격차를 벌리는 요인으로 작용하였다.

3. 교원 업무 경감 방안과 관점

일본 노동기준법에는 한 주에 초과근무가 40시간 넘으면 안 되는 것으로 규정하고 있다. 그런데 반 정도의 교사가 40시간을 넘기고 있으니 일본 대부분의 학교는 노동기준법을 위반하고 있다고 볼 수 있다. 특히 월 초과근무 80시간이 넘으면 과로사의 위험이 있다고 문부과학성 정책문서에서도 언급되어 있는데 약 10% 정도의 교사는 이에 해당된다고 볼 수 있다.

매년 초중등교사 임용 지원율이 떨어지고 있기도 하여 수년 전부터 명확한 관점과 대책이 강구되고 있다. 이를 정리한 정책 문서가 일본문부과학성

중앙교육심의회(文部科学省 2019) '새로운 시대의 교육을 위한 지속 가능한 학교지도 · 운영체제 구축을 위한 학교에서의 업무 개혁에 관한 종합적 방안에 대해서(답신)'다.

이러한 일본 교사의 업무 경감 방안 중에는 우리나라에서는 이미 반영되어 있는 것도 있고 아직 반영되지 않은 것도 있다. 그리고 업무 경감 방안을 모색한 관점 중에는 우리나라에도 참고가 되는 것도 있을 것이다. 이러한 것들을 정리하면 아래와 같다.

일본 문부과학성은 교원의 업무를 크게 3가지 관점으로 구분하여 경감 방안을 모색하였다. 즉, 학교 업무가 아닌 것, 학교 업무이지만 반드시 교사가 담당할 필요가 없는 것, 교사 업무이지만 경감이 가능한 것이다.

〈표 2〉 교원 업무 경감을 위한 교원 업무 구분

구분	업무 내용
학교 업무가 아닌 것	등하교 지도, 방과후 순찰, 학교징수금(급식비, 교재비 등) 관리, 지역 봉사단체 등과의 연계 업무
학교 업무이지만 반드시 교사가 담당할 필요가 없는 것	동아리 지도, **문부과학성과 교육청 및 외부 기관 등의 조사 통계(연구학교 포함)**, 쉬는 시간 지도, 교내 청소 지도
교사 업무이지만 경감이 가능한 것	급식지도, 진로지도, **수업준비, 학습평가(성적처리), 학교행사 운영**, (몸과 마음 등이 불편한 학생에 대한) 상담 및 케어

*출처 : 文部科学省(2019) 중앙교육심의회

문부과학성의 교원업무 경감 방안에 대해 인상적인 점을 언급하고자 한다.

첫째, 교원 업무 경감을 검토하기 위해 학교가 굳이 수행하지 않아도 되는 업무를 검토한 점이다. 학교 안에서 교사와 행정직원 간 업무분담 및 ○○교사와 같은 직책을 신설하기 전에 우리나라도 교육청과 공공서비스 및 지역 봉사단체 등에 넘기는 것이 보다 합리적인지 점검해 볼 필요가 있을 것이다. 물론 〈표 2〉 안의 등하교 지도를 포함한 4가지 업무 내용은 우리나라의 경우 이미 학교 교직원의 업무가 아니거나 정보화 등을 통해 업무가 경감된 것들이다.

학교 밖의 등하교 지도와 방과후 순찰은 교직원 업무가 아닌 학부모와 경찰 업무로 분류될 것이다. 학교징수금(급식비, 교재비 등)의 경우 학생들이 현금을 지참하고 다니는 것은 분실위험이 있고, 미지급 학생을 체크하고 재촉하는 등의 업무를 교직원이 수행하는 것도 적절치 않다는 관점 아래 '공회계화(학교가 아닌 지자체의 예산으로 처리하는 것)'하여 교육청이나 시청에서 처리하는 것인데, 우리나라는 대부분 은행지로 및 신용카드 등으로 처리하고 있기 때문에 교직원의 부담이 적다고 볼 수 있다. 또한 교육활동 등을 위해 지역 봉사단체 등과 연계하는 업무를 각각의 교사가 직접 알아보는 것이 아니라 교육청의 '지역학교 협동활동 추진원'이 상담창구가 되어 학교의 교무부장(주간교사) 혹은 행정직원이 문의에 대응하는 방식을 권장하고 있는데 우리나라의 경우 봉사 포털이나 교육청의 게시판 등을 통해 어느 정도 지원받을 체제가 갖추어져 있다.

둘째, 교사 업무이지만 더 줄여야 하는 부분(방법)이 있음을 언급한 점이다. 그중에서도 수업 준비, 학습평가(성적처리)가 언급된 점이 주목할 점이다. 수업 준비와 학습평가(성적처리)는 수업 다음으로 교사 고유의 중요한 업무라고 볼 수 있기 때문이다. 해당 업무 경감 내용을 살펴보면 수업 준비의 경우 '수업 준비의 핵심이 되는 교재연구와 지도안 작성 등은 교사가 담당할 업무이지만 교재 인쇄와 물품 준비 그리고 과학 수업에서의 실험과 관찰 준비 및 정리는 스쿨 서포트 스텝 등이 담당하는 것이 바람직하다'라고 언급되어 있다.

평가 역시 '문제 작성과 채점 및 학생부 기록 등은 교사의 업무이지만 숙제 등의 제출 상황 확인과 간단한 연습문제의 체크 같은 보조업무도 스쿨 서포트 스텝 등이 담당하는 것이 바람직하다'라고 제안하고 있다. 이를 위해 현재 학교에 도입되고 있는 스쿨 서포트 스텝 제도를 문부과학성이 보다 확대하고 정비할 필요가 있음을 강조하고 있다.

셋째, 문부과학성과 교육청 및 외부 기관 등의 조사 통계, 공문 처리 경감을 강조한 점이다. 이 점에 대해서는 OECD(2019)의 국제 교수학습 조사(TALIS) 결과에서 일본과 한국이 주당 5.6시간 5.4시간 사용되는 것으로 집계되어 다른 OECD 국가 평균(2.7)에 비해 2배 이상 많은 편인데, 이와 관련하여 5가지 구체적인 경감 방안이 제시되어 있다. ① 교육청 등의 공문은 그 대상·빈도·시기·내용·형식 등을 점검하고 내용의 중복 등이 없도록 할 것, ② 교사의 전문성과 깊이 관계되는 것이 아니라면 행정직원 등이 대응할 것, ③ 외부 문의와 자료요청이 예상되는 학교 관련 정보는 학교 홈페이지 등에 미리 공개하여 관련 문의를 줄일 것, ④ 외부 단체의 조사 등의 요청은 (교원자격증을 취득한 교사가 처리해야 할 성격의 것이 아니라면) 교육청을 통해 (학교를 거치지 않고) 직접 학생 등에 연결되도록 할 것, ⑤ 문부과학성의 각종 연구학교 지정 사업은 정선해서 대폭 줄일 것이다.

III. 우리나라 교원 업무 관련 시사점

이상의 정리와 검토를 바탕으로 우리나라에 참고가 되는 방안과 시사점을 정리하면 아래와 같다.

첫째, 교원 업무를 명확하게 하면서 학교 기능을 축소하는 것이다. 일본 국립교육정책연구소의 藤原(2018)는 우리나라를 포함하여 총 6개국의 교직원 업무를 검토한 보고서에서 아래 〈그림 4〉와 같이 교사의 직무내용과 학교 기능을 축으로 구분한 바 있는데 우리나라는 일본과 함께 교사의 직무내용이 불분명하고 학교 기능이 확대되어 있음을 지적하고 있다. 그리고 궁극적으로 직무내용은 분명하고 학교 기능은 축소되야 할 것을 제안하고 있다.

일본은 우리나라뿐만 아니라 전 세계 다른 국가들과 비교하여도 교원의 업무 내용(유형)이 많다. 일본과 우리나라를 포함한 교원 담당 업무를 정리한 大杉 他(2017)의 〈표 3〉을 보면 일본 교원의 업무량이 많고 다양함을 이해할 수 있다.

〈표 3〉 교원의 담당 업무(○ 담당, △ 부분 담당, × 담당 안 함)

		일본	한국	미국	영국	중국	싱가폴	프랑스	독일
학생지도	등하교 지도	△	×	×	×	×	×	×	×
	결석아동연락	○	○	×	×	○	○	×	○
	아침 홈룸	○	○	×	○	○	×	×	×
	교재구입 발주 · 사무처리	△	×	×	×	△	×	×	×
	성적정보 관리	○	○	○	×	△	○	○	○
	교재준비(인쇄 및 물품준비)	○	○	○	×	○	○	○	○
	학생 과제 개별지도	○	○	○	×	○	○	○	○
	체험활동 운영 · 준비	○	○	○	×	○	○	○	○
	점심시간 지도	○	○	×	×	×	×	×	×
	쉬는시간 지도	○	○	○	×	○	△	×	○
	교내청소 지도	○	○	×	×	○	×	×	×
	운동회, 문화제 등	○	○	○	○	○	○	×	○
	진로지도 · 상담	○	○	△	○	○	○	×	○
	건강 · 보건지도	△	○	×	×	○	○	○	○
	문제행동 학생 지도	○	○	△	○	○	○	○	×
	상담, 심리케어	△	×	×	×	×	○	○	×
	동아리 지도	○	△	△	×	○	△	×	△
	학생회 지도	○	○	○	○	○	○	×	○
	교실환경 정리, 비품관리	○	○	○	×	△	○	○	○

		일본	한국	미국	영국	중국	싱가폴	프랑스	독일
학교운영	교내순시, 안전점검	△	×	×	×	○	×	×	○
	국가 지자체 조사 · 대응	△	×	×	×	△	×	×	○
	문서 접수 · 보관	△	×	×	×	△	×	×	○
	예산안 작성 · 집행	×	×	×	×	×	×	×	○
	시설관리 · 점검 · 수선	×	×	×	×	△	×	×	×
	학납금 징수	△	×	×	×	○	×	×	○
	교사출장 서류작성	×	×	×	×	×	×	×	×
	학교홍보(웹사이트 등)	○	×	×	×	△	×	×	○
	학생 전입 · 전출 사무	△	×	×	×	○	×	×	×
외부대응	가정방문	○	△	×	×	○	×	×	×
	지역 행사 협력	△	△	○	○	△	×	○	×
	지역자원봉사자 연락	△	×	×	×	△	×	×	○
	지역주민 조직운영	△	×	△	×	×	×	×	△

*大杉 昭英 他(2017)

즉, 우리나라의 교원 업무는 일본에 비해 분량은 적지만 성격은 일본처럼 불분명하고 교원을 둘러싼 학교의 역할도 비대하여 보다 명확하게 구분하고 축소할 필요가 있다. 즉, 우리나라의 경우 교원의 업무 경감 자체가 아니라 교원 업무의 명확화와 학교 기능의 축소를 모색해야 할 것이다.

〈그림 4〉 교사와 학교의 지도 체제 유형

둘째, 지역 연계와 학부모회(PTA)의 역할이 중요한 점이다. 학교의 기능을 축소하고 교사와 행정직원 및 학교가 담당하지 않아도 되는 업무를 줄여나가기 위해서는 지역의 외부 인력자원과 네트워크를 활용하고 도움을 받을 필요가 있기 때문이다. 이를 위해서 일본에서는 교육청에 '지역학교 협동활동 추진원' 등의 직책을 두거나 '동아리 지도원', '관찰실험 보조원' 등의 인력을 활용하고 있다. 해당 학교의 인근 그리고 학부모를 중심으로 한 협력지원체제를 도모하기 위해서는 교육청과 봉사활동 관련 포털 사이트로는 미흡할 수 있다. 교육청과 구청 등에 관련 전문가를 배치하는 방안과 함께 학교에서 각종 비상근의 지원 인력 채용 시 인근 지역 인력을 우선 고려하는 것도 가능할 것이다.

셋째, 팀으로서의 학교조직(문화)을 정비하는 것이다. 다양한 학교 교직원과 한정된 교육 자원(재정, 시간, 인력 등) 속에서 양질의 교육을 담보하기 위해서 교원과 사무직원 그리고 관리직(교장, 교감)이 긴밀하고 효율적으로 협력하는 것이 필수적일 것이다. 이를 위해서는 3자 모두에게 보다 높은 전문성과 서로에 대한 인식 전환이 선행되어야 한다. 특히 사무직원도 학교의 교육전문가로서 함께 수업과 교육 과정에 대해서도 대화하고 이해와 협력을 도모해야 할 것이다. 이를 위해서는 교원양성대학의 교육 과정과 교육행정공무원 선발 시험과목 내용 및 관리자(교장, 교감) 연수 내용의 보완이 요구된다. 사무직원과 교원이 서로 학교의 문제를 함께 논의하는 기회와 물리적 공간 등의 준비도 필요할 것이다.

사서와 상담교사뿐만 아니라 영양사와 다른 사무직원 등도 일부 특정 교과 및 비교과 수업에서 연계하고 협력할 수 있음을 인식하는 것도 필요하다. 중앙 정부(교육부)에서 지자체(교육청)로 그리고 그것이 수요자(학교) 중심으로 그 권한과 재량권이 옮겨가고 있고, 학령인구감소와 학교통폐합의 영향으로 학교 재정은 점점 줄어들 것으로 예상되기 때문이다. 특히 인구감소로 학교뿐만 아니라 지역 자체의 존폐마저도 불확실해져가는 요즈음 학교를 중심으로 지역 활성화를 도모하고 이를 통해 학교와 지역이 함께 상생하는 지역 연계 교육을 도모하기 위해서라도 팀으로서의 학교조직이 시급하다. 대표적으로 그린스마트미래학교 사업 등 학교공간과 시설을 재정비하면서 학생들의 의견을 반영하고 그 과정을 교육과 연계하기 위해서도 사무직원과 교원 그리고 관리직의 긴밀한 협력이 필수다.

넷째, 동아리 활동에 대한 교육적 의미를 제고하는 것이다. 일본 교사의 업무가 우리나라보다 많은 가장 큰 이유 2가지는 동아리 지도와 방학 중 정상 근무라고 볼 수 있다. 이중 동아리 지도는 교사의 자발성에 기반을 두는 특성이 강하다고 볼 수 있다. 아침과 방과후 그리고 주말에도 이루어지는 예체능 중심의 동아리 활동을 통해 교사로서 보람과 인정을 받고 보다 학생들을 파악하고 인간적인 관계를 형성할 수 있으며, 특히 수업 시간에 보다 양질의 교수학습이 가능한 측면도 있었을 것이다. 이러한 배경 아래 동아리 지도가 일본 교원 초과근무의 주요 원인임에도 불구하고 주말에는 가급적 동아리 활동을 하지 않고 아침과 방과후의 장시간 동아리 활동을 지양하는 수준으로 논의되고 있는 것으로 보인다. 우리나라에서는 학교 스포츠클럽과 학교 자율동아리가 추진되고 있지만, 일본의 이러한 학교 내 예체능 중심의 교사에 의한 동아리 지도에 대해 그 장점을 취할 부분은 없을지, 교과연계 혹은 인성교육 등의 측면에서 재점검할 필요가 없을지 검토가 필요해 보인다.

〈 참고문헌 〉

OECD(2019). TALIS 2018 Results (Volume I)Teachers and School Leaders as Lifelong Learners Chapter 2 Teaching and learning for the future, 〈Table I.2.27 Teachers' working hours〉

OECD(2019)TALIS 2018 Results (Volume II): Teachers and School Leaders as Valued Professionals

大杉昭英他(2017). 学校組織全体の総合力を高める教職員配置とマネジメントに関する調査研究報告書. 国立教育政策研究所.

芝田進午(1980). 教育をになう人びと―学校教職員と現代民主主義. 青木書店.

日本教職員組合 (2021)2021年学校現場の働き方.改革に関する意識調査.

藤原文雄(2014). 教職員の多様化とダイバーシティ・マネジメント：国際的動向も踏まえて(〈特集〉教育改革と教職員の資質向上). 日本教育経営学会紀要 56 24-34.

藤原文雄編(2018). 世界の学校と教職員の働き方―米・英・仏・独・中・韓との比較から考える日本の教職員の働き方改革. 学事出版

文部科学省(2018). 学校における働き方改革特別部会資料2-学校の組織運営体制の在り方に関する参考資料～事務職員関係～.

文部科学省a(2020). 事務職員の標準的な職務の明確化に係る学校管理規則参考例等の送付について(通知).

文部科学省b(2020). 令和2年度教育委員会における学校の働き方改革のための取組状況調査結果概要.

文部科学省a(2021). 教育委員会における学校の働き方改革のための取組状況調査結果.

文部科学省b(2021). 全国の学校における働き方改革事例集.

リセマム(2021.11.24) https://resemom.jp/article/2021/11/24/64468.html 部活が大学受験に「好影響」6割…両立の鍵は？

글을 마치며

뉴노멀 시대 교육의 전망과 방향

공병호

Ⅰ. 뉴노멀에 대한 생각

초·중등, 고등교육 기관을 불문하고 코로나19 영향으로 많은 수업이 대면과 비대면 융합으로 진행되고 있다. 이러한 상황은 3년 전에는 상상도 못 했지만, 시간이 지날수록 온라인 수업에 대해 점점 위화감이 없어짐과 동시에 다양한 수업 방법으로 대면 수업에 가름하는 효과를 올리려고 애쓰고 있다.

필자는 2023년 2월에 명예퇴직을 앞두고 있다. 대학을 둘러싼 대내외적인 어려움 속에서 결정한 일이기도 하지만, 한편으로 최근 2~3년간 겪어온 미증유의 교육 상황에 대한 결별을 선언하고 싶었던 것일지도 모르겠다. 즉, 강의는 과거 수십 년간 지속되어 온 패러다임이 적용될 수 없었고, 이제는 익숙해져 가고 있지만 처음 시행된 비대면 온라인 강의에 당혹감이 적지 않았던 기억이 있다. 그리고 역시 강의는 얼굴을 맞대고 상호 소통이 이루어져야 그 성과를 담보할 수 있다는 것을 새삼 깨닫게 되는 계기가 되기도 하였다. 그런 의미에서 조금 더 솔직하게 말하자면 필자의 명퇴 결정은 앞으로 지속될 '변화의 속도'에 대한 두려움 때문이라고 한다면 너무 비겁한 표현일까?

몇 해 전 아내와 유럽 여행 중 파리 샹젤리제 거리에서 있었던 일이다. 맥

도널드 가게에서 키오스크 주문을 하지 못하고 뒤돌아서고 말았다. 변명 같지만, 당시에는 키오스크 주문이 낯설었던 때다. 하지만 정보서비스 및 업무의 무인화, 자동화는 이제 거스를 수 없는 대세가 되었다. 그리고 이러한 변화는 지속될 것이다. '새로운 기준' 즉 '뉴노멀(New Normal)'이 될 것이다. 문제는 각자가 이러한 속도를 어떻게 따라갈 것인지가 아닐까.

이처럼 사회 전체적으로 패러다임의 전환이라고도 할 수 있는 큰 변화가 발생하고 있다. 이런 상황에서는 지금까지의 상식 · 발상이나 이를 토대로 한 현행 제도를 부동의 것으로 절대시하는 것이 아니라, 제도 본래의 취지나 목적에 회귀하여 가능한 한 유연하게 해석함과 동시에 제도 자체에 대해서도 부단히 재검토해 나가는 것이 중요하다. 얼마 전 길거리에서 'No turning back(되돌아 갈 수 없다)'라는 낙서를 본 기억이 있다. 누가 썼는지 짐작도 안 가지만, 아마 팬데믹의 영향으로 변화를 피할 수 없다는 의미로 쓴 것이 아닐지. 많은 이들이 이제 팬데믹 이전의 과거로 되돌아갈 수는 없다고 말하고 있다. 다시 노멀해지는 일은 없을 것이며, 그것은 교육 분야에서도 예외가 아닐 것이다. 정반합(正反合)의 합(合)이 과거의 정(正)이 되지는 못하는 이치다.

코로나19 대응 원격수업 실시는 어쩔 수 없는 선택의 문제였지만, 교육 혁신 수단으로서 기술을 채택하는 계기가 되었다. 지난날 미래학자들이 예견한 기술 발달의 프로세스가 아닌 코로나19로 우리 앞에 성큼 다가온 교육 환경 변화가 우리에게 어떠한 영향을 미칠 것인가에 대해 우리 모두가 함께 고민해야 한다. 다양한 방식으로 사회에서 활용되고 있는 챗봇(Chatbot), 증강현실(AR)과 가상현실(VR), 자연언어 처리기술 등 첨단 기술이 교육 분야에서도 조금씩 활용되는 상황이다. 하지만 거대한 학교교육을 움직일 수준에는 아직 이르지 못하고 있고, 향후 제도와 재정적 정비, 그러한 기술 활용에 수반한 윤리성에 대한 고려가 필요하다고 할 수 있다.

동시에 저출산과 학령인구의 감소, 고령화와 인구구조의 변화, 사회적 양극화와 교육 격차의 심화 등 교육환경의 변화 속에서 교육의 본질에 관한 성찰에 근거하여 무엇을 어떻게 가르쳐야 하는가에 대한 논의도 필요하다. 전반적인 지원 시스템이 정비되어 있지 않으면, 일과 육아를 양립시키는 것은 매우 어렵다. 하지만 이러한 시스템이 평등하게 공유되고 있는 것은 아니다. 이러한 문제는 향후 이른바 '학습격차'에 영향을 미칠 것이 확실하며 적극적으로 검토할 필요가 있는 중요한 문제다.

그런 의미에서 이 책은 모두를 위한 교육으로 가기 위한 교육의 변화를 논의하는 데 있어 일본의 사례를 통하여, 우리나라 교육의 방향성을 탐구하는 데 많은 시사점을 제공할 수 있으리라고 생각한다.

II. 뉴노멀 시대 교육 논의

지난 2020년 10월, 서울특별시교육청교육연구정보원에서 주관하는 2020 서울국제교육포럼에서 얀 마슐랭(벨기에 루뱅대 교육철학) 교수의 기조 강연[1] 주제는 '코로나 시대, 아이들은 학교를 그리워하고 있는가?'였다. 얀 마슐랭 교수는 코로나19 상황 속에서 다수의 아동과 학생들이 학교를 그리워했으며, 이러한 간절함은 소셜 네트워크로 대체할 수 없는 학교교육의 존재론적 의미를 되새기게 했다고 말문을 열었다. 학교의 개념을 기관이나 건물이 아닌,

---

[1] 얀 마슐랭, 2020 서울국제교육포럼 - 『교육의 뉴노멀을 말하다-미래의 학교 변화』, 기조강연.
https://webzine-serii.re.kr/2020-%EC%84%9C%EC%9A%B8%EA%B5%AD%EC%A0%9C%EA%B5%90%EC%9C%A1%ED%8F%AC%EB%9F%BC-%EA%B5%90%EC%9C%A1%EC%9D%98-%EB%89%B4%EB%85%B8%EB%A9%80%EC%9D%84-%EB%A7%90%ED%95%98%EB%8B%A4-%EB%AF%B8%EB%9E%98/ 2022. 8.27. 인출.

무엇인가 '일어나도록' 하는 장소라고 설명하며, 학교는 아이들이 각자의 배경과 상관없이 특정한 방식으로 모일 수 있는 환경을 조성한다고 했다. 학교는 교육학적인 형태로서 모든 종류의 실습과 기술을 시험해볼 자유 시간을 생성하는데 교사들은 "한번 해봐.", "너도 한번 해봐.", "이것도 해봐."와 같은 표현들을 사용하며 학생이 자유, 가능성, 그리고 능력을 갖고 있다고 가정하고 교육학적인 자유와 평등을 경험하게 만든다고 했다. 또한 코로나19 상황 속에서 디지털 원격교육이 어떻게 학교를 교육적인 자유와 평등을 실천하는 공간과 시간으로 재형성하고 혁신할 수 있을지를 생각해 보자는 제안으로 기조 강연의 끝을 맺었다. 실시간 온라인 세미나였지만 사회 철학에 기반한 '학교'의 의미에 대해 깊게 고찰해보는 시간을 가질 수 있었다.

이처럼 '뉴노멀 시대'로 불리며 새로운 기준이 확립되고자 하는 지금, 교육의 위상은 어떻게 정립되어야 할까? 우리는 팬데믹으로 인해 많은 어려움을 겪고 있지만 역설적으로 교육이 소중히 여겨야 할 것에 대하여 깊이 생각해 보는 기회가 되었음을 깨달았다. 그리고 코로나19를 전제로 한 새로운 사회생활 '뉴노멀'을 넘어 지속 가능한 새로운 교육의 모습 '교육 뉴노멀'을 만들어 나갈 때다.

이 장에서는 교육 뉴노멀을 위해 검토해야 할 사안을 다양한 측면에서 분석하고자 한다. 특히 일본 정부가 2021년 6월 3일에 공표한 교육재생실행회의(教育再生実行会議) 제12차 제언 '포스트 코로나기에서의 새로운 배움의 기본 방향에 대해서(ポストコロナ期における新たな学びの在り方について)'[2]를 참조하여 논

---

2   포스트 코로나기의 새로운 배움의 기본 방향에 대해서(ポストコロナ期における新たな学びの在り方について)의 개요는 다음과 같다.
    뉴노멀에서의 교육 모습
    ○ 개개인의 다양한 행복과 사회 전체의 행복(웰빙) 실현을 목표로 학습자 주체 교육으로 전환

의하고자 한다.

1. 교육이 추구하는 '성장'과 '학습'에 대한 재검토

학자에 따라 다양한 견해가 있었지만 지금까지 교육이 정의한 '성장'은 '중심-다수자'라고 요약할 수 있다. 주변이 아니라 중심이 되는 것, 소수자가 아니라 다수자가 되는 것이 성장이라고 했다. 중심이 되어 다수자의 포즈를 취할 수 있는 것이 성장이고, 이러한 성장이 곧 성공으로 이어진다고 가르쳤다.[3]

그렇다면 '나와 너'라는 관계 맺기 자체가 어려운 상황에서 어떻게 성장을 기획해야 하는가. 살얼음판 위에 있는 듯이 하루하루 살아가야 하는 코로나 사태를, 어떤 이는 환경이 준 재앙이라고도 하던데, 학교는 이런 상황에서

○ 디지털화를 추진해 데이터 구동형 교육으로 전환. 배움의 데이터(학습 면, 생활 · 건강 면, 교사의 지도 면) 활용

【의의】

① 아동 : 배움의 기회나 질의 충실 ② 교사 : 지도 방법의 충실이나 일하는 방법 개혁

③ 행정 : 현상 파악에 근거한 정책 입안

구성

1. 뉴노멀에서 초중등교육의 모습과 실현을 위한 방안

2. 뉴노멀에서의 고등교육 모습, 국제 전략과 실현을 위한 방안

3. 교육과 사회 전체의 연계를 통한 배움의 내실화를 위한 방안

4. 데이터 구동형 교육으로의 전환~데이터를 통한 정책 입안과 이를 위한 기반 정비~향후 대책

○ 제언내용의 신속한 실행과 후속 조치 실시 필요

○ 향후, 한층 더 나아가

① 고대접속(高大接続)의 바람직한 방향, ② 교사의 질 향상이나 다양한 인재의 활용을 위한 방안,

③ 대면지도와 원격 · 온라인 교육의 방향성, ④ 데이터 구동형 교육으로의 전환을 위한 대응에 대해 심도 있는 검토 필요

https://www.kantei.go.jp/jp/content/gaiyou.pdf 2022.8. 28. 인출

3 [박용성의 시대와 교육] "전혀 다른 원격수업을 상상하라" ③ 성장의 개념 다시 정의할 때 https://www.eduinnews.co.kr/news/articleView.html?idxno=31570 2022.8.28. 인출

성장의 방향을 어떻게 설정해야 하는가.[4]

우리는 코로나19를 통하여 지구촌이 얼마나 밀접히 연결되어 있는지 실 감하고 있다. 78억에 육박하는 인류가 이제 더 이상 고립하여 살 수 없고, 서 로 이해하고 협력하며, 서로 존중하며 살아야 하는 운명공동체이자 세계시 민이다. 환경오염과 생태계 파괴, 기아와 빈곤, 불평등과 인종차별, 전쟁과 국제난민 등에 이어 코로나19 같은 질병퇴치 면에서도 지구적 통합성이 발 휘되어야 한다. 어떤 사람도 국제적 연대와 협력 없이, 개별 국가의 한 시민 으로 편안하게 살 수 없는 지구촌 시대다. 이제 이 시대 모든 사람은 지구를 지키는 자, 평화를 만드는 자 곧 세계시민으로 존재해야 한다.

교육재생실행회의에서는 포스트 코로나기의 새로운 학습의 지향점을 개 개인의 다양한 행복과 함께 사회 전체의 행복이기도 한 웰빙(Well-being) 이념 의 실현을 목표로 하는 것이 중요하다고 결론 내렸다. 이 행복이란 경제적인 풍요뿐만 아니라 정신적인 풍요와 건강도 포함되며, 이러한 행복이 실현되 는 사회는 다양성과 포섭성이 있는 지속 가능한 사회이기도 하다. 이러한 사 회를 실현해 나가기 위해서는 한 사람 한 사람이 자신의 가까운 일부터 다른 사람의 일이나 사회의 다양한 문제에 이르기까지 관심을 기울여 사회를 구 성하는 당사자로서 스스로 주체적으로 생각하고 책임 있는 행동을 취할 수 있게 되는 것이 중요하다. 이러한 개인을 육성하기 위해서는, 교육을 학습자 주체의 시점으로 전환해 갈 필요가 있다.

이러한 발상은 지금까지도 많이 있었지만, 교육행정이나 학교 현장에서 의 교육활동에 있어 충분히 수용되지 않았던 면이 있었다고 사료된다. 따라 서 향후 교육에서 새로운 학습의 의미를 실천하는 데 있어 학습자 주체의 시

---

4 [박용성의 시대와 교육] "전혀 다른 원격수업을 상상하라" ③ 성장의 개념 다시 정의할 때, 재인용.

점을 지금까지보다 더욱 중시해 가는 것이 무엇보다도 중요하다고 생각한다. 그러기 위해서는 교사를 비롯한 교육 관계자가 학습자 주체의 시점으로 전환한다는 의식개혁을 기반으로 새로운 학습 개념의 확실한 정착, 교사의 질 향상과 수의 확보, 디지털화에 대한 대응 등을 종합적으로 추진해 나갈 필요가 있다.

2. 교육환경의 격차 해소 문제

학습자에게 동등한 기회를 부여하는 것은 교육의 근본 원칙이다. 코로나19 사태로 가정의 교육여건 격차에도 이목이 집중되고 있다. 학교에서도 학생 지도상의 과제에 대한 대응과 함께, 지역의 인재들이 학교 활동에 협력해 주거나 지역의 다양한 물적 자원을 활용하는 등 지역사회와의 제휴를 추진해 사회에 열린 교육 과정을 실현해 나가는 것이 과제가 되고 있다.

하지만 코로나19 사태로 온라인 교육 기회는 가구 연봉, 학부모 학력, 거주 지역에 따른 격차가 있는 것으로 확인되고 있다. 사회경제적 지위 (Socioeconomic status: SES), 지역·성별이라고 하는 아동 본인은 바꿀 수 없는 초기 조건에 의해서 최종 학력이나 학력 등의 교육성과에 차이가 있는 교육 격차는 우리 사회에 일관되게 존재하고 있었다. 향후 이러한 현상은 더욱 커질 것이라는 것을 생각할 때, 새로운 학습의 방향과 격차 시정을 위한 방안을 생각해 나갈 필요가 있다.

이런 관점에서 앞으로의 사회는 디지털화에도 대응하면서 미래를 창출할 아이들의 성장을 위해 학교뿐만 아니라 지역 주민과 학부모 등을 포함한 네트워크를 형성하여 개개인이 교육의 당사자라는 의식을 가지고 사회 총체적 교육의 실현을 도모하는 것이 요구된다. 그때, 성인들이 가까운 지역에 대해 더 관심을 가지고 자발적으로 지역 활동에 관여하고, 그것에 의해 만족감을 얻을 수 있는 선순환을 만들어 나가는 연구도 중요하다. 이때 도시지역과 지방과의 환경 차이를 포함해 지역에 따라 인적 · 물적 · 재정적인 조건에는 큰 차이가 있기 때문에 지속적으로 데이터를 수집하여 예를 들면 어떤 조건의 지역이면 바람직한 학교 · 가정 · 지역의 연계 · 협동이 가능해지는지, 또 실제로 어떤 효과가 있는지 등을 밝히는 동시에 지역 간 격차 축소를 위한 대응도 추진해 나갈 필요가 있다. IT를 활용하는 것으로 아이들의 학습할 권리 (학습권)를 어떻게 보장할 수 있을지가 기성세대에게 주어진 과제라고 생각한다. 아직 법이나 제도, 구조나 생각이 따라가지 못하고 있지만, 아이들이 더 배울 수 있고 더 살기 좋은 사회를 만들기 위해 어른들이 입장을 초월해 노력해 나갈 필요가 있다고 생각한다.

또, 다양한 주체가 제휴 · 협동해 나가기 위해서는 「학교교육과 사회교육의 제휴 · 협동」이 불가결하며, 사회교육에 대한 이해나 평가를 높이는 것이 중요하다. 특히, 아이들이 스스로 흥미 · 관심을 가지고 학교나 가정의 이해 · 협력을 얻어 가기 위해서는 ICT(Information & Communications Technology)나 온라인도 유효하게 활용하면서 배움의 장을 제공하는 매력 있는 사회교육 조성이 필요하다. 더불어 지역의 성인이나 기업 · 단체가 그 어느 때보다 교육에 관여하기 쉽도록 하는 동시에 학교 · 지역의 대응에 학부모가 적극적으로 참여할 수 있도록 시간과 장소를 효율적으로 활용할 수 있는 유연한 근로방식이나 겸업 · 부업을 유연하게 할 수 있도록 보급 · 촉진할 필요가 있다. 이러한 근로방식 개혁과 고용 형태의 개혁에 의해 보호자를 비롯한 어른들의 일과 삶의 균형, 즉 워라밸(Work and Life Balance) 실천이 진행됨과 동시에 보다 많은 어른이 아이들을 위해 시간을 할애하기 쉬워질 것으로 기대된다.

3. 정보 환경에 대한 대응

요즈음 급속히 진행되고 있는 디지털화는 향후에도 사회의 모든 면에서 더욱 가속할 것으로 예상된다. 디지털화는 교육의 새로운 가능성을 열어두고 포스트 코로나기의 새로운 학습에 있어서도 효과적인 수단이 될 수 있다고 생각한다. 교육 현장에서도 이러한 디지털화의 의의를 바탕으로 코로나19 사태로 대응한 원격 · 온라인 수업 등 디지털화의 흐름을 되돌리지 않겠다는 의식 아래 교육 활동을 적절히 추진해 나갈 것으로 기대된다.

이를 통해 아동 · 학부모에게는 배움의 기회나 질이 보다 다양하고 내실화될 것이며, 교사 · 학교에서는 지도방법의 내실화뿐만 아니라 근로방식 개혁에도 기여할 것이고, 나아가 교육행정에서는 현황 파악을 토대로 효과적인 정책 입안이 가능해질 것으로 기대된다. 이때 개인정보 보호나 정보 보안은 물론 과도한 디지털 의존으로 인한 폐해 등 디지털화의 부정적 측면에도 적절히 배려해 나가야 할 것이다.

2018년부터 문부과학성은 GIGA(Global and Innovative Gateway for All) 스쿨 구상을 통해 ICT 기반 교육을 실천하고 있다. 즉, 학생 1인 1대 단말기 배부로 어린이들은 언제든지 컴퓨터를 사용할 수 있게 되었다. 아울러 클라우드상의 서비스를 이용할 수 있는 '사용자 계정(이하 계정)'도 학생 개개인에게 부여되었다. 이를 통해 인터넷을 통해 액세스할 수 있는 서버와 이러한 서버에서 작동하는 소프트웨어와 데이터베이스 즉, 클라우드 상에 저장장치를 가지고 다양한 클라우드 시스템 및 프로그램에 접근할 수 있게 되었다. 즉, 내 계정으로 로그인하면 어느 단말기에서든 내 데이터나 정보 환경을 사용할 수 있는 환경이 조성된 것이다.

예를 들어 집 컴퓨터에 내 계정을 입력하고 로그인하고 클라우드 저장 공간에 파일을 저장, 다음 날 학교 단말기에서 파일을 다운로드하여 선생님이나 친구에게 소개하는 등의 일을 할 수 있다. 또한 개인 파일을 모두 클라우드 상에 저장해두면 단말기가 고장 났을 때 편리하다. 예비 단말기에 로그인하면 직전까지 편집했던 데이터를 읽어내고 그대로 학습을 계속할 수 있는 것이다.

한편, 앞으로의 정보 환경에서는 계정을 다루는 방법이 매우 중요하다. 학습자가 단말기에 전원을 켤 때마다 요구되는 '내 계정의 아이디와 비밀번호를 입력하기' 작업은 매우 중요한 행위라고 할 수 있다. 그렇다고는 해도 컴퓨터 전원을 켜는 것만으로 즉시 누구나 사용할 수 있는 환경은 보안 대책으로서 좋은 것이라고는 할 수 없을 것이다. 컴퓨터를 비롯하여 정보 단말기에 자신의 계정으로 로그인하는 행위는 이제 누구나 행하는 당연한 행위지만, 정보단말기를 평생 접할 아이들을 위하여 윤리적으로 바람직한 태도를 형성하는 지도가 반드시 필요할 것이다. 나아가 알고 있는 것보다 알아보고 얻은 정보의 '신빙성'을 판단하거나 정보를 바탕으로 자신의 생각을 정리하는 것이 점점 더 중요해지고 있다. 학습자가 스스로 조사하는 행위가, 앞으로의 학습 활동에서 더욱 중요해질 것은 틀림없다.

더불어 코로나19 사태, 나아가 포스트 코로나기 교육 활동을 생각할 때 필수불가결한 것은 앞으로 이번과 같은 사태가 다시 발생하여 교육기관이 정상적인 교육 활동을 할 수 없게 된 경우에도 아이들의 학습을 확실히 보장할 수 있는 환경을 구축해 나가는 것이다. 이를 위해서는 각급 학교와 그 설치자가 평소에 새로운 감염병 유행이나 재해 등 예상치 못한 사태에 대비하여 학교 활동을 확실하게 지속해 나가기 위한 관리 방식을 명확히 하고, 아이들에게도 그러한 사태에 직면했을 때 생명을 지키기 위한 지식과 주체적으로 행동하는 태도 등을 길러 둘 필요가 있다.

교육에 머무르지 않고 사회 전체에서의 검토가 필요한 과제로서 대학 등의 학사력 · 수업 연한의 다양화 · 유연화나 사회 연계를 위한 기본적인 방안, 학교 · 가정 · 지역에서의 아이의 성장을 사회 전체에서 지원하기 위한 방책에 대해서도 명확하게 하는 것 등도 필요하다.

4. 교육 평가의 다양화 문제

앞으로의 교육은 ICT를 활용하여 데이터를 수집 · 축적하고 새로운 융합 가치를 창출하는 데이터 구동형 교육으로 전환될 것이다. 미국, 유럽 등에서는 이미 데이터 구동형 사회로 진입해 다양한 마이데이터 사업을 추진 중이다. 앞서 살펴본 바와 같이 일본에서도 학습 이력 등의 교육 데이터를 활용하여 개별 지도나, 학습자의 상황이나 발달 단계에 따른 대면 지도와 원격 · 온라인 교육과의 하이브리드(hybrid : 특정한 목표를 달성하기 위해 두 개 이상의 요소를 합친 것, 일반적으로 아날로그와 디지털을 합치면 하이브리드라고 일컫는다)화 등에 관심을 가지고 학습의 변혁을 추진하고 있다. 향후 디지털 교과서의 보급, 교재 · 콘텐츠의 개발 · 공유도 추진될 것이다. 온라인상의 다양한 학습 콘텐츠나 민간의 지식도 적절히 활용됨으로써 학습의 범위나 가능성은 더욱 넓어질 것이다.

이러한 대응 추진과 관련하여 학습자가 스스로 주체적으로 목표를 설정하고 되돌아보면서 책임 있는 행동을 취할 수 있는 힘을 기를 수 있도록 학습자 주체의 학습 커리큘럼이나 환경에 대한 방책이 검토되어야 한다. 이처럼 ICT를 활용한 학습의 추진에 따라 학습자의 학업 이수 내용이나 이해도를 데이터로 가시화해 교육 효과를 평가하는 것이나, 이러한 데이터를 기초로 교육 개선을 실시하는 것도 필요할 것이다.

이와 관련하여 신종우 교수는 "우리나라 교육의 대학입시를 위한 지금의 수능평가방식을 리모델링 하지 않고서는 교육학자들이 총론으로 외치고 있는 인공지능과 에듀테크 기반의 수업을 진행하는 데에는 한계가 있다"[5]라고 하였다. 미국은 공립학교를 중심으로 인공지능 기반 온라인 학습 및 평가시스템을 도입하고 학생 수준에 맞는 개인 맞춤식 학습을 진행하고 있다. 특히 McGrawHill의 Alesks는 적응형 질문을 통해 학생이 아는 과정에서 알고 있는 것과 모르고 있는 것을 정확하게 파악하고 준비된 학습 주제를 실시간 제공해 주고 있다. 이처럼 암기형 평가방식을 시대의 흐름성과 맞는 인공지능과 에듀테크 기반으로 전환한다면 수업은 당연히 그 흐름에 따라갈 것이며 뉴노멀의 새로운 교육으로 리부팅 해야 할 부분이다.[6]

우리가 그동안 고수해 온 표준화된 테스트 시스템이 학습을 측정하는 최선의 방법이 아닐 수 있다. 이번 팬데믹으로 인해 교육시스템이 PISA와 같은 측정 가능하고 비교 가능한 학습 성과를 추구하는 관행에 대하여 수정하는 계기가 되었으면 한다. 학습 성과가 보다 질 높은 학교교육을, 보다 많은 연수를 받는 것과 등가로 환산되어 그러한 학습측정기준이 여러 가지 사회·경제적 성과와 상관되어 있는 수익률 분석의 세계로 돌아갈 수 없기를 바란다.

5. 개별 상황에 따른 학습의 다양화

코로나19 사태는 물론 향후 새로운 감염병의 유행이나 재해 등 예상치 못한 사태가 발생했을 때도 학교와 그 설치자는 학교 교육 활동을 계속하여 모

---

5 신종우, [인공지능시대 미래교육] 뉴노멀 시대, 교육의 리부팅(rebooting), http://www.eduinnews.co.kr/news/articleView.html?idxno=31758 2022.8.29. 인출

6 신종우, 같은 자료.

든 아이들의 학습을 보장해 나가는 것이 매우 중요하다. 아울러 그러한 예상치 못한 사태가 발생했을 때 아이들이 주체적으로 생각하고 적절히 판단하고 행동할 수 있는 자질·능력을 기르는 것도 필요하다.

일본에서는 매년 증가하는 등교 거부 아동에 대해서 개별 상황에 따른 다양한 지원을 하고 있다. 2021년 5월 현재, 특별한 교육 과정을 편성할 수 있는 등교특례학교(17개교), 등교 지원의 핵심이 되는 교육지원센터(1,527개 소)의 설치, 가정에서의 ICT 등을 사용한 학습을 출석으로 하여 그 성과를 평가에 반영할 수 있는 제도의 활용 등을 하고 있지만 반드시 충분하다고는 할 수 없다. 이러한 현황과 등교가 고독·고립의 입구가 될 수 있다는 점을 감안해 관계부처 및 민간단체와도 연계하여 ICT 활용 등을 통해 다양한 지원을 등교 거부 아동 학생에게 제공하는 동시에 장애가 있는 아동 학생 등을 포함해 누구 하나 뒤처지지 않도록 다양성과 포섭성 있는 교육에 힘써 웰빙을 실현해야 할 것이다.

또, 학년·학교 단계를 넘은 학습이나 고등학교 교육과 대학교육과의 원활한 제휴·접속의 관점에서의 대학교육의 선점 이수 등, 학습의 다양화를 추진할 필요가 있다. 이때 특이한 재능이 있는 학생이나 특별한 배려가 필요한 학생에 대해 개개인의 특성에 따라 개성을 마음껏 키울 수 있도록 배려하는 것도 중요하다. 특히 고등학교 단계에서는 교육재생실행회의 제5차 제언(2014년 7월)에서의 '고등학교 조기졸업 제도화' 제언을 바탕으로 대학 입학자에게 고등학교 졸업 자격을 부여하는 제도를 가급적이고 신속하게 실현하는 등 한층 더 대응을 추진할 것이 요구된다.

교육의 디지털화의 목적은 「진정한 개별 최적의 실현」에 있다고 생각한다. 그것은 각각의 아이마다 최적화된 교육을 제공할 수 있음을 의미한다. 아이들의 흥미나 관심에 맞는 학습 방법도 있고, 탐구 학습에서 어떠한 테마로 탐구해 나갈 것인가와 같은 과제의 최적화, 진학이나 취직 등 진로의 최적화가 있는 것처럼, 어디에서 배우는 것이 가장 좋은가 하는 장소의 최적화도 있다. 특히 장소에 대해서는 동일 장소에서의 집단 교육은 장점도 있지만 단점도 있어, 그 결과로 많은 부등교 학생들을 낳아 왔다. 상황이 이렇다 보니 공립학교에서도 온라인 학교가 있으면 좋지 않겠느냐는 논란도 있다. 다니던 학교에서 집단따돌림 등이 있어 공부할 곳을 잃은 아이들이 모이는 온라인 학교가 지역에 하나 있다면 구원받는 아이는 반드시 늘어날 것이다.

우리나라와 마찬가지로 일본의 교육시스템은 전체적으로 연령에 따라 정해진 학년이나 학교로 진학하는 연령주의적 경향이 강하고, 또 기본적으로는 학교 교육 단계에서 취업 후에 필요한 지식이나 기술을 습득시키는 것이 요구되고 있었다. 「대학 입학 = 만 18세 입학」, 신규 졸업자 일괄 채용이라는 굳어진 관행 하에 고등학교 · 대학 간 등 학교의 수준을 초월한 학습의 발전은 이루어지지 못하고, 사회인 등을 대상으로 한 현직교육에 대해서도, 대학 · 산업계 모두, 그 가능성을 충분히 개발하고 있다고는 말할 수 없다.

향후 공간 · 시간의 제약을 제거하는 원격 · 온라인 교육의 특성을 살려, 고등학교 교육과 대학교육의 제휴 · 접속의 원활화, 현직교육의 충실 · 고도화 등을 추진하는 것이나, 수업 연한의 탄력적인 운용을 촉진하여 사회인 · 고령자, 장애 등에 의해 학업 이수가 곤란한 대상에게 언제, 어디서나, 누구라도, 몇 번이라도 질 높은 고등 교육을 받을 수 있는 기회를 제공할 수 있도록 할 필요가 있다. 전문대학 등에서 디지털화 시대에 요구되는 분야의 커리큘럼 도입 등을 통해 사회적 요구에 대응한 인재육성을 할 수 있도록 한층 고도화를 추진하거나, 사회 · 산업 요구에 대응한 다양한 교육을 유연하게 전개하여 실천적인 직업 교육을 실시하는 것도 필요할 것이다.

6. 교사 · 지도 체제

앞으로의 교사는 개별 최적의 배움과 협동적인 배움의 일체적인 내실화를 도모하는 동시에 교육 데이터를 효과적으로 활용하면서 아이들의 배움을 시험해 나가는 것이 요구된다. 이를 위해 국가는 학교에서의 ICT 활용과 효과를 극대화하는 소규모 인원에 의한 세심한 지도체제를 통해 한 사람 한 사람에게 다가선 지도를 할 수 있다.

일본에서는 '의무표준법'[7]을 개정하여 2021년도부터 5년간 공립 초등학교(의무교육학교 전기 과정 포함)의 학급편제 표준을 40명(제1학년은 35명)에서 35명으로 인하하고 이를 위해 필요한 교직원 정수의 계획적인 개선을 도모하기로 하였다. 사립 · 국립의 초 · 중학교에 대해서는 각각의 교육방침에 따라 운영하면서 이러한 공립학교의 대응이나 검토, 각 사립 · 국립학교의 대응 등의 상황을 근거로 한 검토가 요구되고 있다. 아울러, 유아교육 활동의 충실화와 장애가 있는 아동 학생을 위한 다양한 학습 장소에 대한 충실 · 정비를 위해 바람직한 지도 체제에 대해 계속 검토하는 것이 필요하다.

학교 교육은 전국의 학교 현장에서 많은 교사들이 진지하게 교육 활동에 임함으로써 뒷받침되고 있지만, 학교 현장은 크게 변화하고 있는 사회에 유연하게 대응해 나가기 위해 교사를 비롯한 학교 관계자에게도 변화에 따른 의식 개혁이 필요하다고 생각한다. 먼저 교사의 지도에 관해서는 학습자 주체의 관점을 강하게 의식하여 교육 활동에 임해야 할 것이다. 또한 기존에 학교 현장에서는 집단 수업을 전제로 한 지도력이 중시되어 왔다. 이러한 지

---

7 공립의무교육제학교의 학급편제 및 교직원 정수의 표준에 관한 법률 및 지방교육행정의 조직 및 운영에 관한 법률(公立義務教育諸学校の学級編制及び教職員定数の標準に関する法律及び地方教育行政の組織及び運営に関する法律)

도력은 지도의 기본으로서 앞으로도 필요하겠지만, 향후 ICT도 활용한 협동적인 배움이 늘어나면서 아이들 간의 논의를 위한 힘이나 ICT 활용 지도력이 그 어느 때보다 중요해질 것으로 생각된다. 뉴노멀 교육을 실현해 나가기 위해서는 모든 교사가 이러한 점을 자각할 필요가 있을 것이다.

학교 운영에는 교사 이외에 다양한 교직원 등 많은 직원이 관여하고 있다. 학교가 사회 변화에 적절히 대응해 나가기 위해서도 교사가 모든 업무를 수행한다는 발상에서 교장 아래 다양한 인력이 전문성을 살리면서 협동하여 학교를 운영하는 것으로의 전환, 소위 '팀학교'의 의식을 공유하는 것도 필요하다. 또한 ICT를 활용해 교무 효율화를 추진하는 것이 교사의 부담을 줄이고 일하는 방식 개혁으로 이어지며 나아가 교육의 질을 높이는 데 도움이 될 것이다. 따라서 지금까지의 교무 처리 방법 그대로 단순히 ICT를 도입하는 것이 아니라 ICT 활용의 이점을 살릴 수 있도록 교무 처리의 발상을 근본적으로 쇄신해 나간다는 발상의 전환이 필요하다.

이러한 의식 개혁에 대하여 교사 중에는 장벽이 높다고 느낄지도 모른다. 그러나 코로나19 사태를 계기로 세상이 크게 바뀌고 있는 가운데 앞으로의 시대를 살아갈 아이들을 키워나가기 위해 지금이야말로 발상을 바꿔야 할 때이며, 교사를 비롯한 학교 관계자들이 꼭 변화를 두려워하지 말고 적극적으로 임해야 되리라 본다. 향후 교사의 자질·능력을 향상시키기 위해서는, 앞서 언급한 의식 개혁과 함께 새로운 학습에 어울리는 양성·채용·연수 체제로 발본적으로 근본적인 개혁이 요구된다. 그 때, 교사의 부담이 증가하지 않도록 연수의 기회나 내용 등을 체계화시켜 나갈 필요가 있다.

한편, 교원 자격증을 가지지 않는 사람 중에서도, 교육에의 열의나 여러 가지 분야의 전문성을 살려 교육에 종사하고 싶다고 생각하는 사람도 적지 않을 것이다. 이러한 인재들을 교육계에 활용하기 위한 방책을 확충해 나가는 것도 필요할 것이다.

7. 대학교육

팬데믹 시대에서 대학의 대면 수업 중단·감축, 국제교류사업 중단 등 고등교육에도 심대한 영향을 미치고 있다. 각 고등교육기관에서는, 감염 예방을 실행하면서도, 원격·온라인 교육의 도입을 시작으로 학생에게 질 높은 수업 기회를 제공하기 위한 여러 가지 노력이 이루어지고 있다. 이번 코로나19 사태는 고등교육의 기본 방향을 되묻는 계기가 되고 있으며 예측하기 어려운 시대를 맞이하는 가운데 스스로 주체적으로 생각하고 책임 있는 행동을 취할 수 있는 개인을 키우는 것이 고등교육이 해야 할 역할로서 더욱 중요해지고 있다. 더불어 해외 대학에서는 코로나19 사태에서 원격·온라인 교육을 활용한 질 높은 교육 프로그램을 제공하는 등 우수한 유학생을 영입하려는 움직임을 보이고 있다. 이와 같이 세계적인 인재 획득 경쟁 속에서 각국이 각각 새로운 대책을 모색하는 가운데, 우리나라에 있어서도, 세계에 앞서 새로운 고등 교육의 모습을 구축해 갈 필요가 있다.

교육재생실행회의에서는 이러한 상황을 바탕으로 포스트 코로나를 내다본 고등교육의 기본 방향에 있어서 다음의 3가지 관점을 제시하였다.

첫째, 원격·온라인 교육은 고등교육의 새로운 가능성을 열어주는 것이며, 코로나19가 진정된다고 해도 되돌리는 일은 있을 수 없다는 점이다. 이 때문에 학생 본위의 시점에 서서 대면 수업과 원격·온라인 교육의 양쪽 장점을 최대한 살린 교육의 가능성을 추구하는 것이 중요하다.

둘째, 대학은 단지 지식·기능을 습득하기 위해서만이 아니라, 비정규 활동도 포함한 학생 생활 전반에 있어서, 교직원·학생 간, 유학생이나 사회인을 포함한 학생 간에 있어서의 다양한 협동·교류를 통한 사회성이나 대인관계 능력의 함양 등이 행해지는 것도 가치가 있다. 이러한 전인적 교육의 장으로서의 대학에서의 학습, 경험의 전부가 원격·온라인 교육으로 대체되는 것은 아니라는 점에 유의할 필요가 있다.

셋째, 많은 대학에서는 원격·온라인 교육을 시작한 경험이 많지 않아, 시행착오를 거치며 개선을 도모하고 있는 단계에 있는 점이다. 원격·온라인 교육으로 질 높은 수업을 실시하기 위해서는 힘이 든다는 의견도 있지만, 그 효과를 평가하기 위해서는, 다른 조건(교수, 과목, 학년 등)을 일정하게 한 다음, 대면 수업의 효과와 비교를 할 필요가 있다. 해외에서는, 예를 들면, 원격·온라인 교육은 학생의 속성(학력, 학년등)에 의해서 효과가 다르다고 하는 연구 결과가 있는 등 일정한 연구가 행해지고 있는데, 일본에서는 그러한 연구가 지극히 부족한 현상이다. 원격·온라인 교육이 어떤 수업에 적합한지, 대면 수업과의 효과적인 조합 방법은 어떠한지 등에 대해서 교육 실천의 검증이나 평가를 통해서, 지식을 축적해 나가는 것이 중요하다.

한편 ICT 기기를 이용한 수업 시청 시간 증가에 따른 건강 측면에서의 영향, 신입생 등은 교원이나 동급생과의 충분한 교류 기회가 없어 고독·고립에 빠지기 쉬운 점, 시청각 장애인에게 있어 수업 이수가 어렵다는 점, 다른 문화교류나 국제체험 부족에 대한 대응과 같은 과제도 지적되고 있다.

사회경제의 불확실성이 한층 높아지는 가운데 고등교육이 완수해야 할 사명이란 교육연구 활동의 충실·고도화를 통해서 사회변혁의 견인차로서 인류에게 있어서 미지의 영역을 개척하고 주체적·창조적으로 해결책을 제시하는 것, 그리고 이를 위한 인재를 육성해 나가는 데 있다. 이러한 교육의 실현을 위해 이번 코로나19 사태의 경험을 바탕으로 뉴노멀 시대에 고등교육은 학습관리시스템(Learning Management System, 간단히 LMS) 등의 ICT나 원격·온라인 교육의 활용 등 교육의 디지털화를 효과적으로 진행시켜 데이터 구동형의 교육으로의 전환을 도모해 나가는 것이 필요하다. 많은 대학 교직원에게 원격·온라인 교육은 새로운 시도이며, 지식이나 경험, 노하우 등을 충분히 가지고 있지 않다는 점을 고려하면, 지식이나 자원 등을 대학 간이나 교직원 간에 공유하여 활용하고, 기업과의 제휴로 질의 향상을 추진하는 것도 효과적이라고 생각한다.

덧붙여, 코로나 이후의 새로운 학습 스타일의 실현을 향해서 학생의 요구나 질 보증의 관점에 근거하여 원격·온라인 교육의 검증·평가를 실시하여 원격·온라인 교육의 학점 취득의 유연화를 검토함과 동시에, 대학설치 기준이나 설치인가제도, 인증평가제도 등 그 질 보증 시스템의 기본 방향에 대해서도, 18세 인구가 감소하는 가운데 고등교육이 완수하는 역할을 근거로 다양하고 질 높은 학습을 지지하는 관점에서 재검토하는 것이 필요할 것이다.

대학 캠퍼스는, 학생이나 교직원에게 있어서, 교육 연구나 다양한 인재와의 교류의 장소로서 매력적이고 뛰어난 기능을 가진 공간이어야 한다. 교육연구의 활성화나 이노베이션 창출의 기반으로서도, 해외의 뛰어난 연구자나 학생에게 대학에서 배우고 싶다고 생각하게 하는 중요한 동기의 하나로서도, 매력적인 시설·설비의 계획적인 정비는 중요하다. 또, 대학에 대해서는 지속 가능한 사회의 구축을 향한 선도적인 역할을 완수하는 것이 요구되고 있다. 캠퍼스의 스마트화를 진행시켜 소비에너지를 억제하는 등, 탄소 중립을 실천하기 위한 대책 마련이 기대된다.

III. No turning back

그동안 교육개혁이라는 이름 아래 많은 논의가 있었고 그 실행이 지지부진한 면이 있었으나 팬데믹 상황에서 그 많은 논의가 한꺼번에 추진될 수밖에 없는 상황이 되었다. 팬데믹 이전에 지식 전달 위주의 교육, 교실에서 잠자는 아이 문제, 학습 흥미를 갖지 못하는 아이 문제, 그리고 기초학력 미달 학생 증가 문제 등이 심화되면서 학교 교육에 대한 실망이 커져가고 있었다. 이는 학교와 교사의 역할에 대한 회의론, 학교 무용론으로까지 이어졌었다. 대신 가상현실과 증강현실, 사물인터넷 등을 활용함으로써 시간과 공간의 제약을 벗어나는 교육, 인공지능 학습조교나 멘토가 학생들의 학습을 지원하고 학생들의 자기 학습력을 키워줌으로써 개인 맞춤형 개별화 학습이 가능한 교육 등등 에듀테크 기반 교육에 대한 기대가 커지고 있었다.

하지만 갑작스런 온라인 개학 사태 등 많은 난제에 많은 당혹감이 있었던 것은 사실이다. 그럼에도 불구하고 전국의 많은 교사가 보여 준 열정과 적응 노력, 국가와 교육청, 유관 기관과 에듀테크 기업들의 노력이 빛을 발하고 있다. 코로나19 사태를 계기로 교사들의 자신감도 서서히 회복되면서 교사들이 그 저력을 과시하며 세계 교육을 이끄는 새로운 주자로 나서게 될 것이라는 희망도 커지고 있다.

교사들은 온라인 수업 경험을 통해 수업내용 전달 및 학습만이 아니라 이의 바탕이 되는 소통과 동기부여를 위한 수업경영(학급경영)이 중요함을 깨닫게 되었다. 온라인 교육을 통해 동기화되어 있는 학생들은 인터넷에 탑재되어 있는 콘텐츠를 통해 혼자서도 학습할 수 있음이 더욱 명확해질 것이다. 이러한 경험으로 인해 교사들은 자신의 핵심 역할이 교육 약자들이 학습할 수 있도록 돕는 것임을 새롭게 깨닫게 될 것이다. 개인 교사가 제작 · 제공하는 교육용 콘텐츠보다 훨씬 뛰어난 콘텐츠가 많음이 드러남으로써 교사들은 자신의 역할에 대해 다시 고민하게 될 것이다. 이러한 고민을 계기로 많은 교사들은 자신을 변화시켜 진화할 것이지만 적응에 실패하여 스스로 물러나는 교사들도 있을 것으로 예상된다.

그런 의미에서 팬데믹은 역설적으로 미래 교육의 모습을 보여주었다고 본다. 온라인에서 공유된 교육 영상을 시청하는 것을 넘어, 화상 교육, 온라인 1:1 과외와 같은 더욱 발전된 형태의 온라인 교육이 널리 퍼지고 있다. 교육의 새로운 패러다임이 시작된 것이다. 온라인 교육이 널리 퍼지면서 변화될 교육시스템을 대비하는 자세가 필요한 때다. 의료 전문가들에 따르면, 설혹 이번 코로나19가 진정된다고 해도, 앞으로 인간은 또 다른 코로나에 직면할 수밖에 없을 것이라고 하니, 우리는 늘 코로나 같은 바이러스 감염병과 공생하면서 그것을 이겨내는 지혜를 강구하지 않으면 안 될 것 같다.

앞서 언급했지만 이번 코로나19 대응 원격수업 실시는 어쩔 수 없는 선택의 문제였지만, 교육 혁신 수단으로서 기술을 채택하는 기회가 되었다. 우리 교육이 그동안 무엇을 경험했고, 앞으로 무엇을 해야 하는가를 찾던 우리들에게 방향을 제시했다고 할 수 있다. 동시에 학습자의 배움과 성장이라는 교육의 본질에 대해서도 다시 성찰하는 기회가 되었다.

'No turning back'. 필자는 이것을 "팬데믹의 영향으로, 좋은 방향으로의 변화를 피할 수 없다"라고 해석하고 싶다. 이 책에서 각 연구자의 고찰과 일본 정부의 뉴노멀에 대한 대응을 참고하며 우리나라 교육에도 연구 취지가 잘 수용될 수 있기를 바란다. 거듭 말하지만 우리는 다시 노멀해지는 일은 없을 것이다.

찾아보기

뉴노멀 시대
일본교육의 변화와 실제

초판인쇄 2022년 12월 17일
초판발행 2022년 12월 17일

지은이 공병호, 박주언, 윤종혁, 이성한, 이은주
        이정희, 장지은, 조규복, 최순자, 한용진
펴낸이 채종준
펴낸곳 한국학술정보(주)
주 소 경기도 파주시 회동길 230(문발동)
전 화 031-908-3181(대표)
팩 스 031-908-3189
홈페이지 http://ebook.kstudy.com
E-mail 출판사업부 publish@kstudy.com
등 록 제일산-115호(2000. 6. 19)

ISBN   979-11-6801-997-3 93370